# 伟大的中国艺术家

典藏版

刘泊君 编著

华中科技大学出版社
http://press.hust.edu.cn
有书至美
BOOK & BEAUTY
中国·武汉

# 魏晋—宋 上册

# 前言

在16世纪的意大利，乔尔乔·瓦萨里（Giorgio Vasari）出版了近代西方第一部传记体艺术史——《艺苑名人传》（*Lives of the Artists*）。全书通过记述两百余位艺术家的生平和创作经历，为我们重现了13世纪末至16世纪中叶意大利文艺复兴的盛况。传记中的众多艺术家不仅有血有肉、栩栩如生，而且还展现出了文艺复兴时期知识生活和社会生活的生动画面，此后的西方艺术史写作总是将瓦萨里的著作视为最重要的参照对象。由此，瓦萨里也获得了西方“艺术史之父”的美誉。

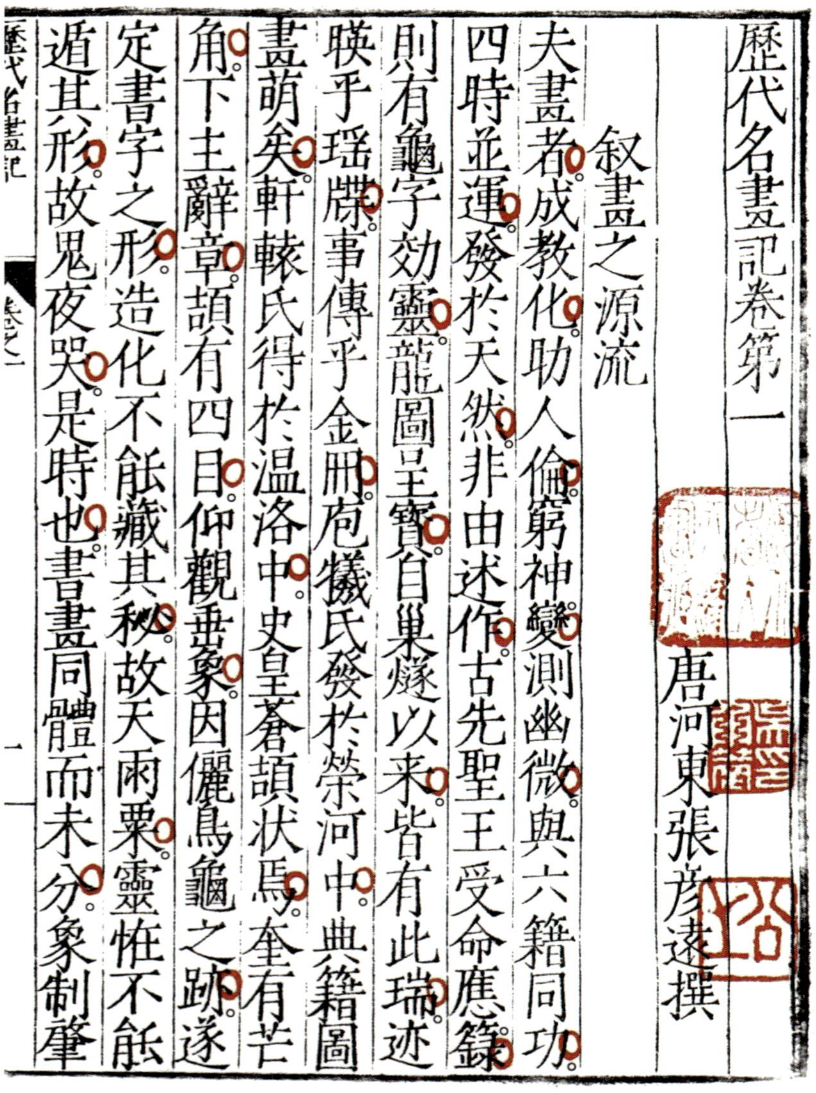
歷代名畫記卷第一
唐河東張彦遠撰
敘畫之源流
夫畫者成教化助人倫窮神變測幽微與六籍同功
四時並運發於天然非由述作古先聖王受命應籙
則有龜字効靈龍圖呈寶自巢燧以来皆有此瑞迹
暎乎瑶牒事傳乎金冊庖犧氏發於榮河中典籍圖
畫萌矣軒轅氏得於温洛中史皇蒼頡狀焉奎有芒
角下主辭章頡有四目仰觀垂象因儷鳥龜之跡遂
定書字之形造化不能藏其秘故天雨粟靈怪不能
遁其形故鬼夜哭是時也書畫同體而未分象制肇
歷代名畫記 卷之一 一

《历代名画记》唐·张彦远 著，明嘉靖刻本书影

但是，在早于瓦萨里这部《艺苑名人传》的七百多年前，唐代的张彦远已经完成了我国第一部系统的绘画通史《历代名画记》。这部通史采用了中国古代正统史家纪传体的方式，列举了从魏晋至张彦远生活的中晚唐时期共计三百七十余位艺术家。在张彦远的笔下，这部绘画通史“求信史，重作品，史论结合，内容与形式并重，风格与精神并重，视觉与文化并重，创作与流传并重，重史料信息的丰富”，颇为后世研究者与好事者所倚重。实际上，我国以纪传体方式记载艺术家的历史还可以追溯至更早。魏晋南北朝时期，在人物品藻风气和“九品中正”制度的影响下，谢赫的《古画品录》将二十余位画家分成六品，并予以品评。至史学最为成熟繁盛的唐宋时期，中国的绘画史学也达到了顶峰。自《历代名画记》《唐朝名画录》《图画见闻志》《画继》起，后世陆续出现了《图绘宝鉴》《明画录》《国朝画征录》《墨林今话》等一大批纪传体的通史、断代史和书画家传记汇编。这些美术史典籍充分说明，中国传统美术史研究对于艺术家的关照亘古不变。

伴随艺术家们的是一件件彪炳史册的作品。

在漫漫历史长河中，从古朴稚拙到精谨工丽，从状物象形到抒情达意，无数生活在不同时期、才华横溢的艺术家所创作的作品彰显了各自的艺术风格与功能：秦汉的绘画注重“成教化，助人伦”“正人心，淳风俗”的政教功用，是宣传官方意识形态的重要工具；魏晋南北朝时的艺术家个人意识逐渐萌发，绘画逐渐表达出既滋养自身精神世界又借此抒发内心情感的内容；唐、宋、元

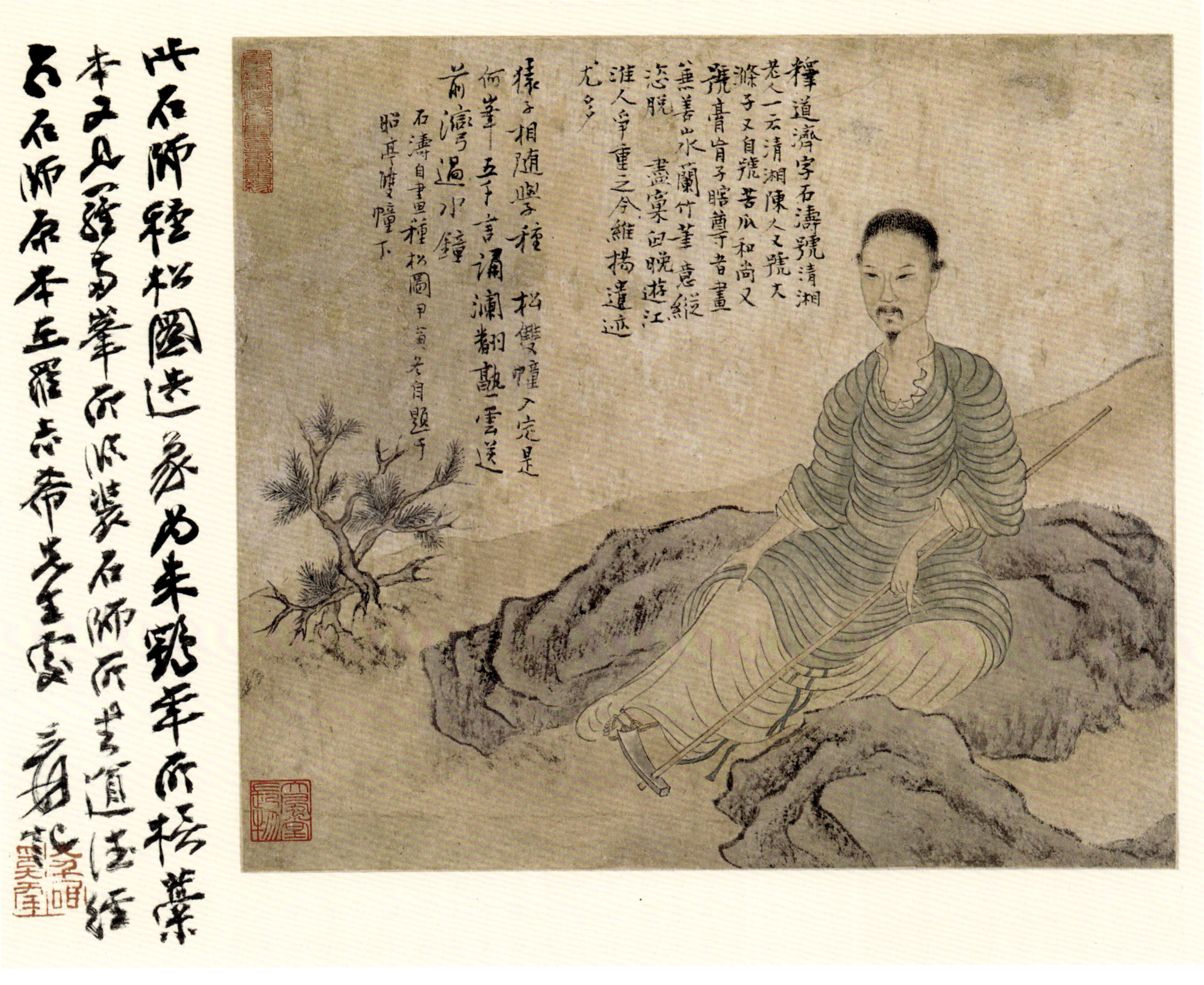

《自画种松图小照》

石涛作，纸本设色，尺寸不详，美国华盛顿弗利尔美术馆藏

画中人物为画家石涛自画像

# 前言

以来，画家的身份、学养、地位都逐渐提高，造型能力、绘画技法更加完善；明清以来，随着商品经济的发展与艺术市场的繁荣，创作题材得到了空前的发展。

值得我们思考的是，以张彦远《历代名画记》为代表的中国古代美术史典籍，记载下来的也仅是一部分艺术家，如战国至秦汉时期的画工、塑匠，铸造青铜器的手工艺者，创作各大石窟寺雕塑、壁画的工匠，他们中的绝大部分人，至今无法知道他们的确切名字。因为他们的画迹或作品虽然在墓葬、遗址等环境中被保留下来，但记录其姓名、生平的文字资料非常稀少。而从魏晋开始，伴随着追求高品质精神生活的士大夫开始精于绘事，艺术家们的姓名、师承、事迹、作品才有记载可考，但也多局限在法书名画的艺术门类中。这不得不算是美术史的遗憾。

本书的写作，在参阅大量中国古代美术史典籍的基础上，也吸收了近现代学界的艺术家个案研究。写作体例方面则借鉴了中国古代美术史的纪传体形式，以朝代先后为序，上迄魏晋，下至晚清，选取了一百七十余位历代画坛的卓越代表。列举的这些画家，无论是何阶层、擅长何种画科题材，都在当时取得了突出的成就。其中不乏没有存世作品，但对后世影响意义深远的艺术家，如东晋时期的顾恺之、南朝的陆探微与张僧繇，以及隋唐时期的一些艺术家。在介绍这些艺术家之时，主要参考传世较为可靠的美术史典籍和与其同时期的墓葬艺术品或后人临摹的粉本。对于距离我们日渐遥远的艺术家而言，这些资料既能够从文字上对艺术家的生平经历作以勾勒，又能从图像上对这一时期的艺术及其视觉的物质性做出较为

《郑燮小像方士庶补景图》

佚名，纸本设色，横 46.3 厘米，横 96.6 厘米，故宫博物院藏

图中人物为郑燮

形象的呈现。而相对于有传世作品的艺术家，书中对其进行的陈述本着以目前学术研究的通识性成果为准。既有这些艺坛巨匠的生平轶事，也有对艺术家早、中、晚不同时期艺术风格、师承等基本特征的叙述。与之对应的是书中列举的传世作品，它们能够使读者了解最能代表艺术家个人风格的作品，从而帮助读者对不同的艺术家形成独特的视觉感知。值得一提的是，书中也包含如郎世宁这样的外籍画家。究其原因，中国艺术的发展一直都是兼收并蓄，吐纳东西。而以郎世宁为代表的西学东进的写实艺术在中国宫廷艺术中占据着相当重要的地位，是中国艺术史中颇具分量的一笔，无法回避之。由此，仅对诸君作以解释。

与西方艺术家不同的是，中国的大部分有历史记载的艺术家尚无个人肖像存世。所以，这些艺苑奇葩究竟相貌若何，是高是矮、是瘦是胖，今天的我们基本依靠艺术家的诗文集、墓志、行状等文献进行想象。不过，也有一些艺术家留下了其肖像作品，其中既有友朋间的趣味小写，也不乏为帝王宗庙陈列而用的华丽精工。对于这类作品，我们尽最大努力收纳到本书中。不过，“书为心画，言为心声”，这些传世的书画作品未尝不是艺术家各自抒写的一首首无声诗史。透过一件件艺术作品，艺术家的万千思绪也可以在不同程度上得到解读。

综上所述，这些是撰写本书时的一些出发点。希望这本图文兼备的书籍，能够给当下的图像时代注入一丝不一样的气息。诚如西方著名的美术史学家贡布里希在他的著作《艺术的故事》开篇中写道：“没有艺术这件事情，只有艺术家。”在中国艺术中亦如此。

《宋徽宗坐像》

佚名作，绢本设色，纵 188.2 厘米，横 106.7 厘米，台北故宫博物院藏

伟大的中国艺术家

# 目录

第一章

## 魏晋南北朝时期的艺术家



第二章

## 隋唐时期的艺术家



第三章

## 五代时期的艺术家



第四章

## 两宋时期的艺术家

第五章

## 元时期的艺术家

伟大的中国艺术家

# 目录

第六章

## 明时期的艺术家

第七章

## 清时期的艺术家

顾恺之

虎头三绝

陆探微

秀骨清像

张僧繇

疏体得神

第一章

# 魏晋南北朝时期的艺术家

曲尽、其妙，简易标美

# 顾恺之

【约344—406年】

字长康，小字虎头

虎头三绝

『神妙无方，以顾为最。喻之书，则顾、陆比之钟、张，僧繇比之逸少，俱为古今之独绝。』

顾恺之（约344—406年），字长康，小字虎头，晋陵（今江苏无锡）人。他出身官宦之家，祖父顾毗曾为散骑常侍，父亲顾悦之任扬州别驾、尚书右丞。顾恺之幼承庭训，博学多才，尤擅丹青，有“才绝、画绝、痴绝”三绝之名。

作为中国古代有史以来第一位士大夫画家兼美术理论家，顾恺之在道释画、故实画、肖像画、绘画理论等方面均有非常高的造诣，谢安就曾给予其“有苍生以来未之有也”的高度评价。

据《历代名画记》记载，张怀瓘提出：“神妙无方，以顾为最。喻之书，则顾、陆比之钟、张，僧繇比之逸少，俱为古今之独绝。”我们可以说，从东晋至唐代，顾恺之拥有至高无上的画史地位。

**痴乎？黠乎？**

拥有“痴绝”之誉的顾恺之有着许多令人莞尔之处。

魏晋时期，各地世家大族纷纷扩张势力，蓄养门客，许多有才之士遂前往投奔，以求庇护与发展，顾恺之也不例外。他早年在大司马桓温帐下任参军，桓温去世后转投荆州都督殷仲堪；桓温之子桓玄兼并荆州、殷仲堪被俘自尽后，顾恺之再次改投桓玄门下；桓玄僭帝位被杀后，顾恺之安然立身，还升任散骑常侍。在当时险恶残酷的政治

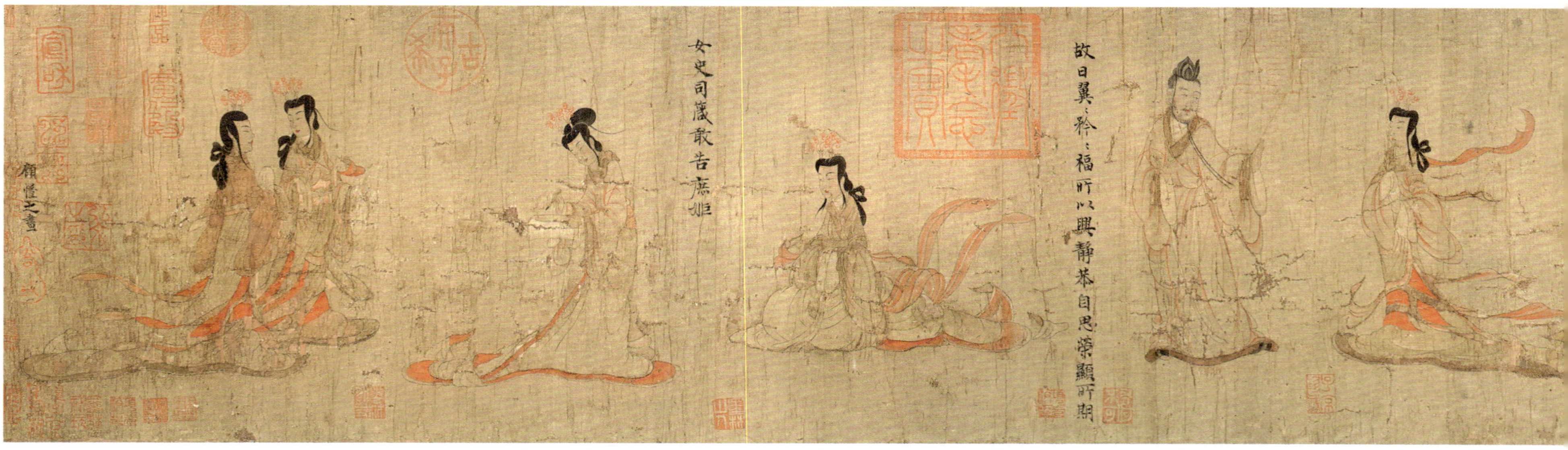

上图、第 16—19 页

**《女史箴图》（局部）**

**《女史箴图》**

唐摹本，（传）顾恺之作，绢本设色，纵 24.8 厘米，横 348.2 厘米，

英国大英博物馆藏

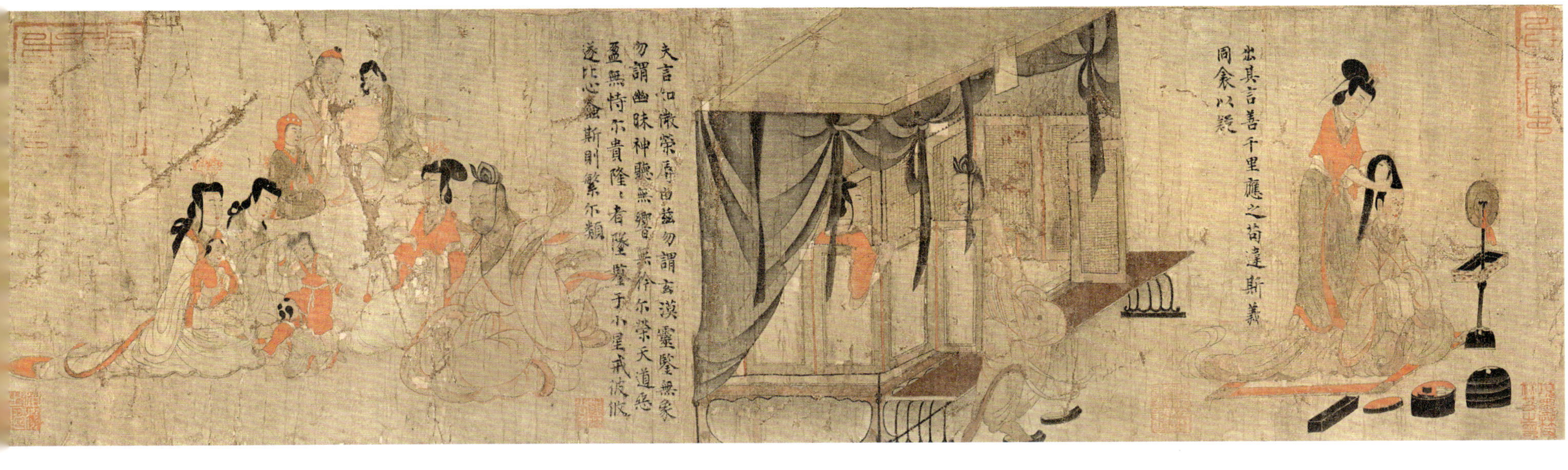

女史司箴敢告庶姬

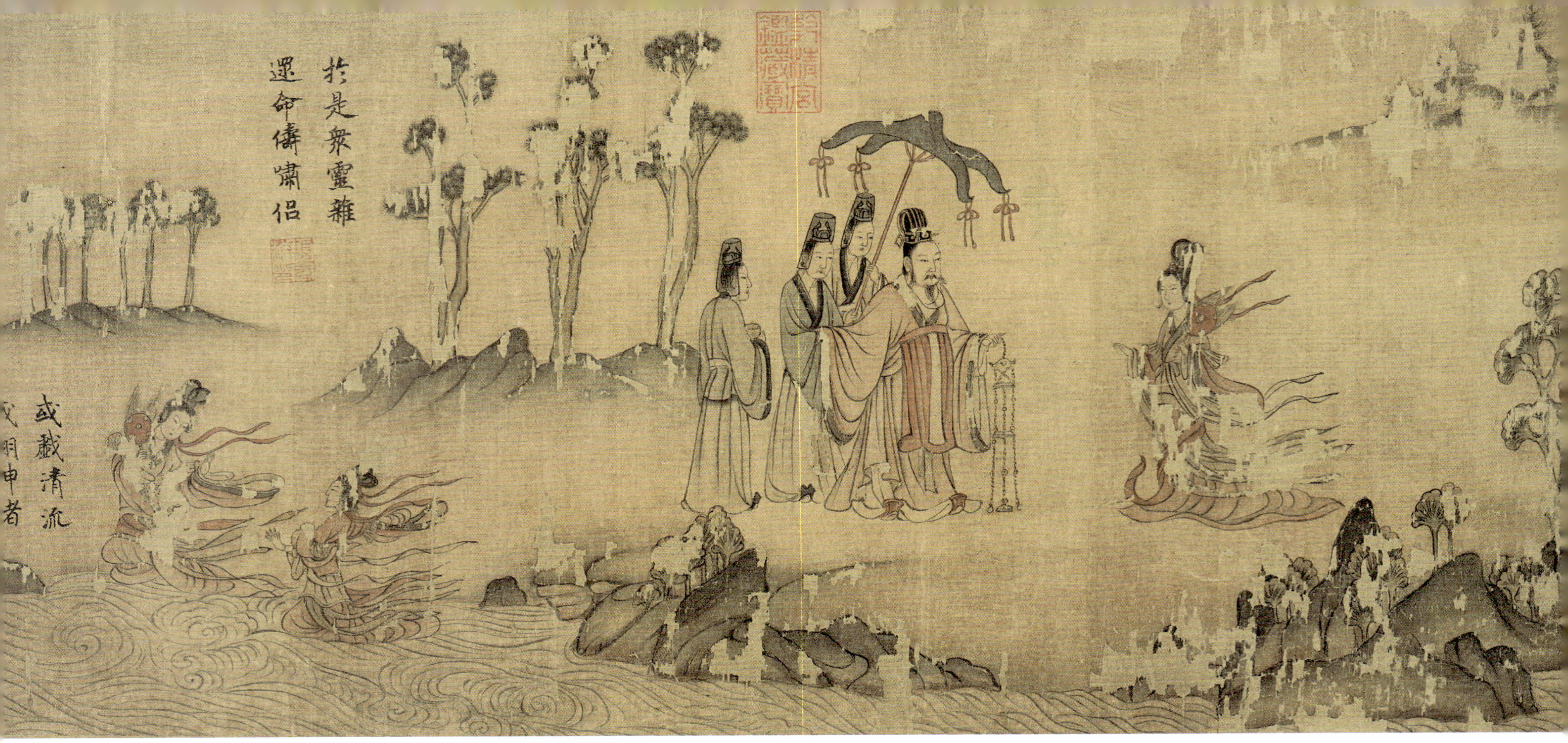
於是眾靈雜
遝命儔嘯侶
或戲清流
或翔神渚

當抗袖以掩涕淚流襟之浪悼良會之永絕
哀一逝而異鄉無微情以效愛獻江南之明璫
雖潛處於泰陰長寄心於君王忽不
悟其所舍曠神消而蔽光

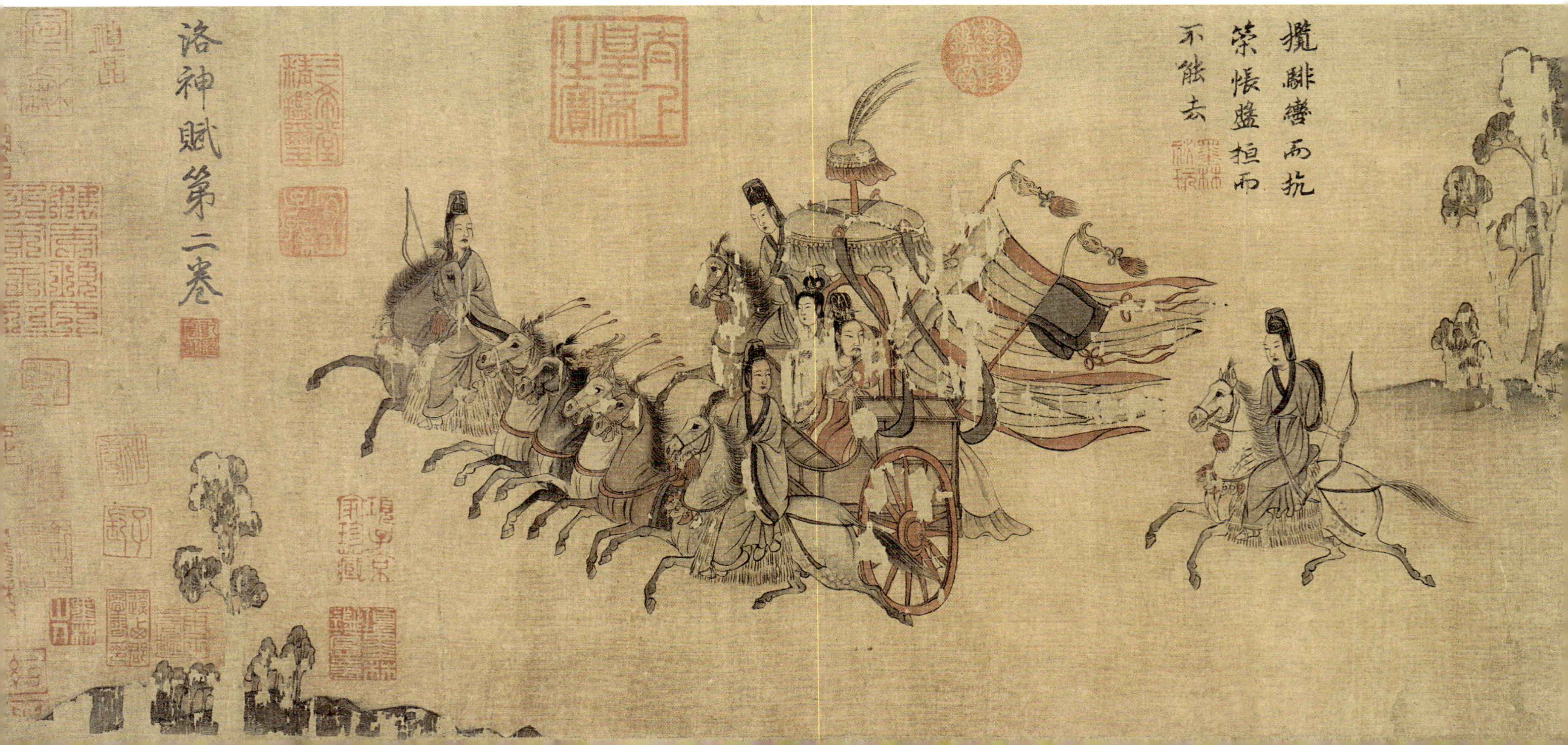
洛神賦第二卷
攬騑轡而抗
策悵盤桓而
不能去

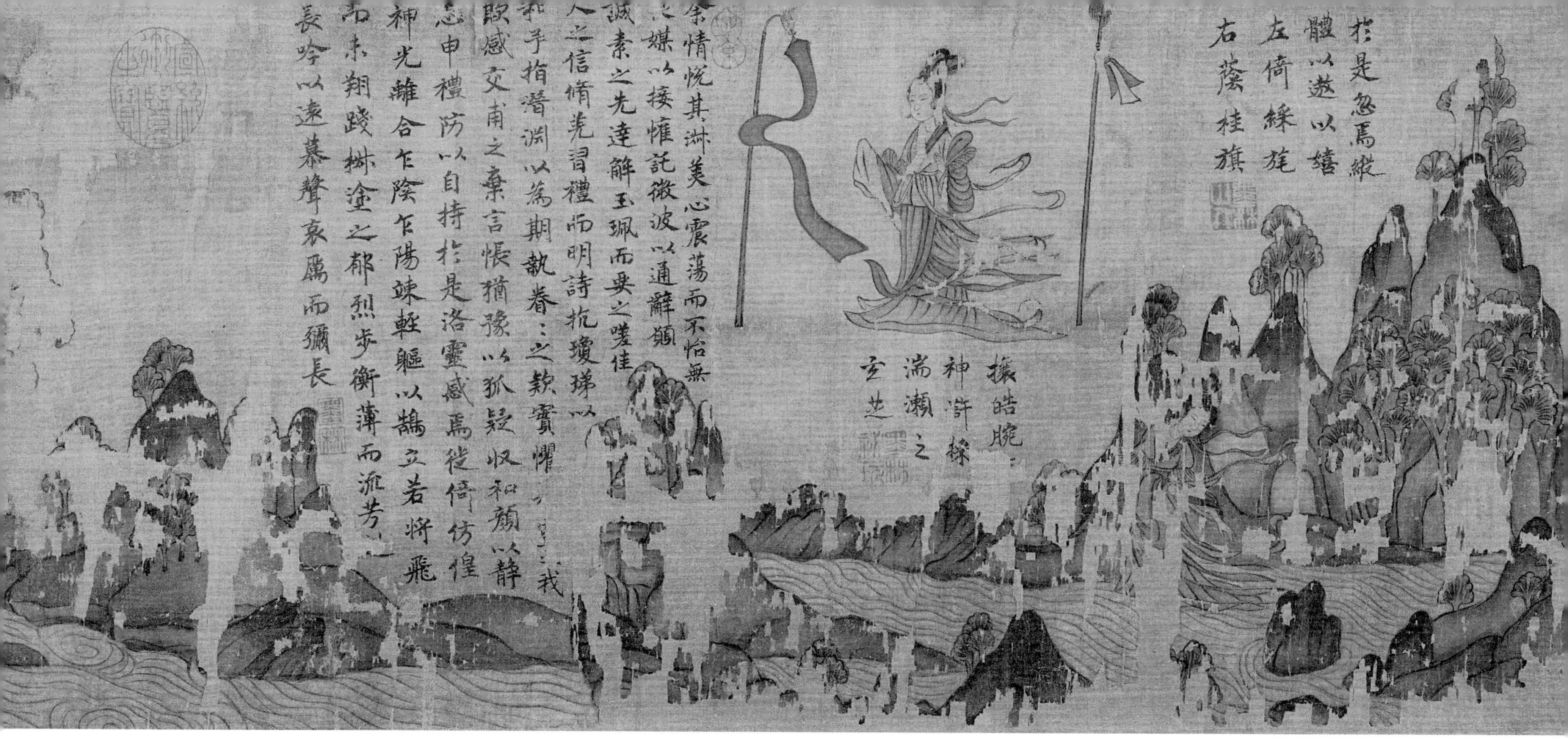
於是忽焉縱
體以遨以嬉
左倚綵旄
右蔭桂旗
攘皓腕
神滸採
湍瀨之
玄芝
余情悅其淑美心震蕩而不怡無
良媒以接懽託微波以通辭願
誠素之先達解玉珮而要之嗟佳
人之信脩羌習禮而明詩抗瓊珶以
和予指潛淵以爲期執眷眷之款實懼 我
欺感交甫之棄言悵猶豫以狐疑收和顏以靜
志申禮防以自持於是洛靈感焉徙倚彷徨
神光離合乍陰乍陽竦輕軀以鶴立若將飛
而未翔踐椒塗之郁烈步蘅薄而流芳
長吟以永慕聲哀厲而彌長

騰文魚而警乘鳴玉鸞以偕逝六龍儼以齊首
載雲車之容裔鯨鯢踊而夾轂水禽翔而爲衛
爾乃越北沚過南岡紆素領迴清陽動朱脣之

夜耿耿而不寐沾
繁霜而至曙命
僕夫以就駕吾
將歸乎東路

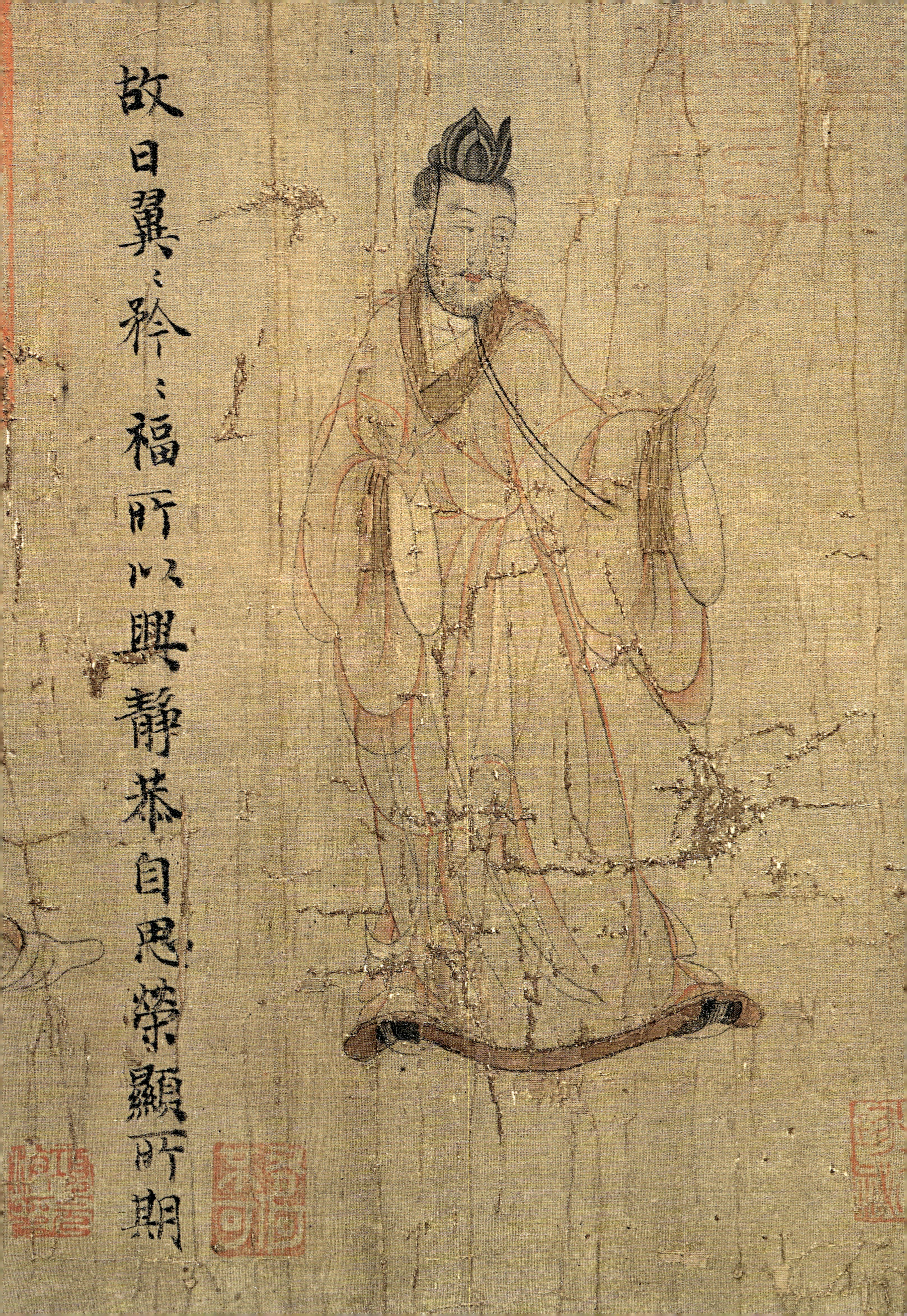
故曰翼翼矜矜福所以興靜恭自思榮顯所期

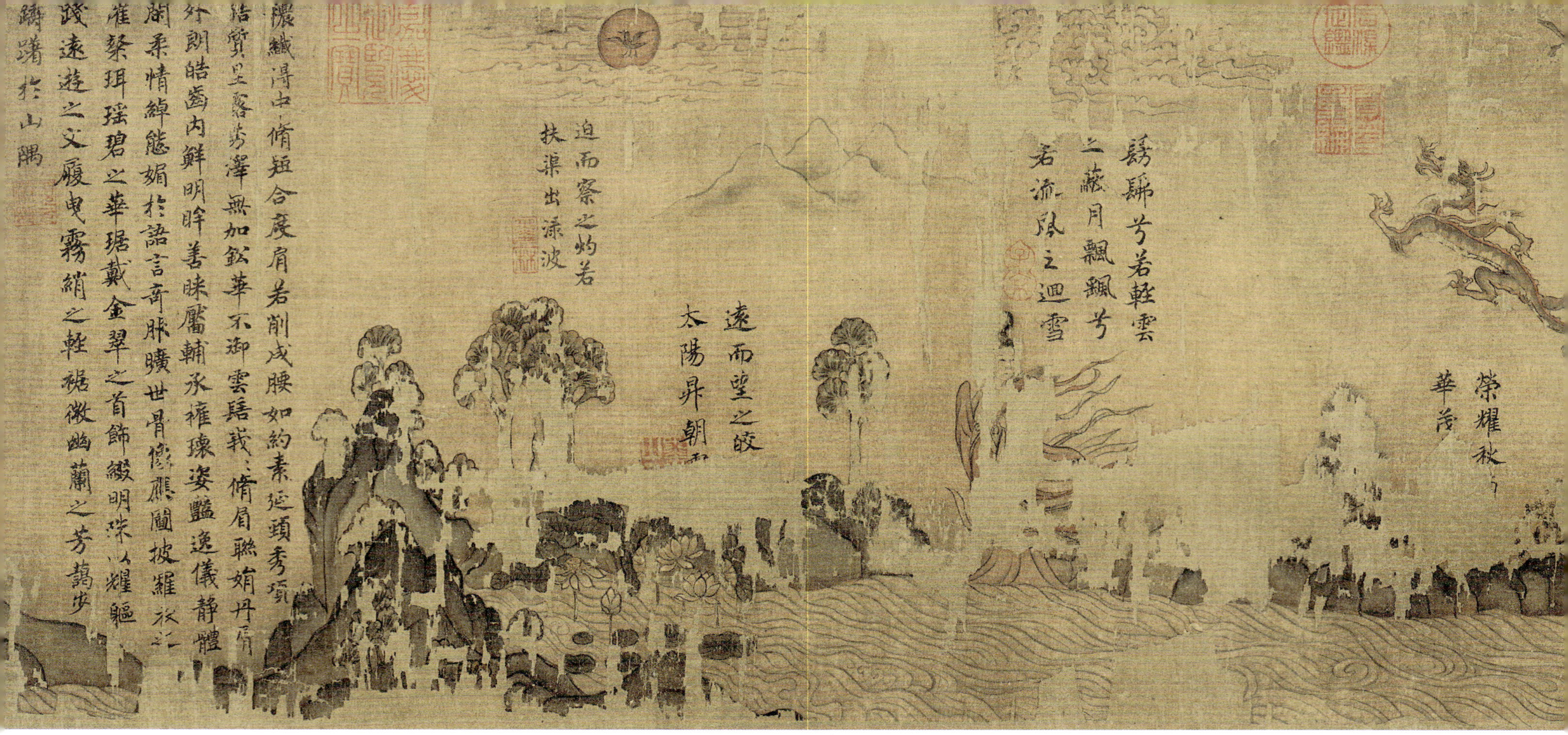
穠纖得中脩短合度肩若削成腰如約素延頸秀項
皓質呈露芳澤無加鉛華不御雲髻峩峩脩眉聯娟丹脣
外朗皓齒內鮮明眸善睞靨輔承權瓌姿豔逸儀靜體
閑柔情綽態媚於語言奇服曠世骨像應圖披羅衣之
璀粲珥瑤碧之華琚戴金翠之首飾綴明珠以耀軀
踐遠遊之文履曳霧綃之輕裾微幽蘭之芳藹步
踟躕於山隅
迫而察之灼若
扶渠出渌波
遠而望之皎
太陽昇朝
髣髴兮若輕雲
之蔽月飄颻兮
若流風之迴雪
榮耀秋
華茂

馮夷鳴鼓女媧清歌
於是屏
翳收風
川后靜波
進止難期若往若
還轉眄流精光潤
玉顏含辭未吐氣
若幽蘭華容婀娜
令我忘飡

冀靈體之復
形御輕舟而
上溯浮長川
而忘反思綿
綿而增慕

黄初三年余朝京師還濟洛川古人有
言斯水之神名曰宓妃感宋玉對
楚王神女之事遂作斯賦其詞曰
余從京域言歸東藩
背伊闕越轘轅
經通谷陵景
山日既西傾
車殆馬煩爾迺稅駕
乎蘅皋秣駟乎芝田
容與乎陽林流眄乎
之神名曰宓妃君王所見無
聞之余告之曰其形也

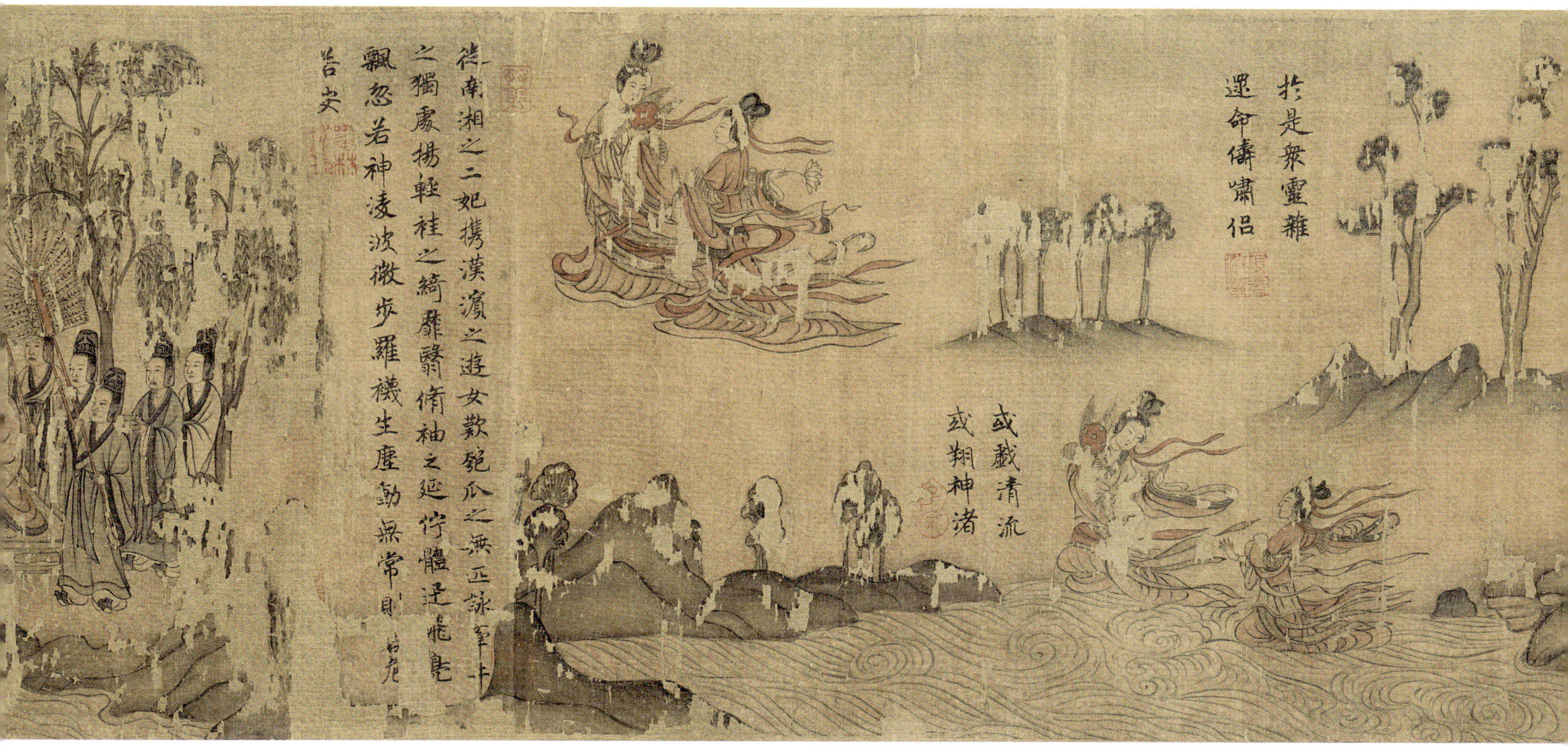
於是衆靈雜
遝命儔嘯侶
或戲清流
或翔神渚
從南湘之二妃携漢濱之遊女
之獨處揚輕袿之綺靡翳脩袖之延佇體迅飛鳧
飄忽若神淩波微步羅襪生塵動無常

於是背下陵高足往心留
遺情想像顧望懷憂

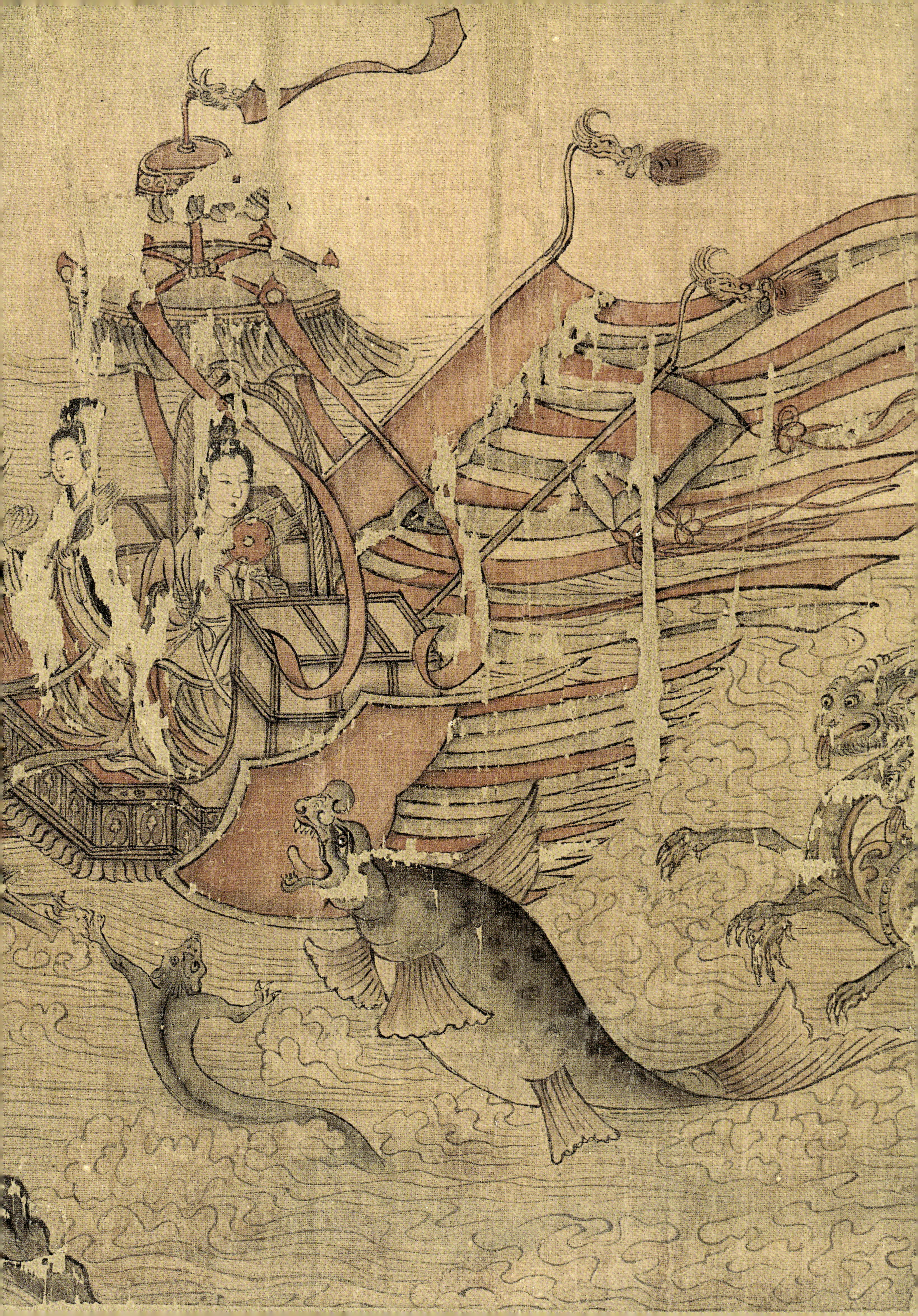

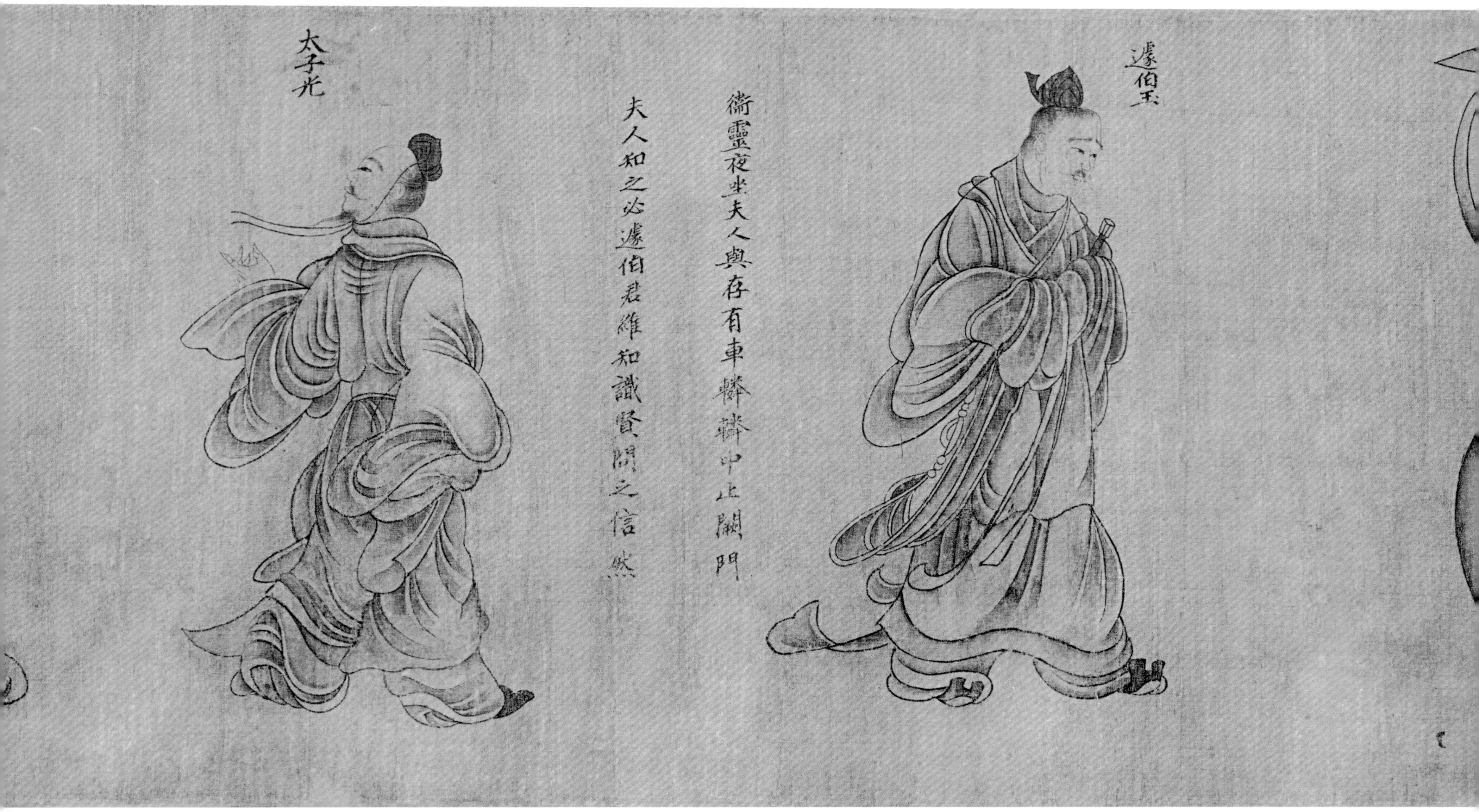


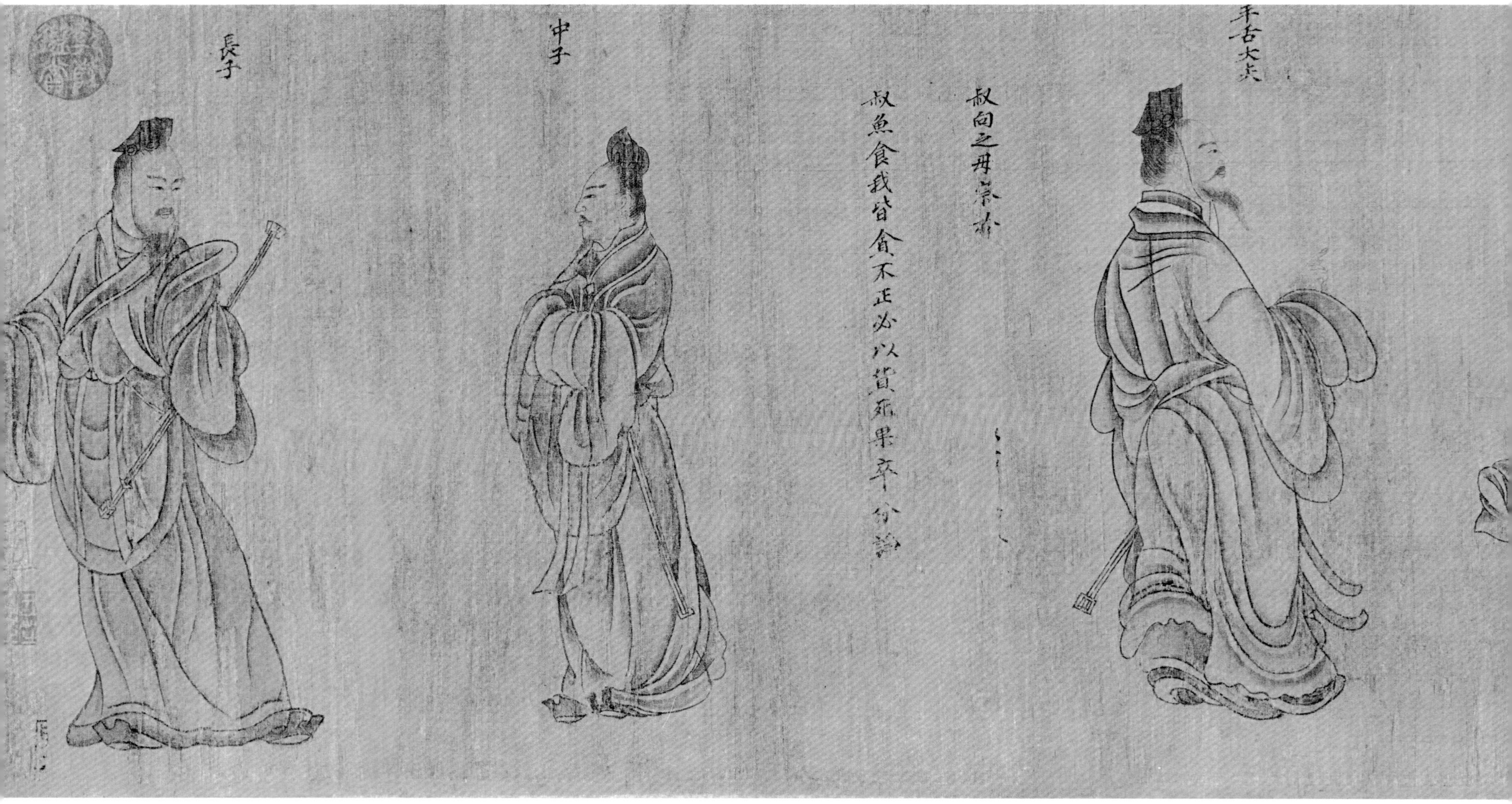


第 20—23 页
《洛神赋图》
宋摹本，（传）顾恺之作，绢本设色，纵 24.2 厘米，横 606 厘米，
辽宁省博物馆藏

第 24—25 页
《洛神赋图》（局部）

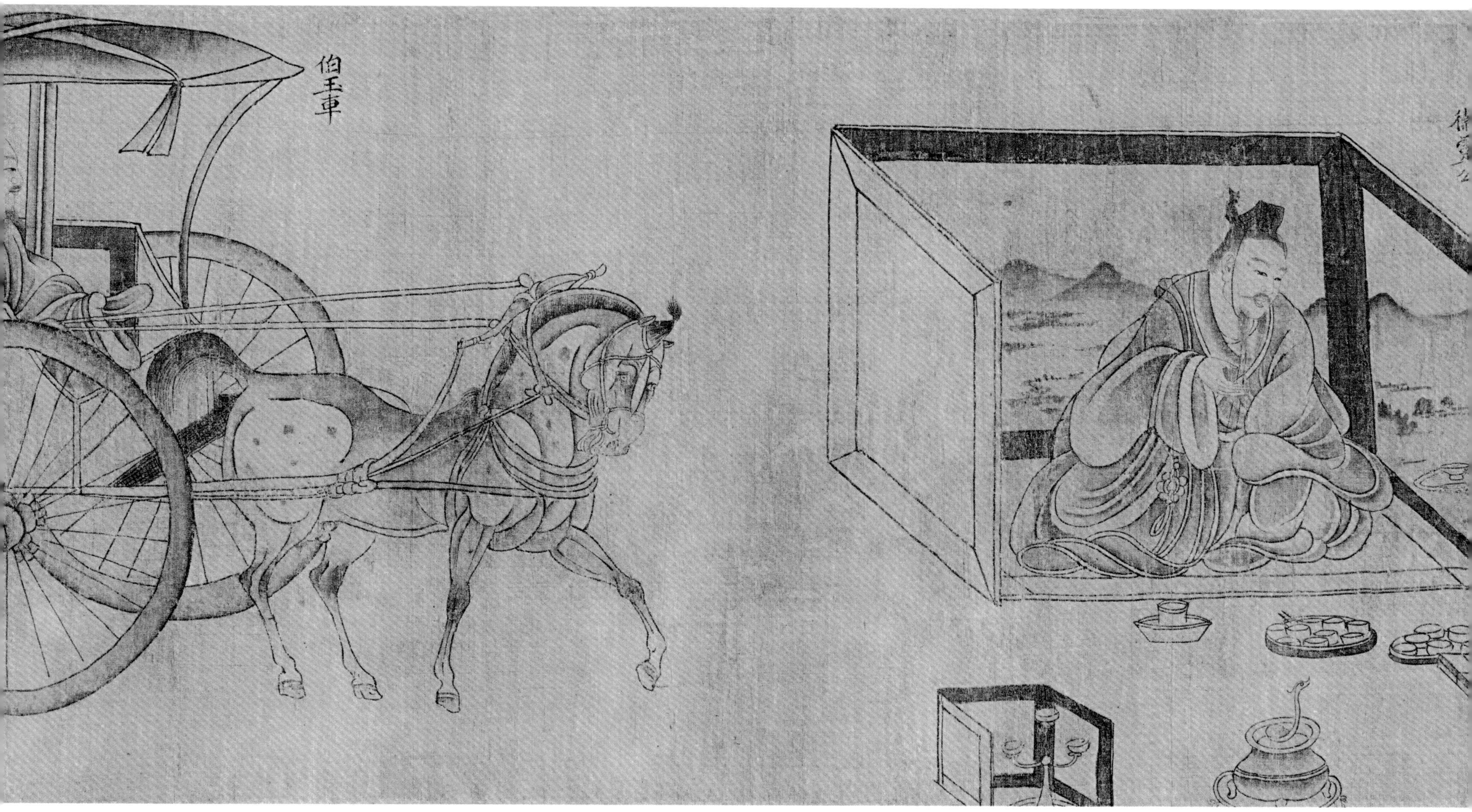

上图

**《列女仁智图》（局部）**

宋摹本，（传）顾恺之作，绢本设色，纵 25.8 厘米，横 417.8 厘米，

故宫博物院藏

斗争之中，顾恺之却能屡次化险为夷、保全自身，体现出他狡黠机智的性格和旷达通透的心态。

顾恺之天真率直，个性随和，史书称其“好谐谑，人多爱狎之”。据《晋书》《世说新语》等史料记载：顾恺之了解桓玄的贪婪，便投其所好，将自己珍藏的一箱画寄存在桓玄处，外面贴上了封条。桓玄打开箱子后部将画窃取，顾恺之还高兴地表示：“妙画通灵，变化而去，亦犹人之登仙。”另说，桓玄送顾恺之一片树叶，并骗他说这片叶子能够使人隐身。顾恺之信以为真，在桓玄当着他的面小解时也毫不在意，认为桓玄根本看不见拿着叶子的自己。如此智慧与才情也反映在顾恺之的文艺创作之中。

### 文采斐然

顾恺之聪颖博学，有着深厚的文学底蕴。他长于辞赋，所作《观涛赋》《筝赋》《四时诗》《虎丘山序》今传于世，在魏晋南北朝文学史中占据一席之地。他平时与人对谈，“气调警拔”，常常语出惊人，有些趣闻甚至已成佳话。如顾恺之吃甘蔗从尾部开始吃起，别人觉得奇怪，问他为何如此，他回答道：“渐至佳境。”今日成语“渐入佳境”就来源于此。顾恺之在用文字描述自然景观时，也充满了诗情画意，他形容会稽山：“千岩竞秀，万壑争流，草木蒙笼其上，若云兴霞蔚。”他还擅长描述人的真情实感，在拜谒桓温墓时，赋诗描述自己悲伤的情状：“声如震雷破山，泪如倾河注海。”形容自己悲痛的心情时则云：“山崩溟海竭，鱼鸟将何依！”

### 传神写照

魏晋时期选用官员的“九品中正制”、社会上人物品藻风气的盛行，以及玄学思想的重神轻形倾向，都为顾恺之的绘画“传神论”之产生奠定了基础。顾恺之提出的“传神论”，是中国绘画在艺术上的觉醒。这不仅是魏晋绘画历史性的飞跃，也具有跨时代的意义。

顾恺之的“传神论”是其人物画理论的核心，主张以形写神，迁想妙得。他提出“手挥五弦易，目送归鸿难”，强调表现人物内心精神世界要比描绘人物外在动态形象更难，而表现人物精神的关键之处就在于眼睛：“四体妍媸，无关妙处，传神写照，正在阿堵中。”因此，点睛之笔就格外重要：“若长短、刚软、深浅、广狭与点睛之节，上下、大小、浓薄，有一毫小失，则神气与之俱变矣。”（《魏晋胜流画赞》）他批评《列士图》中的蔺相如神色过于“急烈”“不似英贤之慨”；而秦王面对荆轲刺杀，本应焦急惊恐，画面却表现得“大闲”，显然都不够传神。

顾恺之在自己的艺术创作中，常有神来之笔。兴宁年间，建康的瓦官寺初建成，僧众请人布施，当时世家大族最多捐钱十万，年仅二十岁的顾恺之声称可捐百万。他在瓦官寺北殿画《维摩诘像》，画毕需点眼眸时对寺僧说，第一天前来观赏壁画者请捐十万，第二天请捐五万，第三天可任意布施。待点睛完毕，“光照一寺，施者填咽，俄而得百万钱”，果然引起了轰动全城的效果。殷仲堪患有眼疾（可能是白内障导致失明），顾恺之在为他画像时故意“明点瞳子，飞白拂上，使如轻云之蔽月”，这样的艺术加工既尊重事实，又表现出殷仲堪的特点，显得栩栩如生。除眼睛这扇心灵之窗，面部细节也能够反映人物的个性特征。顾恺之在画裴楷时，在他的面颊上增加了三笔，勾勒出其面部轮廓、颧骨和皱纹，更好地表现出裴楷的丰富阅历、俊秀爽朗，显得格外有风采，使“观者觉神明殊胜”。

除了单独刻画人物的形象和神态，顾恺之还考虑用周围环境衬托人物性格和品质。顾恺之画谢鲲时别出心裁，将人物安排在山中岩间。这是由于谢鲲曾自云：“一丘一壑，自谓过之。”对于像谢鲲这样个性通达、无意仕途的隐逸之士，将其置于自然丘壑这个典型环境之中，更能表现出他出尘洒脱的精神气质。

总之，顾恺之升华了对人物画的认识并付诸实践。他第一次将哲学范畴引申并应用于绘画理论、使其成为美学范畴，把对绘画的一般性论述提高到独立的理论高度，开创了中国古代文艺理论研究领域。他的“传神论”影响深远，后世“六法”的产生、中国画对气韵神采的追求，都与之息息相关。

### 女史司箴

顾恺之的画作虽无真迹存世，但可以从存世的唐宋摹本中了解到其人物画的面貌。目前，存世归于顾恺之名下的作品有《女史箴图》《洛神赋图》《列女仁智图》这三件。其中，《女史箴图》（第14—15页图）被认为是较早的摹本，能够比较忠实地反映出顾恺之的人物画风格特征。目前，学界对此卷的绘制时间有北魏、南朝、唐代三种意见。此卷原属清宫旧藏，存放于西郊行宫圆明园，1860年被英法联军劫掠至英国，现藏于伦敦的大英博物馆。故宫博物院另藏有一件宋摹本。另外，山西大同北魏司马金龙墓出土的漆绘屏风，画面风格与《女史箴图》极为相近。它从实物角度印证了现存大英本的真实可信。

《女史箴图》取材于西晋广武侯张华的《女史箴》，内容都是关于女子应遵守的封建伦理道德，全文分为十二节，或抽象说理，或以历史人物作为榜样。画卷与辞文相对应，也分为十二段，现仅存后九段，分别为冯婕妤挡熊、班婕妤辞辇、防微虑远、知饰其性、出其言善、灵鉴无象、欢不可以渎、静恭自思、女史司箴。全卷采用连环画般的分段平铺式构图，一段一图一事，画面旁边书写文字榜题。画家构思巧妙，有的直接描绘历史故事情节，有的则以图说、象征、比喻的手法阐明哲理。总览全卷，画家几乎没有描绘背景环境，而是集中刻画人物；每位人物之间依靠动作与神态的呼应产生联系；空间处理较为成功，人物已有前后远近的差别；人物尺寸主要由其身份地位决定，这也是早期人物画的一个重要特点。

画中女子云髻高耸，长裙曳地，衣带飘举，人物形象高古典雅，姿态优美飘逸。画家用笔沉着有力，线条匀净且富韵律，如春蚕吐丝，“紧劲连绵，循环超忽”；设色简朴淡雅，“薄染以浓色，微加点缀，不求晕饰”，完全符合张彦远“迹简意淡而雅正”的评价。

**洛神翩然**

《洛神赋图》(第20—23页图）取材于三国曹植的文学名篇《洛神赋》。《洛神赋》又名《感甄赋》，记述了曹植从洛阳返回东藩，途径洛水时邂逅洛神宓妃的爱情故事。曹植早年与甄氏相恋，甄氏却被曹操嫁给兄长曹丕，才华横溢的曹植又遭曹丕贬谪而郁郁不得志，在赋文中将甄氏化身为洛水女神，借此来倾诉对甄氏的爱慕之情。为了使文学形象可视化，表现出文字中的想象与比喻，画家使用了一些近乎稚拙的手法，如赋中描写洛神“翩若惊鸿，婉若游龙。……远而望之，皎若太阳升朝霞；迫而察之，灼若芙蕖出渌波”，就在洛神身旁画出惊鸿、游龙、荷花、绿水等。虽然这些手法在艺术表现上带有一定局限性，总体来说还是能够表达出凄切感人的情绪。

《洛神赋图》现存世有多个宋人摹本，其中，故宫本甲本比较接近顾恺之时代的绘画风格。画中山石树木的布置、浓重的矿物颜料设色都与敦煌北魏、西魏壁画较为相似。画中女子纤腰长身，也带有六朝风采。但是故宫本甲本虽然古拙之味较浓，造型运笔却较辽宁省博物馆藏本呆板。辽博本不仅与故宫本构图基本一致，使用了近似的底本，而且每段图旁增加了榜题文字。另外，辽博本的用笔流利，线条圆熟，更多带有南宋院画的气息。

**列女贤仁**

《列女仁智图》(故宫博物院藏）与《女史箴图》都属于传统的规谏类题材，取材于《列女传》，描绘了楚国邓曼、卫国许穆夫人、曹僖负羁之妻、孙叔敖之母、伯宗之妻、卫灵公夫人、齐灵公夫人仲子、鲁国漆室邑之女、晋国羊叔姬、晋范氏母这十位贤女的故事。每段画面之后均有释文，人物身侧也有人名榜题，保留了汉代绘画的特点。

《列女仁智图》与上述《女史箴图》《洛神赋图》的艺术风格和表现手法差异较大，故有学者认为此卷应是宋人摹六朝人画作。由于宋代许多画家都曾以此为题创作，所以此卷尚不足以代表顾恺之的画风，但是画中女性形象、动态姿势、衣冠服饰都与《女史箴图》接近，某些处理方法也较为相似。《列女仁智图》用笔较《女史箴图》繁密，线描规整，是中锋圆劲的铁线描，造型结构严谨，但缺少了顾恺之笔下那种简淡雅正的韵味。此外，人物衣纹用淡墨渲染出明暗，有一定的立体感，但这种表现凹凸的技法直到南梁张僧繇时才形成，因此《列女仁智图》可视为顾恺之的弟子或再传弟子继承其画风并使之更加规范、成熟的作品或摹本。

**山水滥觞**

顾恺之的三篇画论通过唐代张彦远的《历代名画记》保存下来并流传至今。张彦远在抄录时，依次给它们定名为《论画》《魏晋胜流画赞》和《画云台山记》。《论画》主要谈绘画临摹的相关知识，部分也涉及画论；《魏晋胜流画赞》是顾恺之对同时代著名画家（如卫协、戴逵等人）作品优劣的点评；《画云台山记》是创作一幅山水画作的文字设计稿。

《画云台山记》是中国山水画最早的文献记载。此时，山水画处在萌芽阶段，尚未成为一门独立的画科，仅作为人物画的背景出现，且表现手法之稚拙，如张彦远所说：“群峰之势，若钿饰犀栉，或水不容泛，或人大于山，率皆附以树石，映带其地，列植之状，则若伸臂布指。”(《历代名画记》)

《画云台山记》文字诘屈，较难理解，作为一篇顾恺之构思画稿的文字记录，虽然仍以人物故事情节为主贯穿全画，但山水所占比重已经显著增加。全文对于创作作品的环境处理、构图布局、人物形象、色彩运用及其他细节都进行了详细论述。根据文字，我们尝试还原出这样一个画面：画家以险峻的地理环境来表现惊心动魄的情节，用珍禽异兽、云气缭绕烘托天师张道陵所在的云台山仙境。

顾恺之是魏晋时期最为重要的画家，不但对绘画技法的成熟做出重要贡献，而且为绘画理论体系的建立奠定了基础。他的绘画理论也是中国较早的绘画理论及史料专著。总而言之，顾恺之对于中国中古时期绘画的发展有极其深远的影响，其艺术地位是不言而喻的。

秀骨清像

# 陆探微

【?—约485年】

『穷理尽性，事绝言象。包前孕后，古今独立。』

陆探微（?—约485年），吴郡吴县（今江苏苏州）人。他是南朝刘宋时期成就最高的画家，最大的贡献是创立了外形与气质具有典型魏晋高士特点、极富时代特色的“秀骨清像”造型样式。陆探微的人物画对画坛产生较大影响，后世将他与顾恺之并称为“顾陆”。谢赫在《古画品录》中将陆探微列为第一品之首，称其“穷理尽性，事绝言象。包前孕后，古今独立”，且唯有陆探微和卫协能够尽得“六法”。

陆探微师承顾恺之，并进一步强化了顾氏笔下清瘦的人物造型，塑造出“秀骨清像”的形象，即为“陆家样”。这种清癯秀雅的审美观首先来自道教升仙思想，追求以瘦为美；也表现出六朝士大夫着“褒衣博带”、服药饮酒、挥麈谈玄的气质面貌。在用笔上，他变顾恺之轻柔、圆润的“春蚕吐丝描”为刚劲方硬，下笔如刀锥般有力，颇具艺术感染力。唐代张怀瓘评价他：“陆公参灵酌妙，动与神会，笔迹劲利，如锥刀焉。秀骨清像，似觉生动，令人懔懔若对神明。”（《历代名画记·卷六》）

陆探微的“秀骨清像”一指人物外在的瘦削清秀之美，二指清逸超拔、脱俗忘尘的内在品质。今人可以通过一些艺术遗存领略到“陆家样”的神韵。如南京西善桥出土的《竹林七贤与荣启期》砖画

《贵妇出游》（拓片）

南朝，画像砖，高19厘米，宽38厘米，

1958年河南省邓州市学庄村南朝墓出土，中国国家博物馆藏

（下图），由上百块模印画砖拼砌而成，砖上以凸线勾画了嵇康、阮籍、山涛、王戎、向秀、刘伶、阮咸、荣启期八位名士。这是南朝贵族墓中最为常见的题材之一，人物形象清秀洒脱，神态气质各异。又如河南邓县出土的南朝画像砖，有车骑出行、孝子贤妇、神仙祥瑞等多种内容，构图紧凑，线条流畅奔放。其中的《贵妇出游》（对页图）描绘了贵族妇女盛装出游的情景，贵妇和侍女都颀长苗条，发髻高耸，袍服宽大，衣带飘飘，显得婀娜多姿，清丽脱俗，是南朝人物画重表现人物神态气质的绝佳实例。

陆探微也是较早将书法笔法用于绘画的画家，他塑造“秀骨清像”的那种劲硬之笔就来自草书，且能一脉相连，笔断意在，气韵连绵不绝，仿佛一笔挥就，故称“一笔画”。

在唐代，陆探微的画作被收藏家争相购藏。据说，当时只有藏顾恺之、陆探微、张僧繇和吴道子的画，“方可言有图画”，其价值堪比东汉张芝的书法。张弘靖曾将所藏书画献与唐宪宗，其中陆探微的《萧史图》“妙冠一时，名居上品”，足见陆探微在后世的影响力。

**《竹林七贤与荣启期》（拓片）**

南朝，模印砖画，高 80 厘米，宽 240 厘米，

1960 年江苏省南京市西善桥南朝大墓出土，南京博物院藏

# 张僧繇

【生卒年不详】

疏体得神

『骨气奇伟，师模宏远，岂唯六法精备，实亦万类皆妙。千变万化，诡状殊形，经诸目，运诸掌，得之心，应之手。』

南朝梁时期成就最高的画家当属张僧繇（生卒年不详）。张僧繇终身作画用功，苦学不辍，“手不释笔，俾夜作昼，未栾倦怠，数纪之内，无须臾之闲”。

“南朝四百八十寺，多少楼台烟雨中。”张僧繇生活的时代，正是佛教勃兴之时。梁武帝萧衍笃信佛教，大兴佛寺，多命张僧繇作壁画以装饰。传说张僧繇还画过卢舍那佛像和孔子十哲像。张僧繇既擅壁画和卷轴画，又能塑像，对画圣吴道子、塑圣杨惠之也颇有影响。他的画作大多为佛教题材，也有人物画、风俗画，兼能山水、禽兽，亦能塑像。唐代张怀瓘所说“张得其肉”，说明所绘人物面部丰腴，特征明显，“天女宫女面短而艳”。张僧繇创立了具有个人风格的佛像样式，世称“张家样”。这种个人风格是将印度佛教艺术本土化的一种改良，对唐代的吴道子等人都有启发。张僧繇也能作山水，不用墨线勾勒轮廓，全以青绿等色块画成，称为“没骨山水”，意在强化青绿语汇的特点和以色造型的表现形式，反映出青绿山水发展的初期形态。张僧繇的画虽不存，但类似的处理手法可以在敦煌壁画北魏、西魏的早期山水中看到。

张僧繇突破了顾恺之、陆探微以来的“密体”画风，创造出“疏体”一路画法，丰富了中国画线条的表现力。他吸收书法用笔的特点，从卫夫人《笔阵图》中受到启发，发明了“点、曳、斫、拂”四种基本笔法，用笔遒劲犀利，虽点画不多、若断若续，却有笔不到意到之感。

张僧繇还善于吸收借鉴外来艺术的特色，将异域题材与技法巧妙地加以运用和改造，从而创造出新的艺术表现形式。他曾于京师建康（江苏南京）一乘寺画“凹凸花”，使用天竺（古印度）的晕染法，“朱及青绿所成，远望眼晕如凹凸”，一乘寺后来也被称为“凹凸寺”。可知他在作画过程中以晕染手法画花卉，并施朱砂及青绿，以形成深浅不同的层次，产生明暗效果，使观者远望时有立体感，近看又是平面的，令广大信众惊讶赞叹，轰动一时。

张僧繇创造的绘画风格对南北朝后期和隋唐的绘画艺术都有深远影响。现存于美国波士顿美术博物馆的宁懋石室上石刻线画（对页图）在一定程度上反映了张僧繇的绘画风格在北朝的影响。南朝陈人姚最在《续画品录》中称其“善图塔庙，超越群工，朝衣野服，今古不失，奇形异貌，殊方夷夏，实参其妙”。唐人对张僧繇的画技推崇之至，李嗣真评论其画：“骨气奇伟，师模宏远，岂唯六法精备，实亦万类皆妙。千变万化，诡状殊形，经诸目，运诸掌，得之心，应之手。”张彦远认为张僧繇的成就，在于“思若涌泉，取资天造，笔才一二，而像己应焉”。唐代流传的口诀“道子画，惠之塑，传得僧繇神笔路”，也反映出张僧繇对民间画工艺术风格形成的影响。

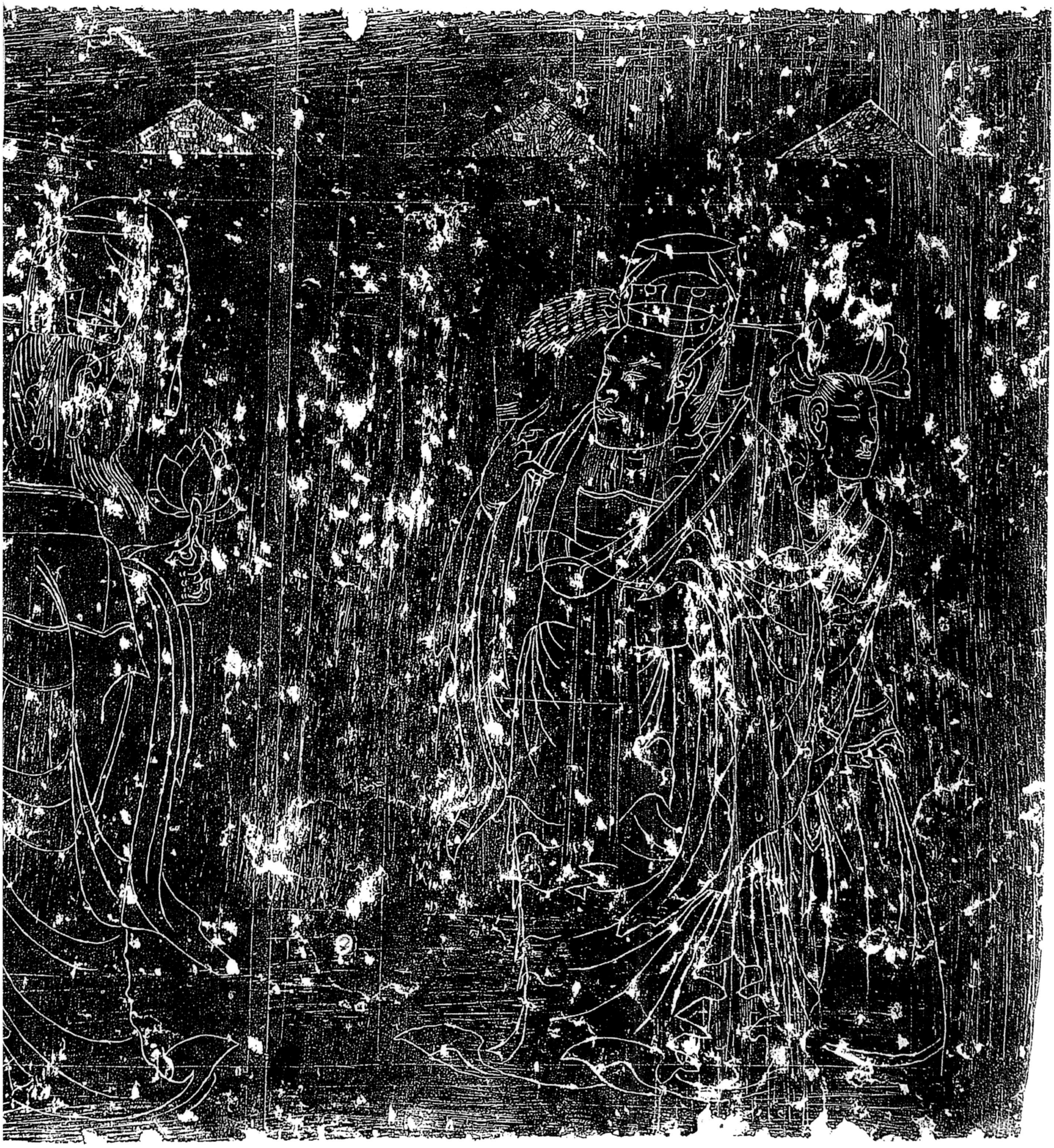

《宁懋夫妇像》（拓片）

宁懋石棺后壁，北魏，

1931 年河南洛阳翟泉村出土，美国波士顿美术馆藏

# 杨子华

【生卒年不详】

曲尽其妙，简易标美

『曲尽其妙，简易标美，多不可减，少不可逾，其唯子华乎！』

北齐画家杨子华与张僧繇基本处在同一时期，他活跃于北齐武成帝高湛时，任直阁将军、员外散骑常侍，备受高湛器重，没有诏令不得为皇室之外的人作画。杨子华善画人物鞍马，形象生动，“善写龙兽，能致风云”，称为一绝。传说他在壁上画马，夜晚似有马鸣声传出；在卷上画龙，展卷时有云气萦集。根据唐代裴孝源《贞观公私画史》中的记载，杨子华曾在邺中（今河北省临漳县）的北宣寺和长安的永福寺作过壁画，还多次描绘贵戚人物肖像及宫中生活，如《斛律金像》《北齐贵戚游苑图》《宫苑人物屏风》《邺中百戏狮猛图》等。

目前能反映杨子华绘画风格的纸本绘画是今藏于美国波士顿美术馆的《北齐校书图》，此卷为宋人摹本，表现了北齐文宣帝命樊逊等人刊定五经诸史的场面。画中人物面部丰腴，神情自然，衣物薄如蝉翼，透明飘逸，人物的动作彼此呼应，富有节奏感，表现了学士们风雅悠闲的仪态。此外，山西太原王郭村北齐娄睿墓壁画的风格也与其十分类似。人物面部呈椭圆形，神态生动自然，衣纹飘举，动势十足，服饰线条疏朗简洁。由于娄睿曾被封东安王，死后又追赠右丞相，一生地位显赫，他的墓室的营建很可能有宫廷画家参与其中，作者很可能就是杨子华。另外，壁画中的鞍马线条流畅，姿态多样，技艺高超，更使人联想擅长画马的杨子华。

杨子华是一位六朝与隋唐之间的过渡性画家，时有“画圣”之称。阎立本评价他：“曲尽其妙，简易标美，多不可减，少不可逾，其唯子华乎！”

上图、第36—37页图

《北齐校书图》（局部）

《北齐校书图》

宋摹本，（传）杨子华作，绢本设色，纵27.6厘米，

横114厘米，美国波士顿美术馆藏

# 同时期其他艺术家

## 曹不兴

曹不兴（生卒年不详），吴兴（今浙江湖州）人。因吴语“不”“弗”同音，故又作曹弗兴。他“幼好学，善书画”，与书家皇象等人并称“吴兴八绝”。据《历代名画记》记载，孙权曾命曹不兴画屏风，他不慎将墨点落于画上，急中生智，顺势几笔点绘成蝇，栩栩如生。他还能在长达五十尺的绢上画一整幅像，且“须臾立成”，反映出他的造型能力和熟练程度，也显示了他的作画气度和控制大尺幅绘画的艺术才能，这在当时十分罕见。

三国时期，佛教在江东吴国有一定的发展，佛教艺术也由此进入中国内地。曹不兴曾临摹康僧会（?—280年）由交趾带到建业的佛像并受到启发，创作出符合中国本土审美且适于中国画家绘制的佛像，使其一度流行于江南。因此，曹不兴又有“佛画之祖”之称。

曹不兴是人物白描画的先驱，他的画稿盛传于民间画工间的师徒课授之中。曹不兴还擅画龙虎、鞍马。据传，他曾在青溪“见赤龙出水上”，于是作画献给孙皓。陆探微见后也赞叹不已。

## 卫协

据史料记载，卫协（生卒年不详）是第一位能够精细描绘人物形象的画家，并被顾恺之、张墨、荀勖等人继承效法。他的人物画出类拔萃，艺高一筹，因而有“画圣”之誉。“古画皆略，至协始精”“凌跨群雄，旷代绝笔”，谢赫《古画品录》中将其列入六品中的第一品。

顾恺之在《论画》中评述卫协的画“伟而有情势”“巧密于情思”。这说明卫协已经突破了汉代以来人物画只捕捉大概体势的局限，能够表现出人物的感情色彩和内心世界。顾恺之称其“神仪在心而手称其目者，玄赏则不待喻”，说明他笔下人物的神情、动作、仪态都十分和谐自然。这种重视人物情感表现的特征也受到魏晋文学风气的影响。

卫协除佛像、肖像画、仕女画之外，还擅长历史故实画。

## 戴逵

戴逵（326—396年），字安道，属于南渡的北方士族。他出身儒门，个性独立，颇有名士风度，不愿依附权贵，一生布衣。

戴逵是将印度佛像中国化、世俗化的先驱。他曾造一丈六尺高的无量寿佛木像及菩萨像，在雕刻佛像时，常躲于帷帐之中倾听观众的褒贬评价，并随时修改。他还发明了“夹纻漆像”工艺，把漆工艺的技术运用到雕塑上。这项技术沿用至今。南京瓦官寺的戴逵塑佛像、顾恺之画《维摩诘像》及狮子国（斯里兰卡）的玉佛像，并称“瓦官寺三绝”。

戴逵卓越的雕刻技术一定程度上使人们忽略了他的绘画成就。他十几岁时就在瓦官寺作画，中年“画行像甚精妙”。谢赫称赞戴逵的人物画“情韵连绵，风趣巧拔”，富有情感和韵律。戴逵的长子戴勃、次子戴颙均继承了父亲的艺术才能，为佛教造像样式本土化做出了贡献。

## 萧绎

梁元帝萧绎（508—554年）是南朝梁武帝萧衍第七子。尽管他幼年时瞎了一只眼，但这并不影响他日后显露出文艺天赋。他擅长人物、佛教、风俗和花鸟画，目前存世的唯一作品是《职贡图》长卷。

藏于中国国家博物馆的《职贡图》经学者研究分析画卷的时代特征，并考订画上文字，最终认定该画由北宋人临摹，底本出于南朝梁元帝之手。《职贡图》描绘的是百济、龟兹、倭国等外国使节及中国的少数民族首领向皇帝进贡的场景，使用六朝常见的分段平铺式构图，人物分别作侍立或徐行之状。人物作四分之三正面，特征明显，表情丰富，突出了各国不同的风土民情和民族特色。画面结构严谨，线条简练，显示出从柔细圆劲的高古游丝描向沉重粗厚的铁线描过渡的风格特征。

## 曹仲达

曹仲达（活动于6世纪）是画史中最早记载的域外画家，来自曹国（即今中亚乌兹别克斯坦共和国的撒马尔罕地区）。他带来的西域佛教造像作为画稿祖本，在长安至中原一带广泛流传。

曹仲达以画“梵像”著称，所创样式时人称“曹家样”，成为后世临仿学习的四大楷模样式之一。这种独特的风格又被概括为“曹衣出水”，特点是“其体稠叠，而衣服紧窄”，仿佛人物刚刚从水中起身，湿衣紧贴身体。这种风格的原型应来自南亚地区，如公元2—3世纪和5世纪的两尊《菩萨立像》(均藏于印度国家博物馆)。我们可从同时代的雕塑中窥见其大致风貌，如山西沁县南涅水村出土的北齐菩萨躯干造像，以阳刻线作出下垂的柔长衣纹，既富有线条的美感，又表现出薄透的衣物质地。

## 宗炳

宗炳（375—443年）出身于官宦之家，但一生隐居未仕。他擅书画、鼓琴，好挥座谈玄，又崇信佛教。主张三教合一的他与高僧慧远过从甚密，曾在庐山参加慧远主持的“白莲社”。妻子去世后，他开始漫游四方名山大川，西至荆山巫山，南至衡山，并结庐于此，后因患病不得不返家。考虑到自己年老病衰，恐怕难以游历，宗炳便创作了大量山水画，卧于榻上，以神游之。中国山水画中的经典概念“卧游”就此诞生。

宗炳所著《画山水序》是中国最早的山水画论，但该文并不是谈山水画技法，而是主要论述形而上的“道”与“理”：用人主观的“神”去驾驭客观的“理”，从而完成山水的人化，达到“畅神”的目的。宗炳的理论奠定了中国山水画的本质特征，使之沿着精神化的道路发展下去。

## 王微

王微（415—453年），琅邪临沂（今山东临沂）人，属东晋望族王氏家族的一支。他虽出身世族，却无意仕进，“住门屋一间，寻书玩古，终日端坐”，过着隐逸的生活。他多才多艺，能书善画，解音律，通医术、阴阳、术数。其弟僧谦患病后，他亲自诊治，结果弟弟竟由于服药不当而死。王微悔恨不已，积哀成疾，不久也去世了。

王微在思想上儒道兼收，与宗炳不同的是，他不信佛，持神形一体、形死神灭之论。他与颜延之、陶渊明志同道合，《叙画》就是他写给颜延之的一封回信。在《叙画》中，他竭力提高绘画的地位，并认为绘画与书法艺术同等重要。在文中，首先将山水画与地图相区别，认为其具有独立的艺术性；其次，强调山水画创作和欣赏中的主观精神因素能够给人带来“神飞扬”“思浩荡”的精神愉悦。王微的《叙画》与宗炳的《画山水序》都是中国山水画理论的开山之作。

## 展子虔

唐画始祖

## 阎立本

驰誉丹青

## 李思训 李昭道 父子

丹青富贵

第二章

# 隋唐时期的艺术家

# 展子虔

【生卒年不详】字号不详

唐画始祖

『写江山远近之势尤工，故咫尺有千里趣。』

展子虔（生卒年不详），渤海（今山东阳信）人，历北齐、北周而入隋，后世将他与魏晋南北朝名家并称“顾、陆、张、展”。由于他在北朝与隋唐间的艺术传承中起到承前启后的作用，又被称为“唐画始祖”。

展子虔幼年历经战乱，但从小就表现出一定的绘画天赋。传说，年幼的他能用树枝在土地上勾画出花鸟鱼虫，形象惟妙惟肖。成年后的展子虔更是技艺出众，“动笔形似，画外有情”。入隋之后，皇帝听闻他的画名，将他召入朝中任命为朝散大夫，后又升至帐内都督，直至晚年才回归故里，寄情书画，直至终老。

展子虔擅画道释人物、鞍马翎毛、宫苑台阁、历史故实等画科，著录记载他有《法华经变相》《北极巡海图》《维摩诘像》《长安车马人物图》《弋猎图》《按鹰图》《人骑图》《人马图》《石勒问道图》《北齐后主幸晋阳宫图》等作品。他一生经历丰富，足迹遍及大江南北，曾在长安定水寺、崇圣寺，洛阳的天女寺、龙兴寺等多地寺庙画过壁画，如龙兴寺的《八国分舍利图》就是构图复杂、人物众多的大尺幅壁画。

在众多画科中，展子虔最擅长山水。展子虔的山水“写江山远近之势尤工，故咫尺有千里趣”。今藏于故宫博物院的《游春图》卷是他仅存的作品，也是现存卷轴山水画中年代最古老的一幅，由宋徽宗题签确定其作者归属。此画流传有绪，曾经宋代徽宗皇帝、南宋贾似道、元代鲁国大长公主祥哥剌吉、明太祖、严嵩严世蕃父子、韩世能韩朝延父子、清代安岐、清高宗等人收藏，著录于元代周密《云烟过眼录》，明代文嘉《严氏书画记》、詹景凤《东图玄览编》、张丑《清河书画舫》，清代吴升《大观录》、安岐《墨缘汇观》和清内府《石渠宝笈续编》等。

《游春图》的重要意义在于，它奠定了中国青绿山水画的艺术范式，从空间布局、题材内容、意境营造、造型技法等方面为后世的创作提供了参照样本，树立了重要标杆。该画以全景式构图描绘了贵族春游的场景，青山白云，桃杏盛开，一派春光明媚。虽以山水为主，人马、建筑和游船都描绘得精细准确，一丝不苟。树木形态虽然还较稚拙，但画法已渐趋写实，不再是六朝“若伸臂布指”的样式。画中人物已从背景中独立出来，使全卷成为独幅青绿山水，标志着山水画即将进入成熟阶段，而这直接影响到唐代李思训、李昭道父子的金碧山水画创作。

《游春图》

展子虔作，绢本设色，纵 43 厘米，横 80.5 厘米，故宫博物院藏

对页图

《游春图》（局部）

# 李思训 李昭道父子

李思训，字号不详
【651—716年，一作675—758年】

李昭道，字号不详
【生卒年不详】

丹青富贵

『出飞天岭下，初见平陆，马若皆惊，而帝见小桥，作徘徊不进状。』

李思训（651—716年，一作675—758年）出身李唐宗室，地位显赫，但他并未立下赫赫战功，只承袭先人功业，受封右羽林大将军、右武卫大将军等衔，有“大李将军”之称。但他未曾“为富贵所埋没”，而是崇文游艺，喜好丹青。在他的诸多兄弟子侄之中，有五位都擅长绘画，如其弟李思海、思海之子李林甫（官至中书令，是唐玄宗时期政坛上炙手可热的人物）等，除孙子李凑工于绮罗人物，这些人都是山水画家，李思训是其中最得器重之人。

李思训的创作在风格和内容上都带有明显的贵族色彩，画风工致，“山水树石，笔格遒劲”，被誉为“国朝第一”，显示了盛唐艺术“焕烂以求备”的辉煌气象。

《江帆楼阁图》（对页图）传为李思训所作，今藏于台北“故宫博物院”。画面格局宏伟，临江山峦，长松秀岭，廊舍掩映，庭院清幽，江水浩渺，风帆远航，蔚然壮观。用笔工致，赋色浓艳。据学者研究，《江帆楼阁图》可能是一套屏风画中的一件，它的构图与展子虔《游春图》左段十分相近，说明二者也许出于同一个祖本。不过，《江帆楼阁图》又增加了许多内容，细细描绘了庭院楼阁和江流帆影，取景更加雄壮旷远。画树石用笔已略带勾斫变化，点叶更加多样，也注意趋势穿插，更显繁密厚重，基本摆脱了魏晋时期“伸臂布指”的状态。

李思训去世后，著名书法家李邕为其撰碑文并书《云麾将军李思训碑》（开元八年立，今存陕西省蒲城县桥陵）。此碑为李邕四十三岁所书，侧锋落笔而下，行笔果决豪爽，点画硬朗竖挺，兼具较高的艺术与历史价值，尤为后世习书之人所重视。到了明代，董其昌将李思训定为“北宗”始祖，讲求法度，重视规范，精于刻画，精谨妍丽，与董源为首的“南宗”相对，虽不及南宗势大力强，影响力也贯穿千年。

李思训之子李昭道（生卒年不详）也是一位“翩翩佳公子”，从不走马斗鸡，而好“戏弄翰墨”。他“变父之势，妙又过之”，在继承李思训的基础上又有发展，新创“海图”（即海景画）。李昭道虽官未至将军，但因与其父齐名，因此以“小李将军”称之，并称“二李”。父子二人艺术成就皆能达到如此高度，实属难得。

传为李昭道所作的《明皇幸蜀图》今存数本，是以山水景致为主的历史故实画，表现安史之乱期间，唐玄宗率众来到蜀中避难的故事。藏于台北“故宫博物院”的《明皇幸蜀图》（第46—47页）横卷，描绘了唐明皇骑马“出飞天岭下，初见平陆，马若皆惊，而帝见小桥，作徘徊不进状”的情节。画中崇山峻岭，山峦险峻，直插天际，山路蜿蜒，栈道迂回，扈从众多，人物虽小，不失缜密精微，山石空勾无皴，施以丹粉重彩。然而，玄宗“幸蜀”之行应视为其治理国家的巨大失败，时人尤其是作为宗室的李昭道对表现此类题材应当存有顾忌，故此卷似乎不可能为其所作，可将该卷视为在五代西蜀期间接受了中原文化艺术传统、画风受到李氏影响的画家所作。

大小李将军的山水画属于工笔重彩的青绿山水，精工艳丽，需得“慢工出细活”，往往历时三个月之久方能完成，极其耗时耗力，与吴道子那种“嘉陵江三百余里山水，一日而毕”的风格迥异，但也能达到妙景通神的效果 。

在唐代，从事山水画创作的画家较少，远远不及人物画家。这是由于当时社会风气开放，唐人积极进取，乐于建功立业。人物画与人事关系更为密切，因而绘者更多，发展更快，水平较高。二李父子出身高贵，较旁人更有闲情逸致，可以从事对自然山水的审美观照与描绘再现。这一时期的山水画尚未成为独立的审美载体，其中的人物形象也十分重要，人与景、情与境并存并重，更富情致。但是，唐代山水较魏晋南北朝已有很大进步，摆脱了“人大于山”“水不容泛”的稚拙形态，逐渐趋向成熟。青绿山水多表现仙山奇境、宫苑楼阁，技法细致，勾勒填色，鲜妍华丽，富丽堂皇，装饰意味浓重。

对页图

《江帆楼阁图》

宋摹本，（传）李思训作，绢本设色，纵101.9厘米，横54.7厘米，台北故宫博物院藏

第46—47页

《明皇幸蜀图》

元摹本，（传）李昭道作，绢本设色，纵55.9厘米，横81厘米，台北故宫博物院藏

青綠關山迥
崎嶇道路長
客人各結束行
李自周詳總
為名和利那
辭勞與忙年
陳失姓氏北宋
近乎唐
甲午新秋
御題

# 王维

【701—761年】

字摩诘

画手佛心

『味摩诘之诗，诗中有画；观摩诘之画，画中有诗。』

唐朝的著名诗人王维（701—761年），同时又是一位名垂画史的画家。他自幼父亲早逝，由母亲崔氏抚养成人。崔氏是一名虔诚的佛教徒，王维深受其影响，其字“摩诘”即是取自深谙大乘佛法的维摩诘居士。维摩诘智慧通达，曾得到释迦牟尼的称许，《维摩诘所说经》也是禅宗的经典之一。王维以维摩诘作为自己的名与字，既表达了一片仰慕之情，又透露出他与佛教，尤其是与禅宗的深厚缘法。

王维少年得志，名传遐迩：十九岁就考取进士，曾奉使出塞；他官至尚书右丞，故世称“王右丞”。但是，作为一代才子，王维一生多遇坎坷，仕途诸多不顺，甚至险遭杀身之祸。他早年在频繁的职位调动与退官闲居中度过多年时光。安史之乱时，王维已年届五旬。叛军攻陷长安，玄宗仓皇逃往四川，王维没来得及逃走而被俘。他服药假装患病以逃避，但由于其诗名甚大，安禄山派人将他迎到洛阳，强迫他出仕。王维不得已只能屈从，但他仍心系李唐王朝，曾作《凝碧宫诗》表达悲哀之意：“万户伤心生野烟，百官何日再朝天？秋槐叶落空宫里，凝碧池头奏管弦。”待到唐军收复长安、洛阳，王维这样出任伪职的官员按律本应处死，但有人以他的《凝碧宫诗》可证其忠心为他求情，加之他的弟弟王缙请求削去官职以赎兄长之罪，肃宗皇帝便原谅了他，又委以重任。王维深感仕途险恶，心灰意冷，于是在自然山水和佛教思想中寻求精神寄托，后来在陕西蓝田的辋川别业中去世。

王维是一位琴诗书画皆能的全才，他的山水田园诗恬淡自然、意境空灵超逸，被后人称为“诗佛”。他的诗作往往融入了绘画艺术之美。十六岁时所作“画阁朱楼尽相望，红桃绿柳垂檐向”，色彩明丽动人；“桃红复含宿雨，柳绿更带春烟。花落家童未扫，莺啼山客犹眠”鲜妍浓艳，花团锦簇；“日色冷青松”“色静深松里”“绿艳闲且静”各自表现了他对冷暖不同色彩所萌生的不同美感体验。王维还特别喜爱夕阳西下的景致，“残雨斜日照，夕岚飞鸟还”写落日时分的小雨；“荒城临古渡，落日满秋山”写秋日的傍晚；“返景入深林，复照青苔上”写林间夕照；“夕阳彩翠忽成岚”写余辉中景色的变化。他笔下的夕阳景色都是如此绚丽多彩，极富画面感。

王维既“妙于诗”，又“精于画”，他的诗画成就能够相互交融，相互渗透。王维也自称“宿世谬词客，前身应画师”，对自己的能诗善画颇为自负。但唐人（朱景玄）只将他列为二流画家，直到北宋，在苏轼的大力赞美之下，才声名鹊起。苏轼对王维有着很高的评价：“味摩诘之诗，诗中有画；观摩诘之画，画中有诗。”晁补之云：“右丞妙于诗，故画意有余。”明清之际，王维更是被董其昌等人奉为“文人画始祖”、山水画“南宗”领袖。

王维“工画山水，体涉今古”。他既学过李思训的青绿着色、精细刻画，也学过吴道子的山水松石，风致特异。他最擅长的还是水墨

上图
《郭忠恕临王维辋川图》（局部）

下图
《郭忠恕临王维辋川图》
（明）郭世元石刻墨拓本，纵31厘米，横825.5厘米，
美国芝加哥东方图书馆藏

山水，“笔墨宛丽，气韵高清”。其中不仅寄托了自己的理想，使画面蕴含着一种空灵静谧的气质；还将诗词中的格律工整与唯美意境带入画中，融诗情画意为一体。这种将诗书画禅紧密结合、意趣朴拙清新的水墨山水颇受文人士大夫的青睐。

王维为母亲崔氏奉佛持戒之用，从诗人宋之问处买下蓝田的辋川别业，晚年便在此隐居。他在这里绘制了壁画和卷轴画《辋川图》多本，笔力雄壮。《辋川图》原画已佚，今存明代郭世元的石刻本《临王维辋川图》，据说是依据郭忠恕临本所刻。画中描绘了孟城坳、华子冈、文杏馆、斤竹岭、鹿柴、木兰柴、茱萸泮、宫槐陌、临湖亭、南垞、欹湖、柳浪、栾家濑、金屑泉、白石滩、北垞、竹里馆、辛夷坞、漆园、椒园共二十处景致，成为后世效仿临摹的楷模。其实，这是王维个人借观想辋川山谷内的各种景物，用来摄心守念、观禅修道的工具，在精神层面与宗炳的“卧游”“畅神”不谋而合。而“辋川图”也成为后世山水画家偏爱的创作题材（第50—51页图）。

王维在画史上崇高地位的确立，与北宋文人画的兴起密切相关。王维的画风对后世产生的深远影响，也主要是由于他个人的身份、地位、个性和文学成就非常符合文人画家的理想。王维在后世地位的变化，同样是为了适应后人的需要，不断对其进行解读与改变。

《辋川图》

（清）王原祁作，纸本设色，纵 36.5 厘米，横 1055.4 厘米，
美国纽约大都会艺术博物馆藏

# 阎立本

【601—673年】

字号不详

驰誉丹青

『六法备该，万象不失。』

阎立本（601—673年），雍州万年（今陕西西安）人。阎立本家世显赫，祖父阎庆为北周上柱国，父亲为石保县公阎毗，母亲为北周武帝宇文邕之女清都公主，兄长为阎立德。

阎氏一家父子三人皆善画，长于营造技术，且有很高的艺术造诣。阎毗颇好经史，能篆书，工草隶，尤善画，“为当时之妙”，北周武帝对他非常欣赏，故选为驸马。阎毗还以“工艺知名”，曾负责营建临朔宫、修筑长城和大运河永济渠段等工程，深得隋文帝杨坚器重。阎立德画艺不在阎立本之下，奉诏画过《王会图》《文成公主降番图》等作，又是建筑家、工艺美术家，曾主持设计帝后服饰、宫廷舆伞仪仗，修建昭陵、翠微宫、玉华宫、太宗山陵等，因业绩卓著晋封为公爵，追赠吏部尚书。著名的浮雕《昭陵六骏》很有可能是阎氏兄弟亲自起稿设计完成的。这组雕刻作品生动描绘了这六匹曾随太宗皇帝征战天下、立下汗马功劳的神骏，是唐代石刻中的经典。

阎氏父子尽管凭借技艺侍奉君侧，但仕途并不完全顺畅。隋太子杨勇由于生活骄奢被隋文帝杨坚废黜后，阎毗却因为曾向隋太子进献珍玩受到牵连，不仅遭到杖责，还被贬为庶民，直至隋炀帝即位后才恢复职位。阎立德也曾因修建宫殿之事被免职。

相比父亲和兄长，阎立本的宦途起伏不大。他早年追随秦王李世民时，为王府中蓄养的文人学士作《秦府十八学士图》，经过历代传摹，粉本得以流传。李世民登基之后，阎立本不仅为唐太宗画像，还奉命效仿汉代《麒麟阁十一功臣图》与《云台二十八将图》，绘《凌烟阁二十四功臣图》（今存拓片，中央美术学院美术馆藏），供太宗旌表下属之用。当时天下初定，万国来朝，阎立本又作外国使者画像。阎立德逝世后，他以将作大匠的身份代兄成为工部尚书，后升为宰相，封爵博陵县男。

但是，即使阎立本官至高位，画技出众，在帝王眼中仍然只是为皇家服务的工匠技师，召之即来，挥之即去。据史料记载，一次，唐太宗与侍臣在春苑泛舟，池中忽现珍禽异鸟。皇帝大悦，令在座的臣子咏诗，又命人招来阎立本图写此景。当时已身为主爵郎中的阎立本听闻传呼“画师阎立本”，急忙一路奔跑而来，汗流浃背，俯身下拜，环顾四周，感觉十分惭愧。毕竟，阎立本熟读诗书，能书文作赋，也算是地位较高的文人士大夫阶层了。而掌握了绘画这一技能后，却使自己沦落到像奴隶一样被呼来唤去，这不啻是莫大的耻辱。因此，阎立本告诫儿子，千万不要“习此末技”，以免重蹈自己的覆辙。

但阎立本天性爱好丹青，不愿放弃自己这一技之长，只能无可奈何地继续尽忠尽责，看似风光无限，实则精神痛苦，还要忍受着来自社会舆论的讥讽。由于他靠画技升至右相，且也本非“宰辅之器”，与在边疆立下赫赫军功的左相姜恪形成鲜明的对比。时人便借《千字文》中的典故嘲讽道：“左相宣威沙漠，右相驰誉丹青。”（《千字文》中原句为“宣威沙漠，驰誉丹青”）这给阎立本带来了更大的精神打击。其实换个角度看，这体现了初唐帝国对于不同专长人才的包容和赏识。

阎立本作为初唐的杰出画家，对道释、山水、鞍马等画科莫不精擅，尤以人物画著称。他的绘画艺术初承家学，后师法张僧繇和周末隋初的郑法士，又取法六法完备、颇有骨气的杨契丹和展子虔，博采众长。他笔下人物形象生动，体格匀称、个性鲜明，面部刻画细致，外貌与气质并重，富于表现力；用笔流畅劲爽而不失圆润，敷色古雅沉着又富于变化，意境深邃，可谓“六法备该，万象不失”。

据传，当时的道士借一幅张僧繇所作的《醉僧图》嘲弄僧人不守戒律，众僧深以为耻，便凑数十万钱，又请阎立本画了一幅《醉道士图》予以反击。又传，太宗之弟虢王李元凤勇猛善战，曾一箭射杀终南山中伤人的苍虎。太宗大喜，命阎立本作画以记。阎立本一挥而就，将为民除患的李元凤形象刻画得生动传神，跃然纸上，使观者为其高超画技深深折服。

阎立本绘画的主要题材为当时的重大政治事件、历史人物、名臣写真及帝王的日常活动等，如《职贡图》《步辇图》《历代帝王图》《魏征进谏图》《文成公主降番图》《登瀛图》等，都是场面显赫、人物众多、画风严谨的画作，体现出唐代贵族阶层的高贵与矜持。描绘贞观十五年（641年）、唐太宗接见前来迎娶文成公主的吐蕃使者禄东赞场景的《步辇图》（第54—55页图），成为唐蕃历史中的重要视觉资料。画面中，唐太宗李世民面目端正俊朗，表情威严肃穆，禄东赞神态诚恳谦卑、动作毕恭毕敬，而众宫女天真活泼，冲淡了画面中紧张拘谨的气氛。画家将各个人物独具的性格特征与精神气质一一表现出来，恰如其分又动人心弦。另一卷藏于美国波士顿美术馆的《历代帝王图》（第56—57页图），则是画家借绘画艺术来委婉表达自己的褒贬之意，通过画像反映出历代君主的得失成败。画中描绘了刘秀、曹丕、孙权、刘备、陈叔宝、杨坚、杨广等十三位帝王，他们面貌情态各不相同，有的从容文静，有的宽厚通达，有的果决沉着，有的软弱平庸，个性鲜明，对比强烈。

由于所画作品皆涉及国家大事，都是出于维护统治、歌功颂德的目的，阎立本的艺术职业生涯与唐代政治局势始终息息相关。在唐高宗决定废黜原配王皇后、改立武则天的事件中，关陇贵族集团由于反对武氏为后，日后遭到了武则天的打击报复。阎立本属于关陇集团中一员，此时又失去了太宗这位重要的艺术赞助人与保护人，因此很难在朝中立足，遂决定退出政坛，来到江西玉山县武安山脚下隐居，并结识了禅宗六祖慧能禅师。他晚年捐宅为寺，直至终老。

《步辇图》（局部）

《步辇图》

宋摹本，（传）阎立本作，绢本设色，纵38.5厘米，横129厘米，

故宫博物院藏

帝諱頊在位
四年深崇佛法
晉武帝司馬炎
蜀主劉備

後周武帝宇文邕在
位十八年五帝共廿五年
毀滅佛法
後主叔寶在位七年

《历代帝王图》

宋摹本，（传）阎立本作，绢本设色，纵 51.3 厘米，横 531 厘米，

美国波士顿美术馆藏

第 58—59 页图

《历代帝王图》（局部）

陳廢帝伯宗在位二年

宣帝在位八
深崇道教

# 吴道子

【约685—758年】

字号不详

画圣独步

『吴之笔，其势圆转，而衣服飘举；曹之笔，其体稠叠，而衣服紧窄。』

**应时而生、青云直上**

吴道子（约685—758年），阳翟（今河南禹州）人。他少时家贫，无力接受正规的艺术训练，但不甘困窘，好学上进。最初，吴道子跟随张旭、贺知章学习草书，草书放纵恣意的笔法对他日后的绘画用笔产生了重要影响。后吴道子改学画，信手挥写，毫厘不差，并能将书法、剑舞与绘画融会贯通。他曾观赏裴旻将军舞剑，气势撼人，惊动鬼神，观后挥毫，更增灵感。这与张旭观公孙大娘舞剑后作草书之举，有异曲同工之妙。其画乃集意气而成，“非儒夫所能为也”。

吴道子先在喜好书画的官员韦嗣立门下任小吏，随其入川，得以饱览蜀地山川，开阔眼界；后又出任山东兖州瑕丘县尉，之后果断辞官，游学洛阳。东都经济昌盛，文化繁荣，给他提供了施展才能的广阔天地。吴道子声名大振，终于被唐玄宗召入宫廷，改名“道玄”，成为御用画师，后成为宁王李宪之友，官居五品。他平步青云，身价显贵，求画者络绎不绝，应接不暇，以至皇帝特别下令，命其“非有诏不得画”。

然而，吴道子功成名就之后，开始自信心过度膨胀，骄矜自负。他本就“好酒使气”，常畅饮后方动笔。会觉上人为请他作画，酿酒百石，“列瓶瓮于两庑下”，并表示“檀越（施主）为我画，以是赏之”，吴道子欣然同意。

**道释人物、生动传神**

唐代的人物画得到了前所未有的繁荣和发展。画家在塑造人物形

象时，已经能够表现出其真实性格与气质神态，使人物“备得人情”。这一时期的宗教艺术在继承本土传统和吸收外来经验的基础之上更加成熟，大量生活场景素材涌入，画家的创作表现得心应手，吴道子就是其中的杰出代表。

吴道子的画艺在当时堪称“冠绝于世，国朝第一”。他在长安、洛阳两京的寺观绘制了大量壁画。这说明宫廷之外，寺观是他主要的发挥之地，其佛教作品题材有净土变、本行变、维摩变、金刚变、业报差别变、消灾经变、日藏月藏变、地狱变、降魔变、智度论色偈变，以及佛、菩萨、文殊、普贤、天王、释梵天众、行僧等；道教绘画则有《玄元像》《朝元图》《明真经变》等，这些都表现出艺术家旺盛的创作精力和过人的艺术才能，也反映出他与唐代市井文化的密切联系。他绘制的壁画《地狱变》，采用白描手法，笔力劲怒，变状阴怪，尽管壁画中并无剑林、狱府、牛头、马面、青鬼、赤者等骇人的形象，仍似有阴气袭来，令观者不寒而栗。

继张僧繇的“张家样”、曹仲达的“曹家样”之后，吴道子创立了新的宗教美术样式“吴家样”。“吴之笔，其势圆转，而衣服飘举；曹之笔，其体稠叠，而衣服紧窄。”吴道子与曹仲达的样式风格对比鲜明，却各有风骨，故有“吴带当风，曹衣出水”之称。通过大量作品和弟子的传播，“吴家样”在当时即广为流传，对后世的画家、雕塑家也产生了深远的影响。

**笔力磊落，气势撼人**

线条是中国古代画家塑造艺术形象的重要手段，具有较强的艺术表现力和感染力，能够体现出画家所独有的个人风格，比如顾恺之“紧劲连绵”的高古游丝描、张僧繇“点曳斫拂”的书法性线条等，都各具特色。吴道子“早年行笔差细”“笔迹圆细如铜丝萦盘”，是较为工细的密体风格；至“中年行笔磊落，挥霍如莼菜条”，即用笔提按明显，起伏波折，减少了色彩的渲染。他增强了线条的表现力，发展为豪爽粗放的疏体，落笔雄劲，而赋彩简淡，“于焦墨痕中略施微染，自然超出缣素”。以这种又称“白画”的手法塑造人物，使“人物有八面生意”，别具一格，世谓之“吴装”。

吴道子被誉为是张僧繇转世，他下笔如有神助，“笔迹劲怒”“气韵雄壮”，线条极富动感和韵律，渗透出浓烈的情感，又与整幅画面的气氛相统一，从而产生了“天衣飞扬，满壁风动”的效果。

然而“真迹渺难得”，吴道子的画迹今已不存，但可以从一些石窟壁画、出土文物、传派画稿中觅得其踪迹。如敦煌第103窟的壁画《维摩诘经变》，维摩诘身体前倾，凝神深思，不似以往羸弱的“示疾之容”，而重在刻画其辩论时的神态，笔迹磊落，略施微染，线描流利刚健。河北曲阳北岳庙的《山鬼》石刻线画，形象狰狞恐怖，线条遒劲飘舞。苏州瑞光寺塔出土的舍利函彩画《四天王》约属五代时期，用笔流畅，动势强烈，天王须发怒张，正符合了吴道子笔下“虬须云鬓，数尺飞动。毛根出肉，力健有余”的威猛气势。

另外，今藏于日本大阪市立美术馆的《送子天王图》描绘了释迦牟尼降生在净饭王家的故事，被学者认为是北宋的壁画粉本。虽非吴生真迹，但用笔设色与形象塑造上带有明显的吴派风格。另一卷《道子墨宝》也应属后世民间画稿。吴道子的道教绘画《五圣朝元图》被历代画家工匠传摹学习，宋代武宗元还曾在老君庙重画。现存世的《朝元仙仗图》（第62—63页图）及《八十七神仙卷》（徐悲鸿纪念馆

上图，第62—65页图

《朝元仙仗图》（局部）

北宋，（传）吴道子作，绢本水墨，纵57.7厘米，横1175厘米，私人收藏

太丹玉女
光靈童
陽童子
太清仙伯
扶桑大帝

天丁力士
破邪力士
眀星大神
飛天神王
太極仙侯
九疑仙侯
妙行真人

仙樂龜茲部

司禁玉女

藏）均是此图摹本，二者都不同程度地保存了吴道子遗风。

**怪石激滩，须臾即成**

在吴道子的笔下，还确立了水墨山水的艺术形式。唐代张彦远记载他“往往于佛寺画壁，纵以怪石崩滩，若可扪酌”（《历代名画记·卷一》），说明吴道子着意表现“冲梁耸奇石，苍峭束高泉”的气势，时人将他与“幽致峰峦”的王陀子并称为“陀子头，道子脚”。这种面貌今可从盛唐敦煌壁画中见到，如敦煌172窟《文殊变》远景中的山水，波涛汹涌，怪石耸立。

吴道子因描绘蜀地山水，“始创山水之体，自为一家”。据《唐朝名画录》记载，天宝年间，唐玄宗忽然忆起蜀地嘉陵江的风貌，遂命吴道子前往图绘。吴道子采风完毕返京后，表示“臣无粉本，并记在心”。玄宗命吴道子在大同殿作画，结果他将“嘉陵江三百余里山水，一日而毕”。因此，张彦远有“山水之变，始于吴，成于二李”

左页图、上图

《送子天王图》（局部）

的评价。

吴道子将唐代绘画推向了新的高峰，成为一代画圣。苏轼总结唐代的文艺成就时提到："君子之于学，百工之于技，自三代历汉至唐而备矣。故诗至于杜子美，文至于韩退之，书至于颜鲁公，画至于吴道子，而古今之变，天下之能事毕矣。"

不过，我们还需要承认时势造英雄。吴道子的成功与他个人的天赋异禀、勤奋努力密切相关，又和当时的历史环境是分不开的。他生逢大唐盛世，开放包容的社会为他提供了施展才华的机会，繁荣发展的宗教为他献出了源源不竭的艺术素材，同时代的张旭、崔旻、公孙氏、李白、杜甫等天才与精英或为他启发灵感、或对他称赞推崇……可以说，吴道子占尽了天时、地利与人和，成为画史上的千古传奇。如果说，盛唐的文化氛围是一道银河，那吴道子显然是其中一颗格外璀璨的明星，既与群星互相映照，又不掩其个人的光辉。

《送子天王图》

宋摹本，吴道子作，纸本水墨，纵 35.5 厘米，横 338.1 厘米，

日本大阪市立美术馆藏

# 张萱

【主要活跃于开元至天宝年间】

字号不详

绮罗秾丽

『画士女乃周昉之伦，其贵公子、宫苑、鞍马，皆称第一，故居妙品也。』

盛唐仕女画的先驱——张萱（主要活跃于开元至天宝年间），是一位宫廷画师，擅长画妇女、婴儿、鞍马、宫苑多种题材，名冠于世。张萱生活在当时世界上最繁华的大都市——长安，对高门豪族的生活极为熟稔。他频繁描摹贵族妇女的日常生活，如游春看雪、赏花扑蝶、烹茶弈棋、抚琴吹箫等打发闲暇时光的活动，富于人间烟火气息。他不仅长于贵族人物，还能注意在创作《七夕乞巧图》《望月图》时，通过亭台、林木、花鸟等环境景物烘托气氛，营造悠远的意境，使人物形象更传神。他曾以“金井梧桐秋叶黄”诗句为题，表现宫廷妇女被遗弃冷落后，凄清寂寞的生活与哀怨失落的心境。

张萱的画风工整浓艳，人物妍丽妩媚，在当时就影响广泛，摹仿者众多。在他的笔下，盛唐女子云髻高耸，着轻罗，披薄纱，丰腴艳丽，富贵娴雅，形神兼备，极富风致，因此有“绮罗人物”之称。为了与其他模仿者相区分，他故意将笔下的女子以朱色晕染耳根。张萱存世的画作《虢国夫人游春图》《捣练图》（以上两件作品均为宋摹本）都应为奉诏而作，如实反映出当时贵族女性的生活。其中，《虢国夫人游春图》（第74—75页图）生动地描绘了杨贵妃的三姐虢国夫人一行骑马踏青游春的场景，画中内容恰好与杜甫的七言古诗《丽人行》一致：“三月三日天气新，长安水边多丽人。……就中云幕椒房亲，赐名大国虢与秦。”背景留白，构图疏密有致，人物华服盛装，姿容秀丽，神情从容，真实再现出杨氏姐妹奢华骄纵的生活片段，也反映出引人深思的社会现实。《捣练图》也是对宫廷女性生活的写照，描写妇女捣练、络线、织修、熨烫丝织物的活动，人物动作表情各不相同，相互关系生动自然，细节刻画富有情趣，带有浓厚的生活气息。“练”是一种生丝织品，从“缣”而出，刚织成时质地较坚硬且为黄色，必须经过沸水烫煮、砧杵捶捣，才能变得柔软洁白。隋唐时期的官营练染作坊已有较大规模，民间捣练活动也很普遍，其中“白作”就是专门的捣练作坊。《捣练图》所绘正是“捣衣”中的捣练、织修、熨烫这三道主要工序。

在古诗中，捣衣或捣练的意象常用来表现妇女对远戍边关的丈夫的思念之情，或者女子心中的幽怨之意。但在唐人的笔下，捣练仅是

《捣练图》

宋摹本，（传）张萱作，绢本设色，纵37厘米，横145.3厘米，美国波士顿美术馆藏

上图、第 76—77 页图

《虢国夫人游春图》（局部）

单纯地描写劳动场景。这一时期，长安是中国丝绸的重要产地之一，织造水平也较高。少府监、织染署、掖庭局、贵纪院及内作使等机构都下设官营作坊，其中就有很多技艺娴熟的宫婢。而《捣练图》中的女性虽着绫罗绸缎，姿态优雅雍容，显然属于贵族妇女，但暗示出画家对宫中劳动妇女的同情，有“遍身罗绮者，不是养蚕人”之意。此外，人物额上花钿、头上发髻及衣物纹样等细节也刻画得一丝不苟。画家还很注意人物情绪流露和气氛烘托，在一片忙碌的劳作之中，有个天真的少女钻到长练下嬉戏，仰头出神地观看熨烫的过程，生动可爱，情趣盎然。

张萱不仅善画贵公子与闺房之秀，还能画婴儿。婴幼儿的难画之处在于，既要表现出年幼的相貌特征，还要与其他小孩子相区别。在当时其他画家的笔下，婴儿不是只缩小身材比例而保留成人面孔，就是面部与妇人太相似，而张萱则能恰到好处地表现出不同儿童的模样和气质。

张萱画艺精湛，技法严谨。他的仕女画在唐代仕女画发展历程中占有重要的地位，展示了当时写实人物画的最高水平，就连后世的周昉也难以比肩。

下图

《虢国夫人游春图》

宋摹本，（传）张萱作，绢本设色，纵 51.8 厘米，横 148 厘米，辽宁省博物馆藏

# 周昉

字仲朗，又字景玄

【主要活跃于大历至贞元年间】

妙创水月

『初效张萱，后则小异，颇极风姿。』

周昉（主要活跃于大历至贞元年间），字仲朗，又字景玄，京兆（今陕西西安）人。他出身世家贵胄，父亲官至监察御史，兄长善骑射征战，而他所交游者皆为贵族阶层子弟。周昉学画“初效张萱，后则小异，颇极风姿”，其“衣裳劲简”“彩色柔丽”“以丰厚为体”的风格标志着唐代仕女画的进一步成熟。

与生活在盛唐的张萱不同，周昉所处的中晚唐正是大唐帝国历经安史之乱后由盛转衰、社会矛盾日渐凸显之际，他笔下的人物因此呈现出与张萱不同的面貌。周昉更善于挖掘人物的内心世界，女子多流露出寂寞空虚、惆怅迷茫、忧郁感伤的苦闷心境，更具艺术表现深度，也是时代的缩影。

周昉的人物画重在传神。传说他和韩幹先后为名将郭子仪的女婿、工部侍郎赵纵写像，郭子仪难以判定优劣，遂将两幅画像并排挂在室中。赵纵的夫人归宁时看到，父亲问她：“何者最似?”她认为，韩幹之画只能算是形似，“空得赵郎状貌”，而周昉能够“移其神气”，兼得丈夫的“性情笑言之姿”，因此更胜一筹。

现传为周昉作品的有《挥扇仕女图》《簪花仕女图》《调琴啜茗图》《内人双陆图》及《蛮夷执贡图》等，大多为五代、两宋甚至更晚的摹本，但风格基本与晚唐相近。《簪花仕女图》描绘宫廷女性于暮春时节，在庭院中赏花逗狗的场景。她们身上的衣物纹样精美，团花风纹，质地轻透，薄如蝉翼，表现出“绮罗纤缕见肌肤”的效果。除人物外，画中的拂林犬与白鹤也描绘得姿态生动。另一幅《挥扇仕女图》（第82—83页图）长卷中出现了十几位贵妇，两三人一组，或坐待梳妆，或斜抱瑶琴，或拈针刺绣，或倚树摇扇。她们衣饰华贵，风姿娇艳，宫苑生活安逸富足，却流露出凝神所思、日长慵困的神态，这种奢华丰富的物质生活与精神世界的贫瘠匮乏产生了强烈对比。

周昉还擅长创作宗教题材的绘画，是佛教艺术中国化进程中的一位重要人物。中国早期的佛教美术继承了来自印度的绘画样式，在后来的发展中，通过一代代本土艺术家的再加工再创造，逐渐与中国本土宗教相融合，形成了更符合中国信众审美的风格。他“妙创水月之体”，笔下的水月观音菩萨丰腴雍容，婀娜多姿，妩媚动人，俨然就是现实生活中秀美端妍的少女形象，为原本神圣崇高的菩萨形象注入了蓬勃的生命力，也由此成为中国宗教美术的又一经典图式——“周家样”。

周昉与张萱在绘画的题材内容和表现技法上有着共通之处，但张萱多表现四海升平、蓬勃向上的帝国气相，而周昉塑造的忧郁、感伤、惆怅的女性形象，更能表现人物的内心世界，反映出“安史之乱”后由盛转衰的社会危机，是继吴道子之后影响较大的一位画家。周昉不仅在国内声名卓著，画作甚至流传至朝鲜和日本等东亚国家。

《簪花仕女图》

（传）周昉作，绢本设色，纵46厘米，横180厘米，辽宁省博物馆藏

第79—81页图

《簪花仕女图》（局部）

《挥扇仕女图》

（传）周昉作，绢本设色，纵 33.7 厘米，横 204.8 厘米，
故宫博物院藏

下图
《挥扇仕女图》（局部）

# 韩幹

【？—780年】

字号不详

宝骏神通

『凡作马，必考时日，面方位，然后定形骨毛色。』

韩幹（？—780年），蓝田（今陕西蓝田）人，年少时曾在酒肆做杂工送酒谋生。一日，他到王维的府上送酒，利用等待的时间在地上随意画了几匹马，王维见到后甚为推崇，遂资助其学画十余年。韩幹擅绘菩萨、鬼神、人物、花竹，尤工鞍马。初师曹霸，后青出于蓝，自成风格。他善于观察马的生活习性和动作姿态，总结不同品种的特点和规律。画史记载他创作十分严谨认真：“凡作马，必考时日，

《照夜白图》

韩幹作，纸本水墨，纵 30.8 厘米，横 33.5 厘米，

美国纽约大都会艺术博物馆藏

**《牧马图》**

韩幹作，绢本设色，纵 27.5 厘米，横 34.1 厘米，
台北故宫博物院藏

面方位，然后定形骨毛色。”（《广川画跋》）天宝年间，韩幹因画名被玄宗召入宫廷。皇帝命其学习陈闳，韩幹却拒绝了，提出：“臣自有师。今陛下内厩马，皆臣之师也。”这反映出他对于观察的重视。

韩幹一变曹霸画马的瘦削之形，多写丰肥之马，以至于更加偏爱曹霸的杜甫作诗以表达不满：“弟子韩幹早入室，亦能画马穷殊相。幹惟画肉不画骨，忍使骅骝气凋丧。”（《丹青引·赠曹将军霸》）其实，唐人比较欣赏这种膘肥体壮的马匹，认为是主人财富和权势的体现。今存传为韩幹的《牧马图》和《照夜白图》（对页图），两画构图都十分简洁明练。《牧马图》中绘一奚官骑一匹白马，旁边还另有一匹黑马，二马互相衬托。人物线条方硬细劲，马匹造型肥硕圆浑。另一卷《照夜白图》绘唐玄宗的爱马照夜白，它被系在拴马桩上，但仍在昂首长嘶，四蹄翻腾，似乎不甘被缚，意欲挣出羁绳，表现出桀骜不驯的鲜明个性。

据说，韩幹笔下的骏马，由于太过写实准确，竟然产生了通灵化神的效果，民间广泛流传着相关传说。据称，某日韩幹闲坐家中，忽闻有人敲门，竟然是一名鬼使上门求匹骏马。韩幹便作画一张，以火焚之，隔天鬼使就骑马前来致谢。还有一次，一人牵马来看兽医，兽医表示未见过这种毛色骨相的真马，而只在韩幹的画中见过。恰逢韩幹经过，发现此马前蹄处有伤。他回家查看自己的画，果然发现画上的马蹄处有一黑点，正与马蹄上受伤部位相符。

韩幹继承了汉代以来优良的画马传统，又能“脱落展、郑之外，自成一家之妙也”“笔端有神”。他确立的鞍马画法及风格古今独步，影响深广，为人推崇。

# 韩滉

【723—787年】

字太冲

田园相宰

『神气磊落，希世名笔。』

与出身困窘的韩幹相比，韩滉（723—787年）的家世要显赫得多。他的父亲韩休历任黄门侍郎、同平章事、工部尚书、太子少师，因“尚直”被称为开元贤相之一。韩滉继承父亲遗绪，少年时便忠贞耿直，勤奋好学，进入仕途之后更是公正廉洁、精明强干，而且虽身居高位，却生活节俭。据说，韩滉住处简陋，仅能遮蔽风雨，衣衾被褥用了十年才换新，还禁止弟弟韩洄在宅第里增修亭阁回廊。韩滉身居高位却时时关心民生，因此素有美名。当他六十五岁因病去世时，唐德宗十分痛惜，停止朝会三天以示哀悼，并追赠他为太傅。

韩滉不仅政绩突出，而且多才多艺，书画双绝。他工篆隶章草，草书深得张旭真传，绘画远师南朝陆探微，长于创作人物与农家风俗画，尤其画牛、驴、羊等家畜惟妙惟肖，栩栩如生。他在担任宰相期间，经常深入乡间体察民情，使他更加了解下层百姓疾苦，并开始用绘画艺术表现乡村生活。他的《田家风俗图》描绘了持穗、垦地、灌溉、收割等日常劳动场景，并配上相应的诗文，诗画结合，既真实再现了农业生产的具体过程，又反映出他对辛勤耕作却生活艰辛的农民的怜悯之意。

韩滉画“牛羊最佳”，他的《五牛图》被赵孟頫称为“神气磊落，希世名笔”。此画也是传世作品中目前所知最早的纸本绘画。画家通过细致观察与写生，造型与透视都十分准确。同时，又表现出牛的形体起伏和毛皮质感，笔法精妙，和谐统一。此画还以动物喻人，清闲散漫者为在野白丁，拘谨持重者似在朝官员，借物寄情，是难得的唐画佳作。《五牛图》反映出韩滉不仅绘画手法写实，且用笔“落笔绝人，世罕得之”，也印证了他曾经的自言：“不能定笔，不可论书画。”

《五牛图》

韩滉作，纸本设色，纵 20.8 厘米，横 139.8 厘米，故宫博物院藏

上图，第 88—89 页图

《五牛图》（局部）

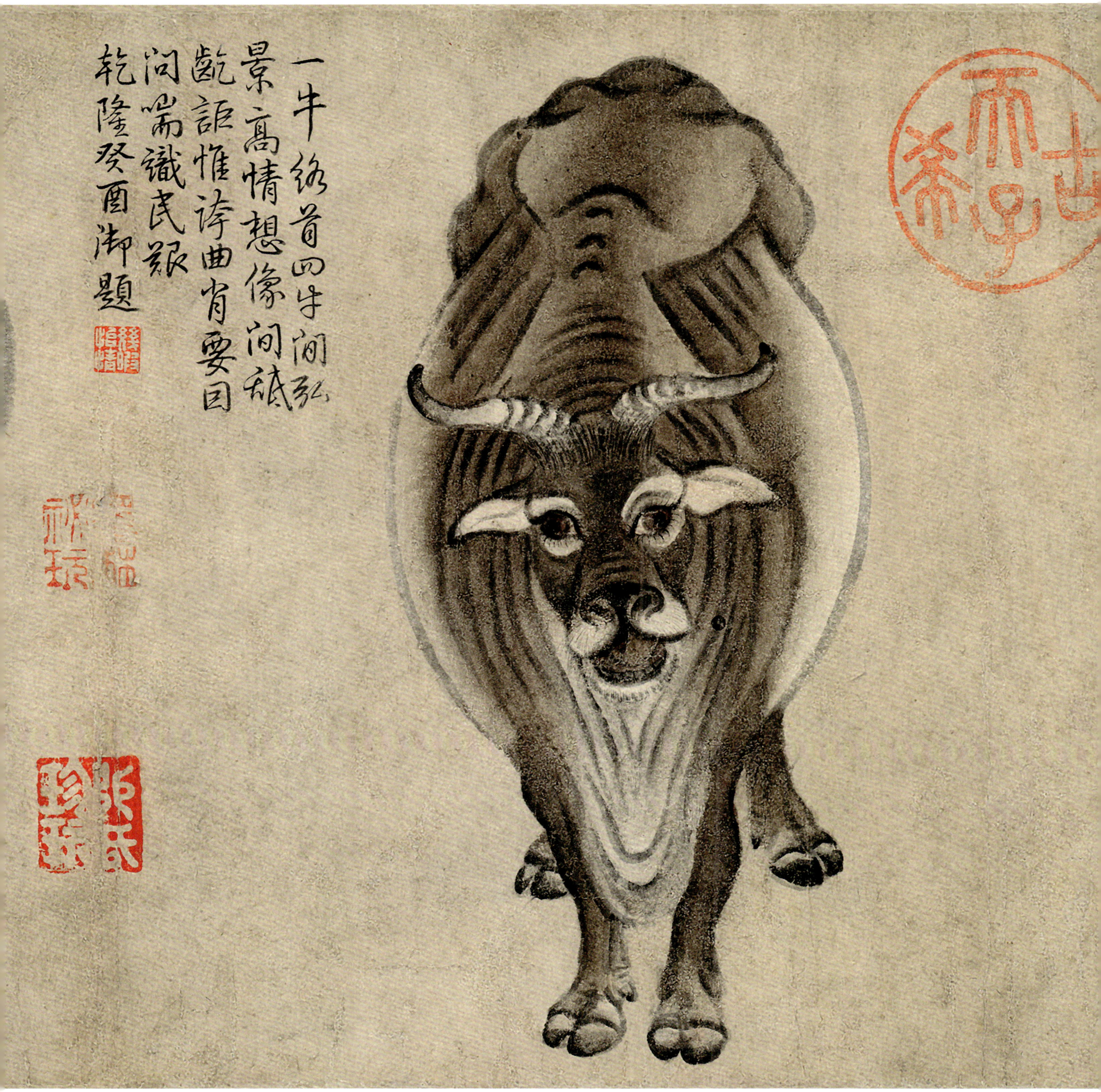
一牛络首四牛间弘
景高情想像间舐
龁詎惟誇曲肖要因
问喘识民艰
乾隆癸酉御题

# 同时期其他艺术家

## 尉迟乙僧

尉迟乙僧是在初唐时期来到长安的西域画家，作为于阗王室子弟入质中原，居于长安奉恩寺，任宿卫官，袭封郡公。其父尉迟跋质那也是著名画家，入隋为官，以画称名。

尉迟乙僧的绘画题材广泛，佛教、人物、花鸟无所不能，长安慈恩寺、奉慈寺中皆有他的画迹。他的画风独特，面貌与中原画家迥异。他画“外国鬼神，奇形异貌，中华罕继”“凡画功德、人物、花鸟皆是外国之物象，非中华之威仪”。窦蒙评价他“澄思用笔，虽与中华道殊，然气正迹高，可与顾（恺之）、陆（探微）为友”。张彦远也予以较高评价，称其画“可齐中古”。(《历代名画记·卷二》)

他的用笔及设色特点是“小则用笔紧劲，如屈铁盘丝；大则洒落有气概”“用色沉着，堆起绢素而不隐指”。他在勾画线条之后，施以彩色，凸出之处染色较浅，凹入之处染色较重，因此高下分明，极富立体感，达到“身若出壁”“逼之摽摽然”的效果。这是一种来自西域的凹凸画法，尽管我们今日难以窥得原貌，但还可从尉迟乙僧直接参与营建的光宅寺和慈恩寺大雁塔中一觅其风采。如大雁塔门楣上的石刻线画《阿閦佛》《宝生佛》《不空成就佛》，现存西安碑林的大智禅师碑侧边饰等，形象优美，线描圆屈紧劲，匀称有力，转折变化富含韵律。此外，新疆和田县丹丹乌里克寺院遗址出土的壁画，描绘于阗建国传说、毗沙门天王之妻吉祥天女养育王子的故事。吉祥天女妩媚慈爱，躯体以线勾勒并施以晕染，有助于我们了解尉迟乙僧所代表的于阗佛画典型面貌。这种西域画风也影响到本土画家吴道子。

## 孙位

生活在9世纪后期的宫廷画家，善画人物、鬼神、龙水、松石、墨竹等。唐末时随僖宗逃往蜀地，画风对当时影响很大，“蜀中山水、人物，皆以孙位为师”。黄荃就曾向他学过画。孙位经常与僧道往来，平素不拘礼法，随性不羁，他的画风也豪放生动，气势飞扬，笔墨兼有，技法全面。宋初的黄休复撰写四川地方画史《益州名画录》时，将孙位列入“逸格”，而他也是逸格中唯一一位画家。

孙位流传下来的唯一真迹《高逸图》描绘了四位“不事王侯，高尚其事”的隐士。他们坐于花毡之上，身旁各有侍童，又用芭蕉竹石将人物隔开。人物的外表神情和服饰姿态都有魏晋名士风度，因此该画应为《竹林七贤》的残卷。

## 张璪

张璪（主要活跃于8世纪后期）是一位山水画家。他技巧娴熟，挥洒自如，画松时能双手握笔，左右齐下，一枝生机润泽，一枝苍老干枯，令人叹为观止，遂有成语“双管齐下”。他擅作破墨山水松

石，或用破笔秃毫，或用手指在绢素上皴擦点染。另一位比他年长的山水画家毕宏慕名登门拜访，见他作画精妙，问其有何诀窍。张璪答道：“外师造化，中得心源。”毕宏深为叹服，此后搁笔。“外师造化”指画家要善于观察、学习自然与生活，这是绘画创作的源泉；“心源”一词来自佛教，指画家的情思心性，“中得心源”指绘画创作并非纯粹的客观再现，而要结合心营意造。画家需要将个人情思与自然造化相结合，达到物我交融、主客体和谐统一的境界。这句话也成为中国美术理论中的经典论断。

## 曹霸

盛唐鞍马画家曹霸（活动于天宝年间）是三国时魏国曹髦的后人。他出身贵族却淡泊名利，无心政事。他书法师法于晋卫铄和王羲之，在开元年间以画成名。他颇受玄宗的赏识，经常奉旨为御马及功臣画像，曾画过明皇的御骑“玉花骢”“照夜白”等，一时间权贵争相求画。曹霸长于写实，笔下的骏马神采飞扬，气势夺人。他尤其喜画瘦马，“锋棱瘦骨成”，而能得马之“骨相”。杜甫在《丹青引·赠曹将军霸》中称赞他的画艺高超：“斯须九重真龙出，一洗万古凡马空。”曹霸有多位弟子，其中最出色者当属陈闳与韩幹。

## 戴嵩

师法韩滉，最擅画牛。戴嵩观察精微，能画出牲畜的“野性筋骨之妙”。现藏台北“故宫博物院”的《斗牛图》册页传为他所作。图中描绘两头相斗的牛，一牛往前，似已败退；另一牛斗志正酣，躬身低头，正在用角猛击对手的后腿，势不可挡。画家对二牛蹄部、腿部的肌肉结构和姿态动势的刻画精准细腻，一丝不苟，形象地展示出斗牛的凶蛮与野性。

## 韦偃

韦偃是唐中期画家。韦偃的父亲、叔父皆能画，而他师承家学，又青出于蓝。《唐朝名画录》中记载韦偃能“画高僧、松石、鞍马、人物，可居妙上品”，山水人物等居能品，其中以画马最负盛名，杜甫曾作《题壁上韦偃画马歌》和《戏为韦偃双松图歌》二诗咏赞其画。他的《牧放图》现存有北宋李公麟的忠实摹本（第190—191页图），以长卷形式表现了皇家牧场放牧时的场景。画中共有一千二百多匹马、一百四十多名牧马人，姿态各异，场面壮观，气势宏大。此画场景虽然内容繁杂，但作者运用马群的聚散离合与牧人的顾盼呼应，很好地控制了空间节奏。

## 边鸾

花鸟画在隋唐时代已经成为独立画种，并在造型与技法方面有明显进步。中唐时期的画家边鸾擅画花鸟和雀蝉蜂蝶，他“下笔轻利，用色鲜明”，能“穷羽毛之变态，夺花卉之芳妍”，冠于当时。边鸾尤其擅长折枝构图，实属前所未有。朱景玄点评其“近代折枝花居其第一”。唐德宗贞元年间新罗国（今朝鲜）进献孔雀，令边鸾写生图绘，他笔下的孔雀一正一背，翠彩华羽，鲜妍如生，能“穷尽孔雀之变态，妙得婆娑之神韵”。

《高逸图》

孙位作，绢本设色，纵45.2厘米，横168.7厘米，上海博物馆藏

# 荆浩与关仝

北派山水，大山堂堂

# 董源与巨然

江南云山，一片朦胧

# 贯休与石恪

梵貌胡相，高古诡谲

第三章

# 五代时期的艺术家

黄筌与徐熙

富丽野逸，内外争妍

周文矩与顾闳中

精工重彩，人物写实

# 荆浩与关仝

荆浩，字浩然，号洪谷子
【活跃于约9世纪中期至10世纪前期】

关仝，字号不详
【约907—960年】

北派山水，大山堂堂

『一曰气，二曰韵，三曰思，四曰景，五曰笔，六曰墨。』

荆浩是山西沁水（一说河南济源）人，活动于约9世纪中期至10世纪前期。由于时局动荡，战争频发，五代士人多选择栖居山林，退隐世外，不求闻达，恪守情操，游心于艺，形成了独特的艺术追求与成就。荆浩也不例外，他原是位儒生，博通经史，但摒弃了对功名富贵的追求，长期在太行山中居住，自耕自足："太行山有洪谷，其间数亩之田，吾常耕而食之。"因此，自号"洪谷子"。

在山中隐居期间，荆浩心静情闲，细心观察山川气象、峰峦树石的朝夕变化，写生数万本，因此对自然的壮美有着自己独到的体会和感悟。也因此，他笔下的山水既展示出雄伟的气象，又具有不失形似的真实感。

荆浩最大的贡献在于开创了北方山水画派——以描绘高山峻岭、气势磅礴的全景山水为特色。《匡庐图》虽非荆浩亲笔（可能为南宋摹本），但被认为可以代表他的风格。画题虽说是描写庐山一带景致，其实来源于画家对北方崇山峻岭的体验。此画结构严谨，"三远"兼备，主峰巍峨耸立，瀑布悬垂，又有屋宇桥梁穿插其中。场面宏大完整，气象雄伟磅礴。画家先用突出的线条勾勒山石轮廓结构，再以短笔皴擦，加水墨渲染，表现出山石的坚硬厚重与云岚的浩渺朦胧。虽然山水局部描绘已从装饰变为写实，但从整体来看，画面营造了一种超越世间万物与时空限制、具有高度概括性的理想化世界。米芾称其"云中山顶，四面峻厚"，梅尧臣也评价荆浩的山水："石苍苍，连峭峰，大山嵯峨云雾中。老松瘦树无笔踪，巧夺造化何能穷。古绢脆裂再黏续，气象一似高高嵩。"

荆浩基于自己的创作心得，著成山水画论《笔法记》，这是一部比较系统完整的山水画理论，是水墨山水画成熟阶段的宝贵结晶。他运用了虚拟人物自问自答的方式，利用对话，阐述自己的艺术体验，并由宏观逐渐深入精微，形成了一套包括"六要""四势""二病"以及"神妙奇巧"四品在内的山水画创作理论体系。

"图真论"是《笔法记》的中心论点。"图真"的本质就是承袭自顾恺之、宗炳、王维以来的"传神"。与一般的形似不同，而是要"得其气韵"。"似者"仅能做到"得其形"却"遗其气"，而"真者"却可以"气质俱盛"。

"六要"分别是："一曰气，二曰韵，三曰思，四曰景，五曰笔，六曰墨。"此处的"气""韵"不是指人物而是山水，以笔取气，得其阳刚之美；靠墨见韵，得其阴柔之美。"气"是达到"真"的第一个条件，需要具备勃勃生气。"韵"则要求不仅有"仪姿"，还要自然不俗。"思"则是取"真"的途径与方法，去粗取精，去伪存真，拨开层层雕饰，见其本质。在表现"景"的时候，要遵从天时地法，突出不同季节的特质。"笔"指用笔，虽然必须依据一定的法则，但更要注意变通，达到"如飞如动"的效果。"墨"指用浓淡不同的墨皴染，以表现出树石的高低起伏、阴阳向背。荆浩以这"六要"代替了谢赫的"六法"，他绝口不提"赋彩"而是以"墨"代之，反映出唐代以来水墨山水画的进步。根据是否能达到"真"的标准，荆浩又提出评价画作优劣的四个品第，从高至低依次是："神、妙、奇、巧"。

对页图

《匡庐图》

（传）荆浩作，绢本水墨，纵185.8厘米，横106.8厘米，
台北故宫博物院藏

荆浩真蹟神品

《关山行旅图》

（传）关仝作，绢本水墨，

纵 144.4 厘米，横 56. 8 厘米，

台北故宫博物院藏

荆浩吸取书法用笔经验，又根据自己的绘画实践，提出了“笔势论”。他认为用笔有“四势”，即“筋、肉、骨、气”：“笔绝而不断谓之筋，起伏成实谓之肉，生死刚正谓之骨，迹画不败谓之气。”这四种不同的笔迹形态需要有机统一，综合运用。

“笔势”又与用墨不可分离，荆浩力倡有笔有墨。他曾经提出“吴道子画山水有笔而无墨，项容有墨而无笔。吾当采二子之所长，成一家之体”，并深为自己笔墨兼得而自豪。此处的“笔”指勾皴的笔法，“墨”是表现山体阴阳向背的效果。他描述自己创作时“笔尖寒树瘦，墨淡野云轻”，说明笔墨要为特定的造型服务，借笔墨的特殊表现力，实现“图真”的目的，从而达到“可忘笔墨，而有真景”的最高境界。这标志着水墨山水画技法发展至此产生了重大突破，以笔墨为主要造型手段的中国绘画技巧也趋向成熟。

荆浩在绘画实践与理论方面都取得了相当大的成就，他开创的北方山水画派影响极大，绘画史上“百代标程”的“三家山水”——关仝、李成、范宽皆师法于他，在北宋山水画坛占据了压倒性优势。他实属一位划时代的伟大画家，在唐代向宋代过渡的阶段，起着承上启下、继往开来的作用。

比荆浩略晚的关仝（约907—960年）是陕西西安人，活跃于五代末期至北宋初年，生活在秦岭、华山一带。他师法荆浩，是北方山水画派的重要传承人，因此在画史上常将其与老师并称“荆关”。关仝青出于蓝，其笔下山水较荆浩更加简练概括，笔力劲力，又富于感染力，人称“关家山水”。《宣和画谱》中称他：“笔愈简而气愈壮，景愈少而意愈长。”他在当时画名极高，人们从四面八方纷至沓来，前来求画。

关仝的山水“石林坚凝，杂木丰茂”，厚重雄伟，树木繁茂。与老师荆浩类似，他的画中也时常流露出一种强烈的隐逸情趣。他喜作秋山寒林、村居野渡、渔人隐士，山林中似有仙灵出没。荆关传派的代表作《关山行旅图》（对页图），主峰巍峨，溪流蜿蜒，山谷幽深。山间茅屋客栈、路上行旅之人、飞鸟家禽都为画面增添了勃勃生机，极富生活气息。画家用笔简劲老辣，皴染浓淡变化丰富，反映出五代山水画在空间营造与笔墨技法方面比唐代有了很大的进步。

上图

《关山行旅图》（局部）

# 董源与巨然

董源，字叔达【?—962年】

巨然，字号不详【生卒年不详】

江南云山，一片朦胧

『平淡天真。』

几乎与北方的荆浩、关仝同时，在江南地区诞生了一种截然不同的山水画风格。这种区域性的山水画风虽然在当时并未取代北方（中原）画风成为主流风格，但是对后世的画家产生了深远影响。这种江南山水画风的代表画家就是南唐的董源（？—约962年）及其学生巨然（生卒年不详）。

董源（原作元）在南唐宫廷中任北苑副使（负责皇家园林工作的官员），故世称“董北苑”。他“善画山水，水墨类王维，着色如李思训”，还能画牛、虎。董源山水的两种面貌各有特色：青绿山水“下笔雄伟”“崭绝峥嵘”；水墨山水则“出自胸臆”“足以助骚客词人之吟思”。

其实，董源生前并非画坛主流，并未引起时人的足够重视。到了米芾的时代，董源的水墨山水风格的价值才被挖掘出来。米芾在《画史》中称董源的特色在于“平淡天真”，又赞美他为“近世神品，格高无与比也”，达到了“峰峦出没，云雾显晦，不装巧趣，皆得天真，……一片江南也”的动人效果。沈括在《梦溪笔谈》中也提到，

上图

**《潇湘图》（局部）**

**《潇湘图》**

（传）董源作，绢本设色，纵 50 厘米，横 141.4 厘米，
故宫博物院藏

董源的山水画能给观众带来一种特殊的视觉体验："其用笔甚草草，近视之几不类物象，远观则景物粲然。"元代的评论家汤垕更是将郭若虚提出的三家山水宗师从李成、关仝和范宽，改换为李成、董源和范宽。至晚明，董其昌根据北宋的《宣和画谱》，又将《潇湘图》（第98—99页图）、《溪岸图》（对页图）、《夏景山口待渡图》（第104—105页图）、《龙宿郊民图》（第102页图）这些画作与董源联系起来，从而将董源的画史形象建构得更加立体而完整。对董源形象的不断塑造，还反映出古代艺术品鉴权力重心的逐渐南移。

董源的艺术成就主要在于对荆、关经典山水的"萧散"：他将山水的构成进行简化，把笔墨用法精练概括之后，舍弃了大山堂堂的庄正威严，而追求轻松平和、恬淡松灵的意境。董源的画作不求刻意却天真质朴，看似寻常实则内涵无限。这种造型手法和审美取向倒是十分适合描写地势起伏平缓、气候温暖湿润的江南丘陵一带风光。

我们可以通过《潇湘图》《夏景山口待渡图》《寒林重汀图》看出董源的创新之处：他使用长披麻皴表现丘陵上覆盖的杂草，用点子皴表现丛生的灌木，又以矾头表现丘陵上堆积的碎土块，这和北方石质大山显然是不同的。在描绘山体时，也不先用线条勾勒山的主干形体，而用无数的皴线和苔点来层层叠加，在高度概括地描绘江南地貌特点的同时，又暗含笔墨元素抽象化、符号化的倾向。

董源的用笔并不强调表现技巧，变化不多，用笔圆浑柔曲，用墨淡雅清润，画中始终笼罩着一层宁静平和、缥缈轻逸的情绪。这也是南唐文化特有的缠绵韵味，淡墨轻岚，含而不露，与后世，尤其是北宋中期之后的文人诗意、阴柔的文化取向产生了共鸣，因而得到了沈括、米芾等人的高度评价，米芾还受其启发创造了"米氏云山"。至元代，失意文人们运用董源的笔墨，为自己营造出一个清幽静谧的心灵寄居之所。赵孟頫、高克恭、黄公望、倪瓒、吴镇等人都取法于董源，"赵得其髓，黄得其骨，倪得其韵，吴得其势"（董其昌语）。明代董其昌对董源更是推崇备至，推举他为南宗绘画的领袖，竭力树立其（其实也是董其昌自己的）权威地位，成为山水画的标准楷模。

董源画风的继承者——巨然，南唐时在江宁（今江苏南京）开元寺为僧，他身在空门，却热衷于艺事，后随李后主归宋，在汴京居住了十多年。在南唐时，巨然随董源学画。

在巨然的笔下，皴法、矾头与苔点和董源是相似的，画中流露出的那种温润气象也基本一致。但是，在北方的生活经历使巨然对自然环境和山水画派有了更多的体悟，创造出一种融汇南北的新风貌：他运用江南风格表现北方崇山峻岭，比董源多了几分雄秀壮丽。董源的画多为横卷，取平远构图，山势低缓；而巨然名下传世的《秋山问道图》《层岩丛树图》《萧翼赚兰亭图》（以上三幅均藏于台北故宫博物院，后两幅见第107、106页图）、《溪山兰若图》（美国克利夫兰艺术博物馆藏）等作品多为立轴，山峰高耸，墨色分明，气势巍峨，布局宏大，更加类似北派山水。

非常有趣的是，董源的画中尚有点景人物、山店市桥（《龙宿郊民图》《潇湘图》），有尘世烟火之气。而到了巨然的画中，人物稀少，几近于无，绝无尘世繁闹，景色更显幽静野逸。这也许和他的僧人出身有一定关联吧。

上图

《溪岸图》（局部）

对页图

《溪岸图》

（传）董源作，绢本设色，纵221.5厘米，横110厘米，

美国纽约大都会艺术博物馆藏

《龙宿郊民图》

（传）董源作，绢本设色，纵 156 厘米，横 160 厘米，

台北故宫博物院藏

对页图

《龙宿郊民图》（局部）

上图

《夏景山口待渡图》

（传）董源作，绢本设色，纵 50 厘米，横 320 厘米，
辽宁省博物馆藏

下图

《夏景山口待渡图》（局部）

对页图

**《萧翼赚兰亭图》**

（传）巨然作，绢本水墨，

纵 144.1 厘米，横 59.6 厘米，

台北故宫博物院藏

右图

**《层岩丛树图》**

巨然作，绢本水墨，

纵 144.1 厘米，横 55.4 厘米，

台北故宫博物院藏

# 周文矩与顾闳中

【约907—975年】
周文矩，字号不详

【生卒年不详，约活跃于10世纪】
顾闳中，字号不详

精工重彩，人物写实

周文矩（约907—975年）是南唐画院的宫廷画师，他擅长人物画，尤其是仕女画，效仿周昉又独出机杼。他的构思立意“颇有精思”，人物衣纹极具个人风格，线条战掣瘦硬。为了能够更好地表现出布衣的质感，据说还吸收了后主李煜的书法用笔“金错刀”的特征。

周文矩的作品多以贵族生活为题材。现在分别藏于美国、意大利等四处博物馆的《宫中图》（宋摹本）长卷是周文矩的代表作。画中共描绘八十多位妇女和儿童，表现了宫廷女性闲适的生活：她们或梳妆，或戏婴，或扑蝶，或弄犬。人物体态丰腴，风神各异，有的平静恬然，有的慵懒困乏，有的对镜遐思，有的活泼开朗，生动传神，惟妙惟肖。女子的面部略施渲染，衣饰纯以墨线勾勒。周文矩笔下的女性已经没有了周昉那种寂寞的心绪，而显得更加欢愉。

周文矩也工于写真，擅作肖像画，《重屏会棋图》（故宫博物院藏）就是他为中主李璟兄弟四人所作的群体画像。此画类似“行乐图”，将李璟置于画面正中观棋以突出其地位，另外三人环坐两旁，很自然地表现出君臣长幼的关系，又使每个人的神情动作得以展示。人物背后是一座巨大的屏风，屏上绘画取自唐代诗人白居易的《偶眠》诗意：“放杯书案上，枕臂火炉前。老爱寻思事，慵多取次眠。妻教卸乌帽，婢与展青毡。便是屏风样，何劳画古贤。”这种“画中有画”的巧妙构思别有意趣，不仅暗示出南唐宫廷中对文艺的好尚，还拓展了画面的纵深空间。

故宫博物院藏《文苑图》（第110页图）由于卷上的仿宋徽宗瘦金

上图

《宫中图》（局部）

《宫中图》

周文矩作，绢本设色，纵 28.3 厘米，横 168.5 厘米，

美国克利夫兰美术馆藏

书题，一直被误传为韩滉的《文苑图》。有学者与美国纽约大都会艺术博物馆藏《琉璃堂人物图》相对照，才知道二者均系周文矩《琉璃堂人物图》的摹本残段（大都会的本子早一些）。此卷绘盛唐诗人王昌龄与诗友李白、高适等人在其住所江宁县丞任所琉璃堂唱和之事。晚唐张乔有《题上元许棠所任王昌龄厅》云："琉璃堂里当时客，久绝吟声继后尘。百四十年庭树老，如今重得见诗人。"画中人物的衣纹战掣非常明显，形式富于趣味性且具有创新性。

顾闳中（生卒年不详，约活跃于10世纪）与周文矩同为南唐李煜朝的宫廷画院待诏，活跃至宋初，也是一位出色的人物画家。

南唐大臣韩熙载（902—970年）出身山东豪族，原是后唐进士，后被迫南投，在南唐连仕三朝。他起初屡献国策，力劝君主励精图治，但遭到怀疑和猜忌，使南唐多次错失北伐的时机。他颇受冷遇，郁郁寡欢。直到北宋大军压境，后主才欲启用韩熙载为相，以扭转败局。韩熙载深知已无回天之力，又不便违抗君命，便只能纵情声色，沉溺于歌舞宴饮，"多好声色，专为夜饮"，采用这种自我放纵的消极方式，回避严峻的现实。顾闳中曾奉后主之命，与周文矩一起潜入韩熙载的宅邸之中，担任类似摄影记者的角色，凭借"目识心记"，将韩熙载与宾客欢宴的场景描绘出来，进呈给皇帝，实为监视之用。幸运的是，这幅精美的人物画长卷《韩熙载夜宴图》(第112—113页图)目前仍存于世，使观众能有幸一睹历史人物的真容。

《韩熙载夜宴图》现经学者从衣冠服饰、音乐舞蹈、规矩礼仪、家具陈设等方面进行考证，认为全卷出于南宋画院画家之手，但保留了一定的南唐底本风貌。画卷类似连环画，以时间发展为序，共分为听乐、观舞、休憩、清吹、送客五个部分，每段画面以古代室内常见的装饰性家具——屏风相隔，使长卷相互独立而又前后连续。画中人物繁多，主人公韩熙载却形象异常醒目，显示出画家高超的写实手法。

**《文苑图》**

周文矩作，绢本设色，纵37.4厘米，横58.5厘米，故宫博物院藏

对页图

**《文苑图》（局部）**

**《韩熙载夜宴图》**

宋摹本，（传）顾闳中作，绢本设色，纵 28.7 厘米，横 335.5 厘米，

故宫博物院藏

第 114—117 页图

**《韩熙载夜宴图》（局部）**

# 贯休与石恪

【832—912年】贯休，字德隐

【活跃于五代末宋初】石恪，字子专

梵貌胡相，高古诡谲

西蜀地区的人物画在五代时期也有一定发展，佛教艺术的两位代表画家贯休与石恪，因其与众不同、个性突出的艺术造型手法而显得别具一格。

画僧贯休（832—912年），出生于唐末，婺州兰溪（今浙江金华）人。他俗姓姜，“家传儒素，代继簪裾”。七岁时，由于家境贫寒，父母将其送往兰溪和安寺出家为童侍，拜圆贞禅师为师，法名贯休。他幼年在寺中诵习《法华经》，能过目不忘，又喜爱诗书绘画，十五岁时诗名已显，二十岁受具足戒时名声“耸动于时”。

贯休身材矮胖，性格刚毅，德行高洁，甚负才气，诙谐又不拘小节，对人言辞猛厉。传说他在杭州灵隐寺时为谒见吴越国君钱镠，献

诗一首，诗中有“满堂花醉三千客，一剑霜寒十四州”句，钱镠要求他将“十四州”改为“四十州”才可接见。贯休性格耿介，直言道：“州亦难添，诗亦难改。然闲云孤鹤，何天而不可飞？”于是离浙赴蜀。他后来至四川，颇受前蜀王建礼遇，太子王衍还曾请他在青城山金华宫为太后、太妃写真。王建称他为得得和尚，赏赐优渥，又营建龙华禅院专供居住，封号“禅月大师”。贯休晚景安逸，荣宠倍加，去世后蜀王为其建“白莲塔”。

贯休能作篆、隶、草书，尤以草书为最，时人将他与怀素并举，然而他最为世人所熟知的乃是绘画。贯休画学唐人阎立本，又取法尉迟乙僧，受到西域艺术影响，擅画佛教人物，也能作人物肖像，还能画竹枝黄雀。他笔下的罗汉尤其引人注目，形貌奇诡，异于常人，夸张变形，悉是梵相，“丰颐蹙额，深目大鼻”，令观者“莫不骇瞩”。有人询问他为何要这样画罗汉，贯休回答说这是他做梦时看到的形象，并说他每次画一尊佛像，必定要先祈祷，在梦中应验后，再将所见的佛像画出来。他作画时毫无拘束，解衣般礴，笔法恣意狂放，下笔极快，有诗句云：“脱下袈裟点神笔，高握节腕当空掷。窸窣毫端任狂逸，逡巡便是两三躯。”

他传世的作品《十六罗汉图》（日本京都高台寺藏）描绘佛教创始人释迦牟尼的十六位弟子，有勾勒拓片和水墨原迹两种，日本宫内厅所藏为北宋摹本。画中尊者皆造型奇古，不似凡人，庞眉大口，双目炯炯，或倚石而坐，或托腮深思。尊者的画法也高古脱俗，衣纹、面部和四肢用高古游丝描勾画，衣纹平行排列叠加，极富装饰性，线条带有篆书意味，圆劲而少顿挫，沉厚如屈铁盘丝，施以浓厚的晕染，带有凹凸感，更显厚重端严，气韵古秀。山石画法亦古朴，多勾斫，适度渲染。这种风格明显来自古代西域绘画样式，又有所调整，其独特画风对明末陈洪绶的变形人物画颇有影响。

另有四川成都画家石恪（活动于五代末宋初），字子专，活动于后蜀至北宋初年，入宋后还曾奉旨在开封大相国寺画壁画，不过他坚持不入画院，力请还乡，被批准。他擅长道释人物画，起初师法晚唐时移居蜀地的画火名家张南本。石恪性格放荡不羁，画风纵逸，不守程墨，水平超过了张南本。与贯休一样，石恪笔下也“多为古僻人物，诡形殊状”。现在存世唯一传为他的作品是流传到日本的两轴《二祖调心图》，描绘二罗汉降龙（罗汉左手边有裁剪痕迹，有学者研究推测应原有一条墨龙）、伏虎的场景。人物面部手足刻画较细，衣物仅用寥寥数笔粗略写成，简练概括，对比强烈，侧、中锋兼用，墨色浓淡相间，干湿结合。粗笔纵墨，开减笔大写意人物画之先声。

**《二祖调心图》**

石恪作，纸本水墨，纵 35.5 厘米，横 129 厘米，

日本东京国立博物馆藏

# 黄筌与徐熙

【生卒年不详，约活跃于10世纪】
黄筌，字要叔

【生卒年不详】
徐熙，字号不详

## 富丽野逸，内外争妍

黄筌（生卒年不详，约活跃于10世纪），成都（今四川成都）人，是一位活动在西蜀至北宋初年的花鸟画家。他自幼聪颖，少年随唐末入蜀的刁光胤、滕昌佑、孙位等人学画，十七岁进入前蜀皇宫，后又至后蜀画院，最后供职于北宋翰林图画院，终生担任为统治者服务的宫廷画家。前、后蜀与北宋都继承了唐代贵族的审美趣味，偏好精工华丽的画风。正因如此，他平时“耳目所习”皆是宫廷园囿中的珍禽异兽、奇花怪石，艺术创作也须遵从帝王贵族的审美好尚，多取富丽堂皇的风格。

黄筌的花鸟画采用勾勒设色的技法，先以极细的墨线勾画轮廓，再染墨赋彩。他的画“逼真，其精彩则又过之”，写实技巧高超，造型精准，几能乱真。据说，他曾为后蜀皇帝在宫殿墙壁上画《六鹤图》，由于刻画过于逼真，竟能常引真鹤飞来。他的传世作品《写生珍禽图》，原是用来供儿子黄居宝学习绘画的临摹粉本，而非完整创作。画中分布着多种禽鸟草虫，动态各异，形象准确，情态生动，无意突出线条和笔法，而是着重表现真实质感。

黄筌生有五子，其中黄居宝、黄居寀、黄居实皆擅画。尤其是黄居寀，常与父亲合作，奉命作画作为外交礼物赠予邻邦。他深得宋太宗倚重，不仅被委以搜访、品鉴名画的重任，还是画院中的骨干，其精丽写实的花鸟画风（第123页图）更是主导了北宋院体绘画的发展趋势和创作格局。

《写生珍禽图》

黄筌作，绢本设色，纵41.5厘米，横70.8厘米，故宫博物院藏

『黄家富贵，徐熙野逸。』

与“黄家富贵”风格迥异的徐熙，出身江南的世家大族，家世显赫。他的祖父徐温是五代十国时吴国的重臣，其养子徐知诰（即李昪）是南唐的开国皇帝，对徐家特别礼遇。徐熙受到喜爱文墨的父亲徐知谏的影响，终身未仕，布衣终老。徐熙志节高迈，旷达不羁，乐享田园之趣，“识度闲放，以高雅自任”。也许，他周边的环境尽是“江湖所有，汀花野竹，水鸟渊鱼”，故而其作品也体现出在野文人无拘无束的“野逸”，还带有一些平民色彩。

不仅偏好的题材不同，徐熙在作画技法上也与黄筌有异：“以墨笔画之，殊草草，略施丹粉而已，神气迥出，别有生动之意”（《梦溪笔谈》）；“落墨为格，杂彩副之，迹与色不相隐映也”（《图画见闻志》）。这说明他是先用墨笔勾画出花鸟的轮廓，再略施淡彩渲染，追求淡雅朴实的野逸之趣，于洒脱气韵中见风神。徐熙的画风早先受南唐后主与宋太宗的欣赏，但不被崇尚富贵华丽的画院认可，就连其孙徐崇嗣也好仿效流行的黄家风格，并自创“没骨”法。直到北宋中期以后，随着文人画思潮的兴起，徐熙才得到士大夫群体的推崇。

“黄家富贵，徐熙野逸”这两种迥异的风格实际上是两种不同的美学取向，而这又是由二人的身份地位、所处环境以及人生态度和思想意识所决定的。“黄家富贵”是对贵族审美风尚的继承与反映，“徐熙野逸”则体现出画家的自由精神。二者绝无高下之分，都体现了花鸟画所具有的托物言志之功能，也标志着这个画科开始走向成熟。

《山鹧棘雀图》

黄居寀作，绢本设色，纵 97 厘米，横 53.6 厘米，台北故宫博物院藏

# 同时期其他艺术家

## 卫贤

卫贤（生卒年不详，活跃于公元10世纪）原籍长安，由于五代北方中原地区连年战乱，来到南唐宫廷供职。他的画艺直接承袭唐代传统，是一名界画高手。

他的真迹《高士图》(第126页图）本名《梁伯鸾图》，是六幅高士图之一，描绘了汉代梁鸿、孟光夫妇举案齐眉、相敬如宾的生活，是一幅结合山水景物与人物活动赞颂高尚道德情操的作品。画中主峰高耸，气势堂堂，建筑物工整写实，瓦舍的歇山顶和木栏栅篱结构严谨，林木茂密，山石凹凸，反映出五代绘画的写实能力和笔墨技巧。此画虽为立幅，但装裱成手卷形式，前隔水有宋徽宗瘦金书题“卫贤高士图”，是标准的北宋内府“宣和装”。

## 王齐翰

金陵（今江苏南京）人，南唐后主时代的宫廷画家。他自幼聪敏能画，任职画院后专攻人物道释，好作山林丘壑，也能作花鸟走兽。

他的画以细笔见长，不染市俗之气，“不曹不吴，自成一家”。尤其是人物画，构思巧妙，自成情趣。传说他所画的《十六罗汉图》辗转流入开封赵光义（宋太宗）之手，赵光义即帝位后称之为“应运国宝罗汉”。

他的《勘书图》（又名《挑耳图》，南京大学藏）描绘一位文人士大夫在勘书之余，挑耳自娱。人物坦胸赤足，神情放松，自得其乐。背后摆放着一架巨大的屏风，上绘青绿山水。此画用笔起伏顿挫，设色秀润清丽。

## 阮郜

阮郜（生卒年不详）是五代南唐画家，活动于吴越地区，官至太庙斋郎。他精于绘事，工人物，尤其擅长仕女画。传为他所作的《阆苑女仙图》表现的是西王母瑶池宴集的场景，可能是作祝寿之用。画中绘“瑶池阆苑之趣”，仙子有“纤秾淑婉之态”，采用工笔重彩技法，用笔精练，色彩艳丽。

## 郭忠恕

河南洛阳人，字恕先，又字国宝，五代宋初画家、文字学家。他早年才华过人，春风得意，中年以后落魄，不得不长期凭画艺游食于富贵之家，最后获罪流配，死于流放途中。他通悉儒经，又精于古文字考证，常常恃才傲物，用怪异的方式排遣怀才不遇之情。

郭忠恕擅山水，学习关仝，“作石似李思训，作树似王摩诘”。他又对建筑技术十分熟稔，所绘亭台楼阁符合营造规范，有“行笔天放，设色古雅”的艺术水准，在屋木舟车题材上自成一家，界画水平之高堪称宋初第一。存世《雪霁江行图》（第127页图）传为其所作，对楼船结构刻画严谨精密，同时流露出画家对艰苦劳作的纤夫的同情。

《阆苑女仙图》

阮郜作，绢本设色，纵42.7厘米，横177.2厘米，

故宫博物院藏

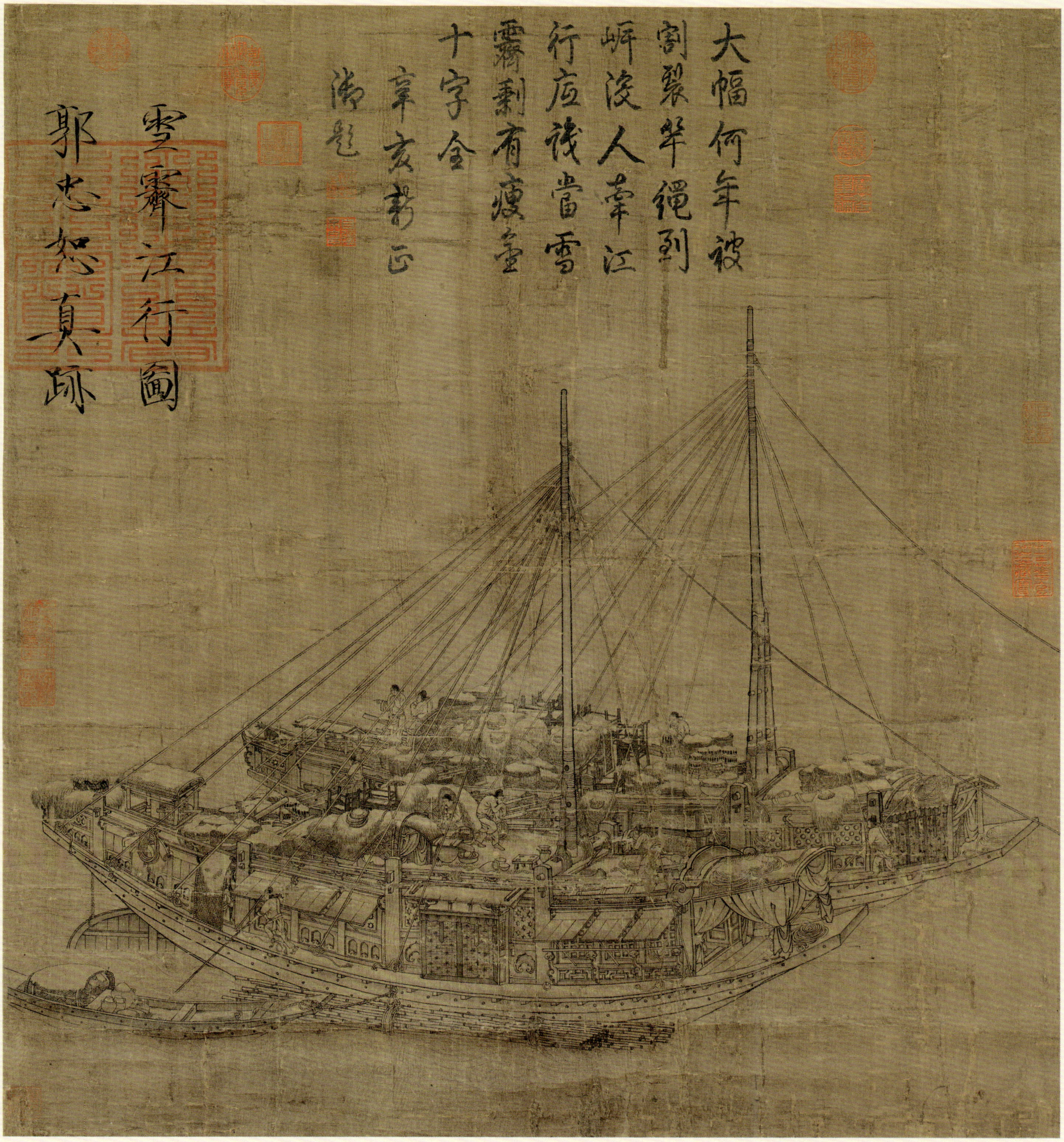


左页图

《高士图》

卫贤作，绢本设色，纵 134.5 厘米，横 52.5 厘米，

故宫博物院藏

上图

《雪霁江行图》

郭忠恕作，绢本设色，纵 74.1 厘米，横 69.2 厘米，

台北故宫博物院藏

李成与

范宽

文武张弛

郭熙

风烟且千里
江山取意成

得李成之气

许道宁

神气精妙，画院绝品

刘松年

第四章

# 两宋时期的艺术家

王诜 李公麟

风流文采磨不尽

龙眠画精

# 李成与范宽

李成，字咸熙，号营丘【919—967年】

范宽，字中立【约950—约1032年】

文 武张弛

『李成之画，近视如千里之远；范宽之笔，远望不离坐外。』

**李成清寒，古今一人**

李成（919—967年）祖籍长安，祖上原为李唐宗室，五代时为避战乱迁徙至青州营丘（今山东昌乐），故世称“李营丘”。他的父、祖都以儒学吏事闻名，至李成时虽然家道中落，他依然抱负远大，饱读经典，以儒者立身，心怀“修齐治平”之愿，故而不愿趋附豪门。有位孙姓权贵闻其画名，修书一封欲招揽李成。但李成愤然拒绝，认为自己乃是儒生，作画不为牟利，只为怡情娱心，岂能与寄居门下的画工为伍？此后，虽然上门重金求画的王公贵戚络绎不绝，李成仍毫不动心。作为宗室之后的李成还是渴望建功立业的，但是天不遂其愿，两次准备入仕都未成功，未到知天命之年，他就因饮酒过度而突然去世了。

李成性情旷荡不羁，又无处施展胸中之志，只能寄情于诗、酒、画中。他生活在齐鲁一带，所作绘画描写的景象多为低缓开阔的丘陵平原。作为北方山水画开宗立派的巨擘之一，李成对山水画的革新之处在于：

第一，早期关仝画中的树木多作为山水的局部点缀，可有可无，因此画法简略，有枝无干。而在李成的笔下，这些树木不但体量被放大，成为画面的主要元素，描绘也更加具体细致，将荒寂幽寒环境中生长的树木塑造得虬曲蜿蜒，突出了历经沧桑又不屈不挠的顽强生命力，故人称“蟹爪枝”。

上图

《晴峦萧寺图》（局部）

对页图

《晴峦萧寺图》

（传）李成作，绢本设色，纵111.4厘米，横56厘米，

美国堪萨斯城纳尔逊-阿特金斯艺术博物馆藏

《读碑窠石图》

李成，王晓作，绢本水墨，纵 126.3 厘米，横 104.9 厘米，

日本大阪市立美术馆藏

对页图

《读碑窠石图》（局部）

《茂林远岫图》

（传）李成作，绢本水墨，纵45.4厘米，横141.8厘米，

辽宁省博物馆藏

第二，李成创造出以树石为主的重要意象——寒林平远：近处的土坡较为简略，远景有意缥缈，作虚化处理，而着重刻画中景的寒林，达到了“近视如千里之远”的效果。这既与中晚唐以来的树石题材一脉相承，又赋予其新的意涵。此外，李成不仅用笔挺拔刚劲，也善于使用淡墨，诚可谓“惜墨如金”，正是这种简淡微妙的笔墨技巧使得艺术家成功地营造出秋冬时节那种“烟林清旷”“气象萧疏”的氛围。

李成耻于跻身画工之流，轻易不愿将画予人，许多人靠伪造李成的画谋财。他的孙子后来任开封府尹，高价收购祖父画迹，使他的作品在北宋时就已经极为稀少，世传内府收藏有一百五十九件。北宋末年，米芾自称只见过两件李成的真迹，大多都是伪作，并发出了“无李论”的慨叹。流传至今托名为李成的画作大概可分为两类，一是接近关仝的“危峰叠嶂”，气势较为雄壮，如《晴峦萧寺图》（第131页图）另《茂林远岫图》（辽宁省博物馆藏），一说为李成弟子的作品；一类是世人更为熟悉的寒林平远，如《读碑窠石图》（第132页图）。

**范宽雄厚，气壮势强**

另一位可与李成比肩的山水画家是范宽（约950—约1032年）。传说他性格温和，宽厚大度，故而以“宽”称之。范宽与李成一样，也终生未仕，嗜酒好道，常在山林中终日端坐，举目四望，追求自然野趣。

范宽长期居住在终南山、太华山一带，且颇善观察自然，深入体会山川变化。他的山水画先学习李成，又取法荆、关，并将荆浩开创的北方全景式山水向前推进，使之更加“峰峦雄厚，势状雄强”，增强了这种大山大水给观者带来的视觉冲击力，有着震撼人心的崇高美感。

台北故宫博物院藏《溪山行旅图》(第136页图) 是公认的范宽真迹，也是一幅无与伦比的山水巨制。画中主峰堂堂，巍峨矗立，几乎占据了画面三分之二的面积。山顶丛林蓊郁，间以屋舍旅人，笔触刚健方折；勾勒山石轮廓又用密集的雨点皴来表现山石质感，渲染体量，几乎全用浓墨、焦墨。画家自由地移动焦点，不受近大远小透视原则所限：描绘山顶密林时采用俯视角度，表现远山崔嵬时又采取仰视角度。总之，全卷按照个人立意和强化感受的需要来布置景物，使观者产生了似远实近、正对山峰仿佛劈面而来的难忘效果。另一轴《雪景寒林图》(第138页图) 也是类似的风格，目前学界认为此卷出自范宽传派画家之手。

李成与范宽分别代表了北宋初年山水画的两种风貌——前者平远开阔，烟岚秀雅，墨润笔精；后者高远雄厚，气壮势强，笔沉墨浓，“真一文一武也”。“李成之画，近视如千里之远；范宽之笔，远望不离坐外。”“齐鲁之士，惟摹营丘（李成）；关陕之士，惟摹范宽。”二人画风的区别是由于他们处在不同的地理位置，一在华东丘陵平原，一在关中黄土台塬，所观察与写生的环境地貌也有差别。

北宋美术史家郭若虚将李成、关仝、范宽称为“三家鼎峙，百代标程”。北宋前期，关陕一带受范宽影响的画家较多，至北宋后期文人画兴起后，雄强之风渐受冷落；与使用“高远”拓宽了荆关风格的范宽相比，李成通过发展“平远”画法，不仅表现出寒林之景的丰富变化，还更加注重表达精微细腻的个人感受，因此李成在三家中影响最大，时人称其为“古今第一”。

《溪山行旅图》

范宽作，绢本水墨，

纵 206.3 厘米，横 103.3 厘米，

台北故宫博物院藏

对页图

《溪山行旅图》（局部）

《雪景寒林图》

（传）范宽作，绢本水墨，纵 193.5 厘米，横 160.3 厘米，
天津博物馆藏

对页图

《雪景寒林图》（局部）

# 许道宁

【970—1053年】

得李成之气

『李成谢世范宽死，唯有长安许道宁。』

“李成谢世范宽死，唯有长安许道宁。”张士逊的这句诗描述的是除三家山水之外一位令人称道的画家——许道宁（970—1053年）。许道宁为长安人（一说为河间人），他少时业儒，狂放不羁，又好饮酒、喜绘画。许道宁早年擅画人像，而且专门画那些长得丑陋的人，以此取乐，元代的汤垕因此在《画鉴》中批评他早年绘画“俗恶太甚”。后来，他游历太华山时，被秀丽峻拔的山川峰峦所吸引，于是转而学画山水，是李成传派的重要后继者。许道宁曾在开封端门前卖药谋生，画寒林平远图来招揽顾客围观，购药者还画树石相送。他技艺出众，声名日盛，求画者络绎不绝，逐渐受到上流社会的赏识，“游公卿之门，多见礼待”，连宰相张士逊都请他到家里画壁画、屏风，并作诗赞美他的山水画。许道宁后来因得罪了长安镇守杜祁公，不得已逃到环州避难，一年多后才再次返回京师，因此长安和环州均遗有他画的壁画。

宋代中期，李成风格对画坛的影响巨大：“许道宁得成之气，李宗晟得成之形，（翟）院深得成之风”，各具特色。许道宁起初学习李成，风格还比较严格拘谨，擅长“林木”“平远”与“野水”；年长后逐渐变通新意，追求笔画简快，笔下峰峦峭拔，树木劲硬，别成一家，至北宋后期盛名不衰。黄庭坚有诗回忆早年观赏许氏作画的场景：

往逢醉许在长安，蛮溪大砚磨松烟。
忽呼绢素翻砚水，久不下笔或经年。

异时踏门闯白首，巾冠敧斜更索酒。
举杯意气欲翻盆，倒卧虚樽将八九。
醉拈枯笔墨淋浪，势若山崩不停手。
数尺江山万里遥，满堂风物冷萧萧。
……
王丞来观皆失席，指点如见初画日。
四时风物入句图，信知君家有摩诘。
我持此图二十年，眼前绿发皆华颠。
许生缩手入黄泉，众史弄笔摩青天。
君家枯松出老翟，风烟枯枝倚崩石。
蠹穿风物皆爱惜，不诬方将有人识。

文同也有题许道宁《寒林》诗云：

许生虽学李营丘，墨路纵横多自出，交柯挥霍崔旻剑，乱蔓淋漓张晓笔。

许道宁的作品《秋江渔艇图》（又名《渔父图》）山峰耸立，恰有柳宗元笔下“海畔尖峰似剑芒”诗意，极具个性，风格独特，可惜此后无人继承。

上图、第142—144页图
《秋江渔艇图》（局部）

《秋江渔艇图》
许道宁作，绢本设色，纵48.9厘米，横209.6厘米，
美国堪萨斯城纳尔逊-阿特金斯艺术博物馆藏

窠石平遠
元豐戊午年郭熙畫

# 郭熙

【约1000—约1090年】

字淳夫

风烟且千里，江山取意成

『自山下而仰山巅，谓之高远；自山前而窥山后，谓之深远；自近山而望远山，谓之平远。』

北宋中期之后的山水画家在观察自然的基础上，更加注重体味和表现山水中深藏的韵味，力求更加精微细腻。虽然全景式山水仍然是画坛主流，但画家笔下的山川可游可居，更加亲切近人。郭熙（约1000—约1090年）就是一位擅长这种抒情山水画的典型艺术家。

郭熙是民间画师出身，起初活跃于市井，声名鹊起后被召入宫，得以充分发挥自己的才华。他并没有什么家学渊源，是天性喜爱与刻苦发奋使他卓有建树。他在进入宫廷画院后，又饱览内府收藏的历代名作，眼界和技艺进一步提高，为皇宫制作了大量用作装饰的大幅屏风与壁画。郭熙十分清楚，这些屏风与壁画都是为了体现皇家风范、满足皇室成员卧游江山的需要，因此创作时格外精益求精，严肃对待，不惜殚精竭虑。据他的儿子郭思回忆，父亲每逢作画之时，必要焚香拭几，洗手涤砚，直至神闲气定方才动笔，不敢有丝毫掉以轻心；每张画也必须经历构思、落笔、修改、增删数十次才能完成。这种严谨认真的创作精神也反映出宋画重规矩、崇法度的时代特色。

郭熙在构思立意、运筹笔墨上颇有精到的见解，他的理论被其子郭思整理成为一部完整系统的山水画著作——《林泉高致》。在书中，郭熙提出山水画不仅要可望、可行、可游，还要可居，让观众产生身临其境的感受，从而更好地领略自然之美。这与文人士大夫即使人在朝中，也不忘林泉初心，希望借山水画实现“不下堂筵，坐穷泉壑”的愿望十分契合。为了达到“看此画令人生此意，如真在此山中”的目的，郭熙不仅捕捉山水四时朝暮的不同特征，还将这种变化与观赏者的情感联系起来，归纳出“春山淡冶而如笑”“冬山惨淡而如睡”的特点。为了增强艺术感染力，画家必须饱游沃看，胸有山川，才能在用笔使墨上达到自如化境。最能够代表郭熙抒情山水画意境以及他所提倡的山水艺术理想的作品就是他的名作《早春图》(第148页图)。在这幅描绘初春景致的画中，五代宋初山水中的永恒感消失了，取而代之以一种平易活泼的亲切感。画中淡墨轻岚，烟云如缕，烘托出早春时节万物生发、欣欣向荣之态。郭熙继承了李成的“卷云皴”“蟹

上图

《树色平远图》

郭熙作，绢本设色，纵32.4厘米，横104.8厘米，绢本水墨，美国纽约大都会艺术博物馆藏

左页图

《窠石平远图》

郭熙作，绢本设色，纵120.8厘米，横167.7厘米，故宫博物院藏

爪枝”与惜墨如金的浅淡色调，空间关系处理得更加真实自然，虚实相生，情景交融，画中气氛清新舒悦，极富感染力，恰好体现了“春山淡冶而如笑”的特点。郭熙其他得代表作有《窠石平远图》（第145—146页图）、《树色平远图》（第147页图）。

郭熙在画院供职期间，颇得宋神宗赏识，升至画院最高职位翰林待诏直长，他的画风成为当时画院的主流。不仅皇宫中遍布郭熙之画，当时尚书省、中书省、门下省、学士院等官衙厅堂都有悬挂：“玉堂（位于学士院中）昼掩春日闲，中有郭熙画春山。”司马光、苏轼、黄庭坚等旧党人士也喜爱其画，多次赋诗赞美。然而，神宗去世、哲宗即位后，新皇的品位发生改变，不喜郭熙的画风，将宫中的郭画全部撤换，退入库中。南宋的鉴藏家邓椿记载，他的祖父邓绾在宫中巡视时，发现工匠竟用郭熙之画作为抹布来擦拭几案，追问之下得知这是从内库中淘汰出来的。邓绾大感惋惜，次日就向新皇求圣旨，将库中所有的郭画都赐给了他。郭熙被视为李成最重要的传人，他们的画派也被称为“李郭派”。正是郭熙奠定了李郭派的面貌，且他的作品成为后世效仿的范本。

《早春图》

郭熙作，绢本设色，纵158.3厘米，横108.1厘米，

台北故宫博物院藏

对页图

《早春图》（局部）

# 王诜

【约1048—1104年前后】

字晋卿

风流文采磨不尽

『风流文采磨不尽，水墨自与诗争妍。』

在“崇文”的宋代皇室宗亲之中，不乏雅好书画、文采风流之人，如赵令穰、赵伯驹、赵伯骕、赵孟坚等。他们生活优裕，却不愿醉生梦死、虚度光阴，因此“不下堂筵，坐穷泉壑”，以书画怡情陶性，毫无功利之心，在盈尺之卷上挥洒游戏，自娱自乐，画中呈现出清新洒脱的气质。宋英宗的驸马王诜就是其中的一员。

## 多舛之命

王诜（约1048—1104年前后）祖籍太原，出身高第，是开国元勋王全斌的后代，又娶英宗第二女蜀国长公主，赐爵厚赏。王诜虽为国戚，又任高官，年少英俊，快意风流，但人生也经过几起几落，十分波折。元丰二年（1079年），“乌台诗案”一发，与苏轼同属旧党的王诜也因藏匿苏轼讥讽朝政的文稿、向其通风报信而受到牵连，与苏轼一同削官遭谪；第二年，宋神宗为了安慰患病的公主，将王诜升官；但公主不治去世后，乳母告发他在公主病重期间行为不端、生活不检，王诜遭到神宗的怒责，斥其“内则朋淫纵欲无行，外则狎邪罔上不忠”，再遭外放贬黜，至湖北、安徽等地；哲宗继位、太皇太后向氏听政，重新启用旧党，王诜得以官复原职，回到京城；但是待哲宗亲政后，又进行改革，旧党再度失势；及至与他交好的徽宗即位后，年逾五十的王诜才算稳定下来，但仅三年之后就去世了。

王诜的一生起伏不定，命运多舛，在历经颠簸中，他也悟透了荣辱得失，能够做到无惊无惧，泰然处之，正如他在《蝶恋花》中流露出的平和之心：“钟送黄昏鸡报晓。昏晓相催，世事何时了。万恨千

上图

《渔村小雪图》（局部）

《渔村小雪图》

王诜作，绢本设色，纵 44.4 厘米，横 219.7 厘米，

故宫博物院藏

愁人自老，春来依旧生芳草。忙处人多闲处少。闲处光阴，几个人知道。独上高楼云渺渺，天涯一点青山小。”与王诜人生境遇十分相近的至交苏轼，对他的为人处世颇多美誉，称其“穷而不怨，泰而不骄”；也屡次题咏其画作，称其“风流文采磨不尽，水墨自与诗争妍”，更将王诜与郑虔并举（“郑虔三绝君有二，笔势挽回三百年”），给予王诜的绘画艺术极高的评价。

**自成一家**

由于王诜贵为驸马都尉且爱好收藏，家中“宝绘堂”所藏的法书名画颇多，又多与文人士大夫往来，他的画风显示出文人画与院体之间交流融合的特点。他工于山水，初学李成郭熙一派，又兼取李思训之法，作画时往往先以墨笔勾皴，以“卷云皴”“蟹爪枝”画树石，用笔粗放简率，用墨精劲爽利；再着青绿设色，更增富贵趣味。画风

"清润可爱""不古不今"，既有唐画的风华精致，又有宋画的规矩谨严；既含文人的风流儒雅，又蕴皇家的尊贵大方。

王诜的代表作《渔村小雪图》（第150—151页图）、《烟江叠嶂图》（上海博物馆藏青绿本和水墨本）等，描绘出平远山水，清新典雅，意境深邃，画中丝毫不见失意文人的落寞孤寂与郁懑愤慨，而是充满了洒脱、旷达、恬适的气息。

**《烟江叠嶂图》（青绿本局部）**

王诜作，绢本设色，纵45.2厘米，横166厘米，上海博物馆藏

『唐人画法至宋乃畅，至米又一变耳。』

# 米芾米友仁父子

【1051—1107年】

米芾，字元章，号鹿门居士、襄阳居士、海岳外史

【1074—1153年，一作1086—1165年】

米友仁，一名尹仁，字元晖，晚号嫩拙老人

## 云山出尘

**“米颠”放诞**

北宋画坛有一位个性鲜明、行为不羁的画家——米芾（1051—1107年）。他初名黻，三十岁后改名芾，字元章。米芾自称祖先是楚国王族芈氏，但实际上他是西域粟特人“昭武九姓”中米国人的后裔。他的家庭背景比较特殊：祖上有功于朝，世代担任武官，母亲阎氏曾入宫服侍宋英宗宣仁皇后，后成为神宗的乳母，米芾因此得以凭恩荫入

仕，徽宗时又被召为书学博士。

米芾博学多奇才，他不仅擅画，还能用纸筋、甘蔗渣、莲蓬头信手涂抹；书法造诣极高，与苏轼、黄庭坚、蔡襄并称“宋四家”；善于鉴赏古器物，富于收藏，并著有《画史》《书史》传世。

才华横溢的米芾不免恃才傲物，在当时对文人较为宽松的社会环境下，为人行事颇为随心所欲，玩世不恭，这也是最为后世津津乐道的。他本性好洁，还爱奇装异服，人称“衣冠唐制度，人物晋风流”。他爱石成癖，以至于见到怪石，当场整理衣冠，作揖下拜，口称：“吾欲见石兄二十年矣。”据说他向人借阅书画却私下临摹一份，第二日将摹本归还；或是将原本、摹本同时呈给原主，让其选择，而主人往往选走了摹本。米芾这样做并非为了牟利，而是炫耀自己高超的书画技术，即使被人识破也不以为然，以为只是徒增笑料而已。

### 云山墨戏

米芾晚年长期居于润州（今江苏镇江），对南唐山水画家董源笔下的“一片江南”既熟悉又亲切，在所著《画史》中大力赞美其“用笔草草”“平淡天真”“不装巧趣”的艺术格调，并将此前从未被视为画坛主流的董源推上“近世神品，格高无与比”的神坛。他自己也尤为喜爱烟峦雨树的景致，以董源、巨然的披麻皴为基础，创造了一种信笔为之、烟云掩映的独特表现手法，即“米氏云山”。这也体现了北宋以来，文人画“尚意”“意气”“意似”审美取向的精髓。米芾的真迹今已不存，其长子米友仁（1074—1153年，一作1086—1165年）尚有《潇湘奇观图》《远岫晴云图》（第156页图）等传世。画卷水汽朦胧，烟云流动，山树葱郁，从中可以窥见米氏云山的面貌。

米芾的长子米友仁继承家学，画风酷似其父，父子二人并称“大小米”或“二米”。他十九岁就受到徽宗的赏识，宋室南渡后又得到高宗的重用，专门为内府创作与鉴定书画，连著名女词人李清照也曾携藏品前来拜访，请其鉴赏题跋，其中不乏米芾的真迹。米友仁用中锋卧笔，以横点累积，形成小山、树冠的形状，草草而成，团团水墨，不求细节，极为传神；用泼墨又参以破墨、积墨之法，湿气淋漓，画上笼罩着一派烟雨变幻、峰峦隐现的气氛。“米氏云山”具有高度的艺术概括性，并被元代的高克恭继承并发展。

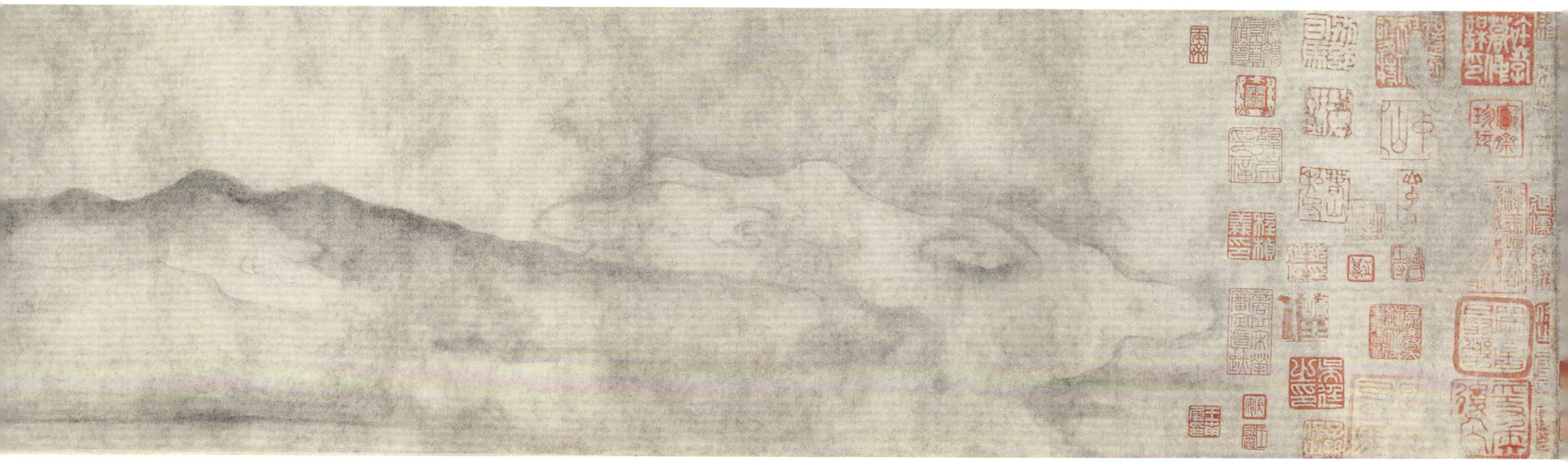

《潇湘奇观图》

米友仁作，纸本水墨，纵19.8厘米，横289厘米，

故宫博物院藏

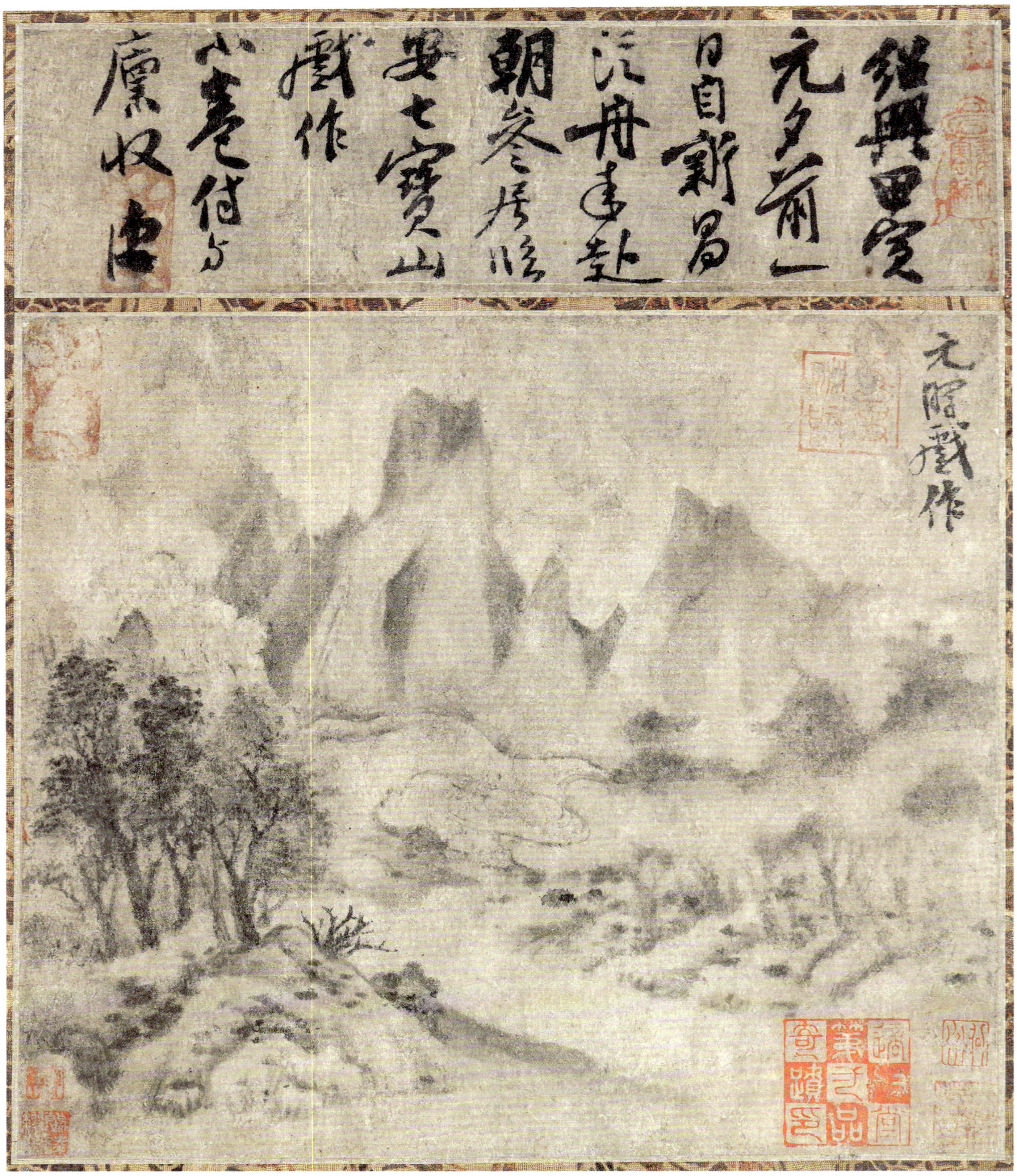

《远岫晴云图》

米友仁作，纸本水墨，纵 24.7 厘米，横 28.6 厘米，

日本大阪市立美术馆藏

对页图

《远岫晴云图》（局部）

# 文同

【1018—1079年】

字与可，号笑笑先生

意气溢于胸中竹

『必先得成竹于胸中』

以梅兰竹菊“四君子”为题的绘画独立于宋代，士大夫画家尤其喜爱这类题材，在其中寄寓了个人的人品学识和思想感情。其中的墨竹题材据说始于唐代，五代李夫人曾在夜间依竹投影于窗纸而描绘成图，而最终将其发扬光大却是苏轼的从表兄文同（1018—1079年）开创的“湖州竹派”。

## 操韵高洁

文同出身寒微，少年时家境贫穷，经过不懈努力终于考取进士，以丰厚的学识称名于世。由于没有强大的背景可倚仗，他在任官期间始终谨言慎行，一向不参与朝廷中的党派之争，对时常针砭时政、议论人事的从表弟苏轼也屡屡苦口婆心地劝诫。尽管文同本分踏实，却不擅谄媚算计而不得重用，还因“议礼不当”而被夺官，遂主动请求外放至四川仁寿等偏远贫困的地方。到任亲眼目睹当地百姓衣不蔽体、食不果腹的境遇后，文同毫无怨言，夙夜勤勉，立即采取积极对策，上书朝廷请求减免赋税、加强军备、派遣专人管理盐政等，事无巨细，为百姓做了许多实事，是一位清廉正直的称职官员。同百姓的疾苦相比，文同将个人的荣辱得失看得比较通透，偶有抑郁之时也能很快自我恢复，时刻提醒自己不可尸位素餐，辜负皇帝、国家的恩情。

## 身与竹化

一生兢兢业业、尽职尽责的文同不喜声色犬马、交际逢迎，自称“孤怀托寥旷，世虑绝参伍”“生平所得无几人，既已得之心自信”，最大的爱好就是读书吟诗，题字作画，“若无书籍兼图画，便不教人白发生”。身处穷山恶水的偏远之地，目之所及到处都是山谷中顽强生长的枯藤野树、荆棘丛竹，文同却能苦中作乐，观景格物，将一颗真心寄予竹，观竹、品竹、画竹，描绘竹子的风姿与品格，与竹心印情合，结为知交挚友。

文同笔下的墨竹形态比较写实，不失形似又有一定的写意之趣。他的《墨竹图》（对页图）中以墨笔直接绘写倒垂一枝竹，提按顿挫，层次分明，细节逼真，生机勃勃。好友米芾指出，这种“深墨为面，淡墨为背”的画法由文同首创。唐代美术史家张彦远对绘画曾有云：“本于立意而归于用笔”，此话形容文同的画竹艺术也是再恰当不过的。一方面，文同具备较强的造型能力，而这与他画竹之前充分了解竹子生长变化的规律和特性息息相关。他“画竹必先得成竹于胸中，执笔熟视，乃见其所欲画者，急起从之”，即深入观察物象形态，力求形似与神似兼具。另一方面，文同寄情寓意于画，借笔下之竹抒发自己的心胸，象外之意无穷，苏轼称其所画之竹“诗不能尽，溢而为书，变而为画”。

“其身与竹化，无穷出清新。”文同始终认为“竹如我，我如竹”。他在家中专门设“墨君堂”来张挂自己创作的墨竹，并请苏轼撰《墨君堂记》一文以记之。苏轼在文中道出了文同与竹相似的品格：“得志，遂茂而不骄；不得志，瘁瘠而不辱。群居不倚，独立不惧。与可（文同）之于君，可谓得其情而尽其性矣。”无论是人品还是画品，文同都为后世的文人树立了典范。

对页图

《墨竹图》

文同作，绢本水墨，纵131.6厘米，横105.4厘米，

台北故宫博物院藏

與可自昔守洋州墨竹高風稱
第一流傳三百有餘載復見蘇蜀
更超逸想當盤礴欲畫時胸
藏千畝誰得知忽如兔起鷹隼
落奇態橫出何猗猗仙人騎鳳
練雲裏不見其身但見其尾翱翔千
仞欲下來翩翩餘音滿人耳世間
物性各不同貞脆好醜隨化工惟
有此君家幽澹不与桃杏爭春紅
由來美人姿不及君子德至今淇奧
篇還歌綠如簀楊君得此求我詩
我今已老才力衰顧君努力慎愛
惜眷聖衛武誠當師
泰和王直爲
考謚宗伯題
壁上墨君不解語高節萬仞陵首
陽要看凜凜霜前意冷澹爲歡意
自長 寫真誰是丈夫子許我
他年作主無遙想納涼清夜永
平安時報故人書
右東坡
誰畫參天鐵石柯鳳毛春暖錦
婆娑玉堂妙筆交游畫六合無
塵水絕波 老可當年每畫之淋
堂賓客動秋思蒼龍過雨影在壁
別出參差玉一枝
右道園
誰是丹青三昧手晴窗試寫翠琅
玕尚書雅有冰霜操一枕清風五
月寒 我亦有亭深竹裏一枝
寒玉澹晴暉道逢黃髮驚相問
不改清陰待我歸
右松雪
考謚尚書得此竹求余題余無以為言也
爲取宋元蘇虞趙三學士詩中之句各爲二
絕復之又何必余言哉盧陵陳循德遵志

# 李唐

【约1049—1130年】

字希古

北艺南渡，画院独步

『云里烟村雨里滩，看之容易作之难。早知不入时人眼，多买胭脂画牡丹。』

李唐（1049—1130）来自民间，年轻时便能书善画，中年时小有名气，曾为人临摹唐画，四十八岁左右进入画院任待诏。当时，徽宗主持的画院常以唐人诗句为题考校画工。某次试题为“竹锁桥边卖酒家”，多数人都在下功夫描绘酒家，唯有李唐在桥头竹枝外画一酒帘。徽宗对此十分欣赏，认为李唐巧妙地表现出“锁”字之意，李唐以第一名的成绩考入画院。正当李唐准备大展才华之时，发生了“靖康之变”。金人将皇帝、后妃、官员押解北上时，把内府大批百工杂属也一并掠走，李唐便在其中。幸运的是，李唐在中途逃脱，又辗转南行。

李唐在逃亡途中经过太行山一带时，被抗金义军所获，义军中的萧照在翻检李唐的行李时，发现里面净是画笔颜料之类。经盘问得知李唐身份后，萧照表示久仰其名，愿拜他为师，辞别义军随其南渡。二人长途跋涉，历经艰辛，终于在绍兴初年到达南宋临安（今浙江杭州）。

此时的南宋朝廷百废待兴，机构建制不全，尚未成立画院。李唐穷困潦倒，生活艰难，只能靠在街头卖画为生，但当时水墨山水不如艳丽的设色花鸟画有市场，他遂作诗感慨：“云里烟村雨里滩，看之容易作之难。早知不入时人眼，多买胭脂画牡丹。”直到十多年后，诸事渐定，画院也恢复了，李唐遂经人举荐入宫。高宗赵构早年为康王时，与李唐便有书画往来，再次见面更是感慨万千，赐李唐金带。再度进入画院后的李唐已年近八旬，虽声誉日高，但五年后便去世了。

**山水画——院体之祖**

南宋的山水画之变革，由李唐开启。

他起初学习李思训，取其青绿华滋；后又参法荆浩、范宽，取其骨格伟岸。古朴苍劲，变雨点皴为大斧劈皴画山石，用笔简括，清爽灵动，积墨深厚。他在北宋画院时的早期作品《万壑松风图》（对页图）作于宣和六年，画家正值壮年。画中幽壑深谷，松涛云海，主峰耸峙，雄强宏大，带有明显受范宽影响的痕迹。画家用笔繁复，刻画精谨，景致幽深，层次清晰，墨色浓重，使全画笼罩着一层阴暗清凉的气息。

南渡之后，李唐画风产生了明显变化。首先在取景造象上，一改之前的全景式构图，而截取山水局部入画，舍繁就简，去粗取精，以少寓多，以有限表现无限。另外，在用笔上更加纵情恣意，信手直写，化精工为写意。他的《江山小景图》（第164—165页图）属于过

对页图

《万壑松风图》

李唐作，绢本设色，纵188.7厘米，横139.8厘米，

台北故宫博物院藏

皇宋宣和甲辰春河陽李唐筆

渡转型时期的画作，上不留天而下留地，有山峰而不见山脚、陆地，已经有明显的截取构图倾向，皴笔也有所拉长。《长夏江寺图》（故宫博物院藏）上有宋高宗书“李唐可比李思训”。全卷青绿设色，水墨淋漓，勾皴劲健，用笔横劈竖砍，放纵恣肆。《清溪渔隐图》（台北故宫博物院藏）更是“形不足而意有余”，仅取部分山溪造景入画，线条方直，皴笔简练。

李唐的山水画影响广泛而深远，不仅此后的刘松年、马远、夏圭至明代“浙派”等都是他的继承者，甚至通过往来的僧人东传至日本，产生了天章周文、雪舟、雪村等一批从学者。

**人物画——以古鉴今**

李唐是一位全能型画家，除山水画成就最为突出外，人物、花鸟均很擅长。为维护统治，他画了一批具有宣传教化、规谏讽喻等用途的历史故实画。

他的《采薇图》描绘了商代的伯夷、叔齐在亡国后遁入首阳山，坚决“不食周粟”，最终绝食殉国的故事。在当时的历史环境下，这类题材具有明显的爱国主义内涵：激励人民坚决抵抗金兵，收复失地，同时贬斥“南渡降臣”的行径。但现在也有学者研究后发现，画中人物精神状态饱满，且面无饥色，故而对该卷的主旨产生质疑。不过，画面中的山石树木确实是李唐在山水画中非常擅长的小斧劈皴。《晋文公复国图》（美国纽约大都会艺术博物馆藏）描绘春秋时期，晋文公重耳历经艰辛，成功夺位的事迹，也是一件借古喻今的作品，寓意高宗赵构继位的合法性。构图类似连环画，每段画面之间有宋高宗书写的《左传》文字。

北宋灭亡后，金人将宫中的历代珍贵藏品统统掠走，使得后来的南宋画家失去了临摹经典。而李唐的到来，使画院以他的作品为仿学的样本，不仅将北宋的绘画精华得以保存并传承下来，而且在南宋山水画坛开创了一个全新的审美领域，具有承前启后的重要意义。

《采薇图》

李唐作，绢本设色，纵 27.2 厘米，横 90.5 厘米，

故宫博物院藏

《江山小景图》（局部）

《江山小景图》

李唐作，绢本水墨，纵 49.7 厘米，横 186.7 厘米

台北故宫博物院藏

《江山小景图》（局部）

# 刘松年

【生卒年不详】字号不详

神气精妙，画院绝品

刘松年，钱塘（杭州）人，因居住在临安清波门（又称闇门）外，人称“清波刘”“闇门刘”，宋孝宗时期为画苑学生，光宗年间成为画院待诏，宁宗时凭借《耕织图》得到皇帝赐金带并声名鹊起。他师从张训礼（原名张敦礼，后避光宗讳而改名），张又学习李唐，因此可视为李唐传派，但更为工谨典雅，精细清润，是标准的院体风格。明人张丑认为，刘松年为南宋四大家之中最杰出者：“南宋刘松年为冠，李唐、马远、夏圭次之。”

刘松年同李唐一样，兼工山水界画、道释人物等，刻画精妙写实，笔法精致典雅，画作有“院中人绝品”之誉。他的《四景山水图》表现贵族在西湖周边春季踏青、夏季纳凉、秋季观山、冬季赏雪的享乐生活。他存世的人物画有《中兴四将图》（中国国家博物馆藏），绘南宋“中兴四将”——刘光世、韩世忠、张俊和岳飞。刘松年还以创作“罗汉画”闻名，他的《猿猴献果图》（台北故宫博物院藏）中罗汉形貌朴野，表情生动；树石用笔简洁，遒劲有力，浑然天成。

《四景山水图》

刘松年作，绢本设色，每开纵 40 厘米，横 69 厘米，共四开，故宫博物院藏

# 马远与夏圭

马远，字遥父，号钦山【生卒年不详，南宋宁宗人，大约活跃于13世纪初期】

夏珪，字禹玉【生卒年不详】

水墨苍劲，边角之景

『意深』『趣胜』

李唐之后，马远和夏圭将他的水墨苍劲风格推向了极致，并掺入宫廷审美趣味，塑造出院体山水的典型风范。其中，马远画“意深”，夏圭画以“趣胜”。

**马远**

南宋画院画家多是师徒相授，父业子承。马远（生卒年不详，大约活跃于13世纪初期）祖籍河中（今山西永济），是绘画世家“佛像马家”后人。马远的曾祖马贲、祖父马兴祖、伯父马公显、父亲马世荣、兄弟马逵、儿子马麟都先后供职于北宋、南宋的宫廷画院，有“一门五代皆画手”之美誉。宁宗赵扩及皇后杨妹子都很喜欢马远，常在其画上作诗题字，并赏赐臣下。

马远继承家学，又学习李唐，将小斧劈皴演变为大斧劈皴。他多绘峭峰在上，绝壁在下，近山参天，孤舟泛月。山水画边角构图大胆简洁，大面积留白，小中见大；斧劈皴刚健有力，横扫直下；树枝盘曲奇崛，旁逸斜出，有“拖枝马远”之称；淡墨烘染，层次分明，表现烟岚雨雾、山川悠远的江南山水。

他的山水风俗画《踏歌图》（对页图）绘太平盛世下几位农夫惬意地踏歌而行。卷上有宋宁宗书诗句“丰年人乐业，垅上踏歌行”，画面气氛欢愉秀美。《水图》（第172—179页图）共十二开，绘“寒塘清浅”“长江万顷”“湖光潋滟”“云舒浪卷”等十二种水态变化，全以线条表现水波变化，意境如诗，写实技巧高超，“真活水也”。《梅石溪凫图》（第170页图）也是小景山水，将山水花鸟相结合，梅花枝干方折，时人称为“宫梅”，类似宫廷盆景的效果。《华灯侍宴图》（第171页图）描绘皇家内苑景物，精致秀美，有富贵气息。

上图

《踏歌图》（局部）

对页图

《踏歌图》

马远作，绢本设色，纵192.5厘米，横111厘米，故宫博物院藏

宿雨清畿甸
朝陽麗帝城
豐年人樂業
壠上踏歌行

马远之子马麟在宁宗、理宗时供奉画院，人物、山水、花鸟俱能。传说马远为了提高儿子的声誉，有时在其画上题自己的名字。《静听松风图》（第180页图）是马麟的一幅山水人物佳作，工致典雅，画中人物写实，据说与宋理宗面貌十分接近。《层叠冰绡图》（第181页图）画折枝梅花，纤巧精致，但失于柔靡纤弱，画上还有杨皇后的题诗。

### 夏圭

略晚于马远的画院待诏夏圭早年专攻人物，后学习范宽、李唐，以山水著名，其子夏森也是一位画家。相较马远的秀丽精工，夏圭的画风更为简洁洗练、清淡秀逸。

他的山水构图与马远相近，多取边角之景，人称“马一角，夏半边”。夏珪的山水画艺术擅于表现空间宏大、意境阔远的境界。笔下的“拖泥带水皴”淡墨润染；“泥里拔钉皴”秃笔焦墨，豪劲利落。他画屋木时可不借助戒尺，“信手画成，突兀奇怪”却“气韵奇高”。

夏圭的山水多为长卷，有的甚至长达数十丈，表现江南胜景。《溪山清远图》（第182—183页图）中远山巉峰，茂林丛树，楼观屋桥，渔舟客船，疏密有致，辽阔深远，清润雄秀。《山水十二景（残卷）》（第184—185页图）今仅存“遥山书雁”“烟村归渡”“渔笛清幽”“烟堤晚泊”四景，布局一气呵成，江天宏旷，山水微茫。

《梅石溪凫图》

马远作，绢本设色，纵26.7厘米，横28.6厘米，

故宫博物院藏

第172—179页图

《水图》

马远作，绢本设色，每开纵26.8厘米，横41.6厘米（第一段20.7厘米），

共十二开，故宫博物院藏

**《华灯侍宴图》**

马远作，绢本设色，纵 125.6 厘米，横 46.7 厘米，台北故宫博物院藏

寒塘清浅

層波疊浪

秋水迴波

黄河逆流

曉日烘山

雲舒浪卷

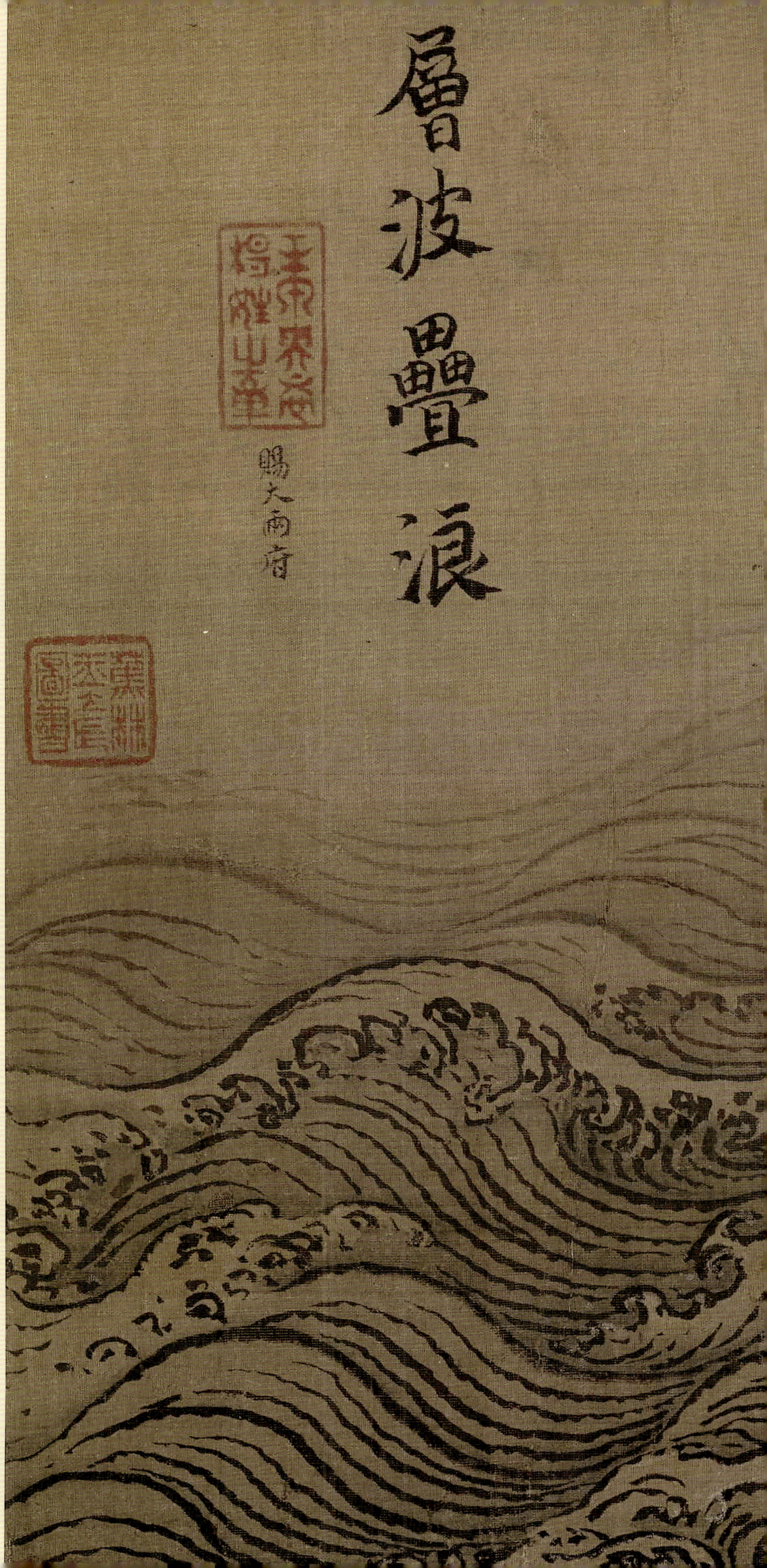
層波疊浪
賜大兩府

黃河逆流
賜大兩府

静聽松風

对页图

《静听松风图》

马麟作，绢本设色，纵 226.6 厘米，横 110.3 厘米，
台北故宫博物院藏

右图

《层叠冰绡图》

马麟作，绢本设色，纵 101.7 厘米，横 49.6 厘米，
故宫博物院藏

《溪山清远图》

夏圭作，纸本水墨，纵 46.5 厘米，横 889.1 厘米，

台北故宫博物院藏

下图

《溪山清远图》（局部）

煙堤晚泊

《山水十二景（残卷）》

夏圭作，绢本水墨，纵 28 厘米，横 230.8 厘米，

美国纳尔逊—阿特金斯艺术博物馆藏

# 李公麟

【1049—1106年】字伯时，号龙眠居士

龙眠画精

『鞍马逾韩幹，佛像追吴道玄，山水似李思训，人物似韩滉，潇洒如王维，当为宋画中第一，照映前古。』

继唐代的吴道子之后，又一位成就卓越、影响深远的人物画家出现在北宋画坛，这就是文人画家——李公麟。

**淡泊名利，多才多艺**

李公麟（1049—1106年）出身于安徽舒城世家大族，据考证为南唐先主李昪的第四代孙。其父爱好文艺，家中富于收藏。李公麟年少聪颖，二十岁出头就高中进士。但是，他一直是个低级官僚，官阶始终没超过八品，在馆阁中任职二十余年也未能升迁，五十岁出头便因病退休，隐居在舒城龙眠山，直至去世。

李公麟对名利看得很淡，一生志趣高洁，“从仕三十年，未尝一日忘山林”。他向来不喜游走在权宦门下，休沐时宁可与三五好友访园游林，坐石观水，生活洒脱自在。官运不亨，不求闻达于仕途，李公麟却能以画称名。当有权贵极力想与他结交以获得画作时，他总不甚热心；但若得遇知音，即使萍水相逢，李公麟也会欣然提笔赠画。退居龙眠山庄安度晚年后，李公麟以长卷《龙眠山庄图》写隐居之所的山泉幽壑，表达自己的隐逸之心。

李公麟于文艺之事极其热衷，文章有建安风骨，书法可比晋宋名家，绘画更是直追顾恺之、陆探微，还精于鉴赏识别钟鼎彝尊与古代文字（曾为朝廷鉴定一方秦代李斯所作的玉玺），堪称“神与万物交，智与百工通”，这些在他那些才华横溢的友朋中也是出类拔萃的。

**各科皆能，宋画第一**

与其他以政事为主、艺事为辅的士大夫不同，李公麟将绘画视为仕宦生活的重中之重，即使在被病痛折磨的晚年，他依然不忘抬手伸指，作运笔之状。李公麟对道释人物、山水树石、花鸟鞍马等各画科均能信手驾驭，技艺精湛，其成就也是前无古人的：“鞍马逾韩幹，佛像追吴道玄，山水似李思训，人物似韩滉，潇洒如王维，当为宋画中第一，照映前古。”（元·夏文彦语）

李公麟的人物画较前人更具文人意趣，而且题材广泛，有高人逸士（如《归去来兮图》《羲之书扇图》《莲社图》《免胄图》），有神仙佛道（如《维摩演教图》），还有当时的众多文化名流们的闲适生活。其中（传）《西园雅集图》（台北故宫博物院藏）表现苏轼、苏

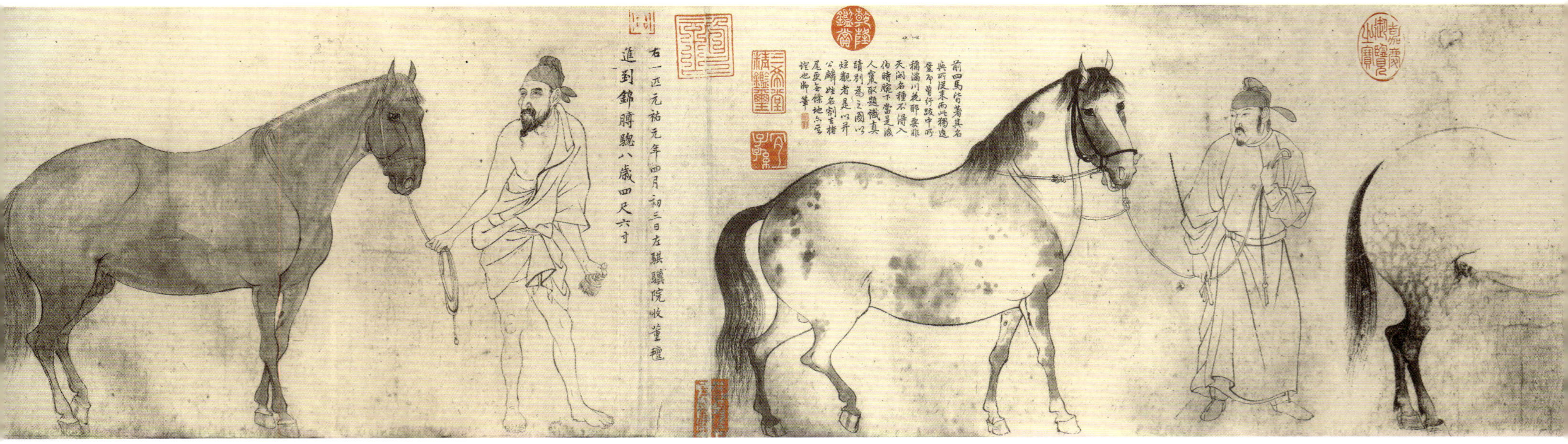

上图、第 188—189 页图

**《五马图》（珂罗版，局部）**

辙、王诜、黄庭坚、晁无咎、秦观、米芾等十余人在王诜府中吟诗作画、谈禅论道的场景，人物众多却不见纷乱，且能注意刻画心理，情感表现细腻微妙。

李公麟画马取法于韩幹、韦偃等人，重视写生，常去“骐骥院”认真观察御马。《临韦偃牧放图》（第190—191页图）虽摹自唐人，但掺入了宋人精工典雅的气息。《五马图》（原本藏于日本东京国立博物馆，珂罗版藏于故宫博物院）中的西域名马更是结构准确，各具神采，线条细劲又富于变化。据黄庭坚跋中记载，在李公麟为“满川花”写生后不久，也许是由于画家下笔过于有神，仿佛摄取了马儿的魂魄，这匹神骏竟死去了。

摒弃色彩、仅以墨线勾勒形象是李公麟在绘画上的又一突破性探索。尽管此前的吴道子已首开先河，但将白描作为一种独立的绘画样式并赋予其独特的艺术魅力，却是自李公麟始。线条本是绘画造像的基本技法，李公麟将其升华为具有抽象审美特性的创作手段，无需借助设色、墨染，仅靠线条本身即可以形写神，甚至形神兼备。白描看似简略易行，实际上却颇具难度，既考验画家的造型功力与用笔技巧，也反映出画家的文化修养和艺术品位。与八面生风、气势飞扬的吴道子不同，李公麟的线条更趋严谨细致，文静秀雅，流露出平和舒畅的文人气质，反映出唐宋以来，文人化的绘画由繁至简，舍俗取雅，从绚烂复归平淡的演变过程。

**《五马图》（珂罗版）**

李公麟作，纸本设色，纵 29.3 厘米，横 225 厘米，

故宫博物院藏

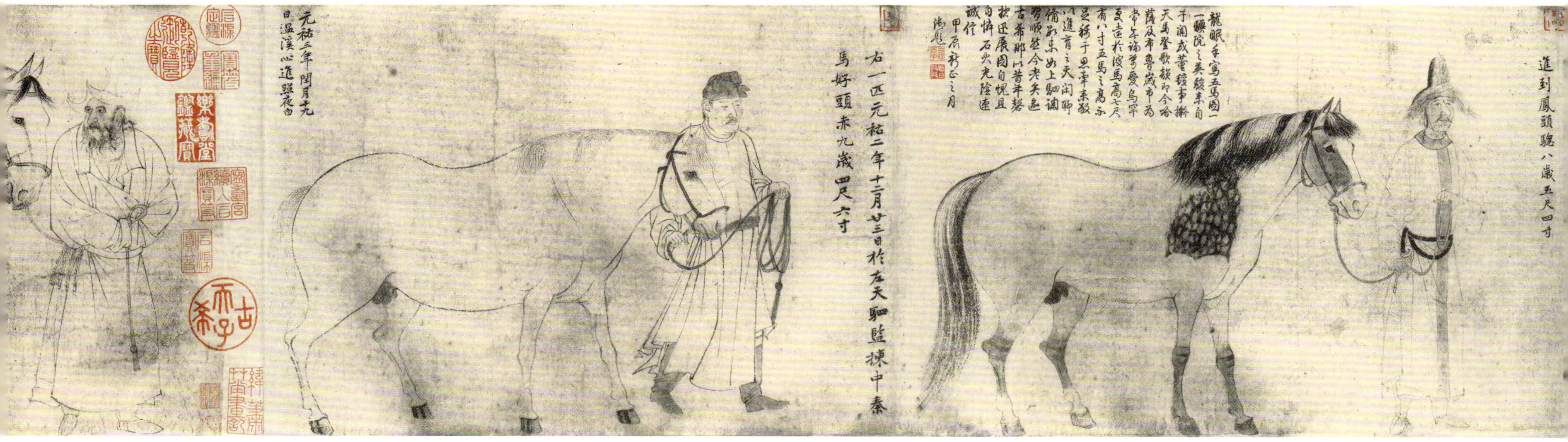

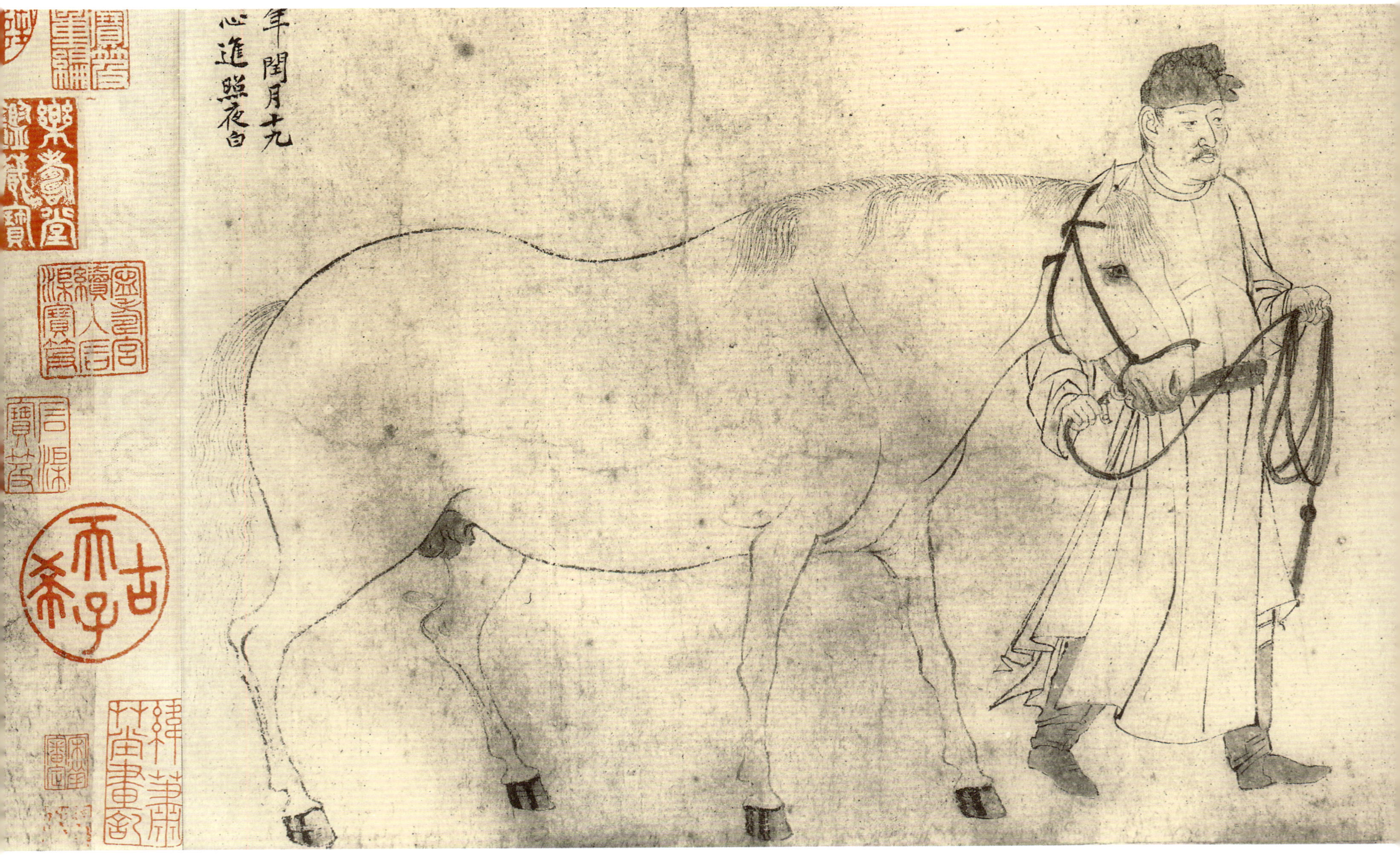

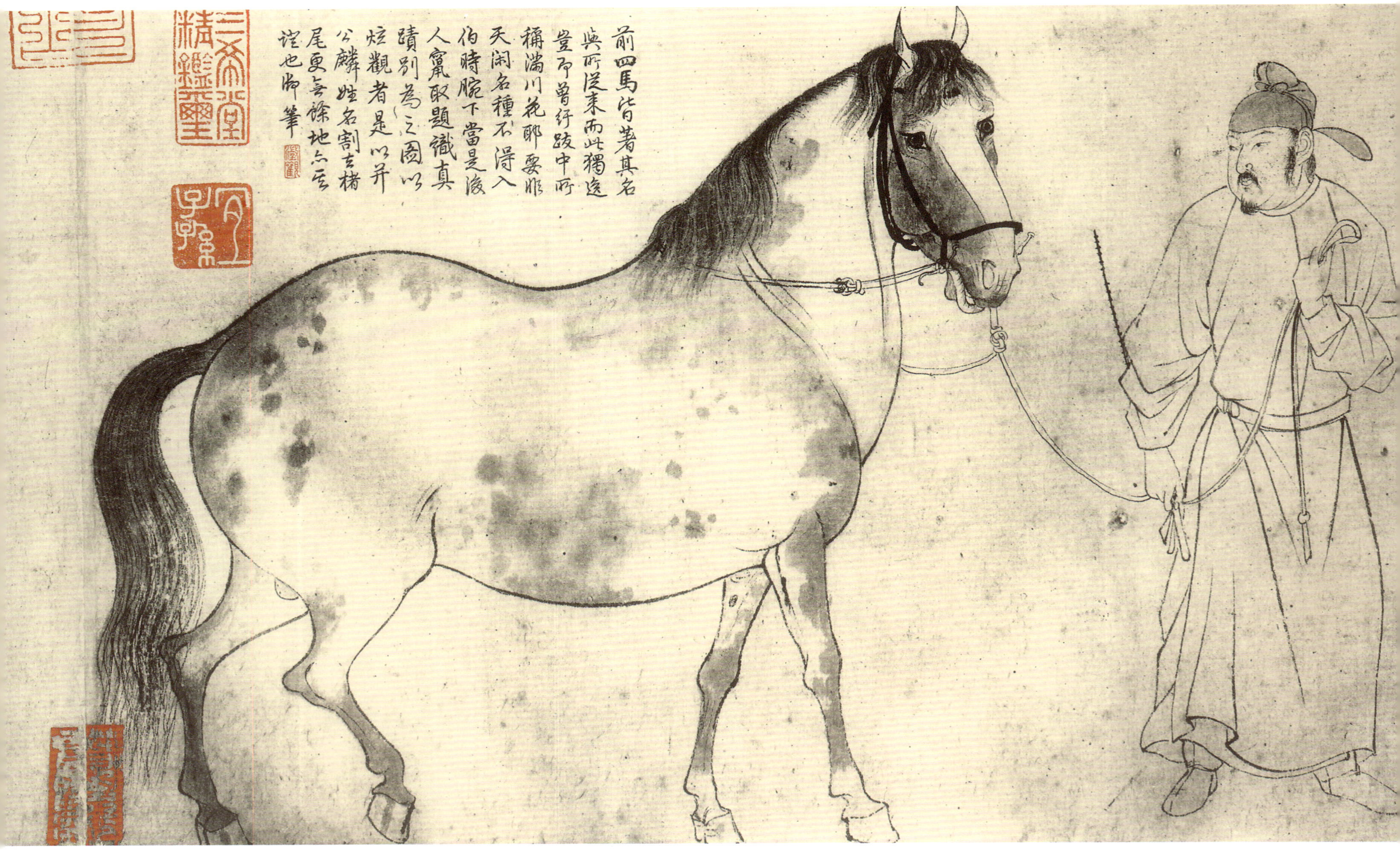

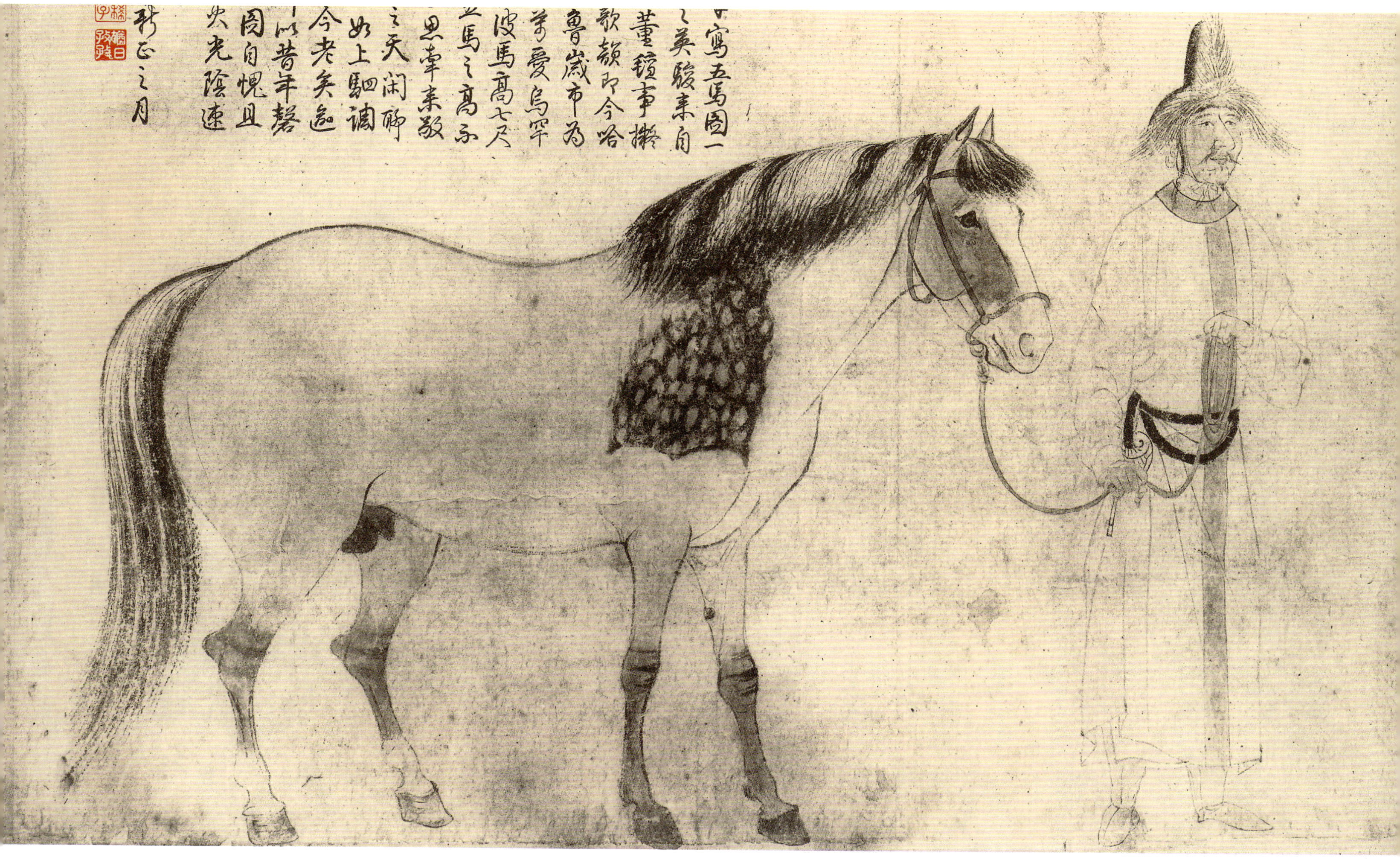

《临韦偃牧放图》（北宋李公麟临本）

李公麟作，绢本设色，纵 46.2 厘米，横 429.8 厘米，

故宫博物院藏

下图

《临韦偃牧放图》（局部）

# 崔白

【生卒年不详，活动于11世纪】

字子西

体制清澹，作用疏通

『崔生丹墨，盗造物机，后有识者，恨不同时。』

北宋仁宗至神宗年间的崔白是位个性很强的画家，他来自民间，花竹、翎毛、佛道、鬼神无一不精，因画屏风受到神宗赏识，恩准补入画院艺学。但他以自己性格粗疏、不善应对为由，不肯就职。神宗爱才，破格让他除非皇帝亲召，免去其他差遣。

花鸟画自五代黄筌、徐熙起开始成熟，与人物、山水成三足鼎立之势。北宋建立后，统治者尤其青睐黄筌、黄居寀的风格，并逐渐垄断画坛，画院也陈陈相因，亦步亦趋，视此为评价优劣、擢选画家的唯一标准。

在北宋花鸟绘画的发展演进中，崔白开创了新的艺术格局，贡献巨大。受到先驱赵昌、易元吉等人的启发，崔白突破了长期画院统治的"黄家富贵"风格，画风清雅灵动，气象萧疏荒寒，带有文人趣味，郭若虚称其"体制清澹，作用疏通"；题材也不仅局限在珍禽瑞草，扩展至芦荡、野雁、寒雀等常见物象。此外，他还注意表现周围的自然环境，山石林木，泉壑幽谷，风晴雨雪，这样的花鸟画又增添了山水画的意境氛围。他笔下的喜鹊、野兔十分生动，似有感情(《双喜图》，第194页图)。《寒雀图》(下图)则画九只小麻雀，栖于树上，依偎顾盼，灵动可爱，画中一派温馨感人之情。

崔白"虽以败荷凫雁得名，然于佛道鬼神，山林人兽，无不精绝"(郭若虚，《图画见闻志》)。他作人物与花鸟类似，线条劲利如铁线。他作山水多绘江湖秋波、寒塘雪景。崔白的绘画皆有萧然清冷之致，性格又"性疏阔度"，品格高标，不久之后便得到士人名流的广泛品评和赞誉，进入了主流艺术史并确立画史崇高地位。

上图
《寒雀图》（局部）

《寒雀图》
崔白作，绢本设色，纵 25.5 厘米，横 101.4 厘米，
故宫博物院藏

《双喜图》

崔白作，绢本设色，

纵 193.7 厘米，横 103.4 厘米，

台北故宫博物院藏

左页图

《双喜图》（局部）

# 宋徽宗 赵佶

【1082—1135年】

嗜艺丧国

『鸟自托形隐，蝶还翻影轻。宣和工位置，何事失东京。』

赵佶（1082—1135年）是神宗的第十一子，哲宗之弟，初封端王。哲宗驾崩之后，没有留下子嗣，向太后便立年仅十八岁的赵佶为帝，是为徽宗。

**政治昏庸**

宋徽宗在位二十五年，治国昏聩无能，生活骄奢淫逸。继位之初，徽宗也曾一度锐意新政，广开言路，虚心纳谏，任用贤良，但作为一个天性风流的书生型皇帝，他还是缺乏治国的谋略与手段，轻信蔡京、童贯等奸佞，在统治中逐渐被一些权臣掌控甚至架空。如“六贼”之首的蔡京大权独揽，权倾朝野，多次借实施新政之机打击报复元祐党人；借皇帝名义起草诏书；怂恿徽宗“享尽天下荣华富贵，受万众之供养”，并大兴“花石纲”，放纵年轻的皇帝恣情享乐，懈怠政事，“玩物而丧志，纵欲而败度”，给国家和人民带来沉重负担，致使财政入不敷出，军备软弱无力，最终毁去半壁江山。

宣和七年（1125年），金兵南下，赵佶禅位于太子赵桓，即钦宗，将重振朝纲的希望寄托于儿子，但是积重难返，大势已去。次年（1126年）汴京陷落，父子同时沦为阶下囚，并被掳往金国，最终病死在荒寒的五国城。

**寄意丹青**

赵佶青年时志趣高雅，品端行正，不染纨绔习气。早在登基之前，他就与其他“多嗜富贵”的宗室子弟不同，“所事者惟笔研、丹青、图史、射御而已”。他所结交的王诜、赵令穰、吴元瑜等人也雅好书画，意气相投。

徽宗自称“朕万几余暇，别无他好，惟好画尔”。他艺术造诣极高，擅人物、花鸟、竹石、山水。赵佶的花鸟受到学习崔白的吴元瑜影响，水墨清淡，颇有朴拙之趣。《柳鸦芦雁图》(第204—205页图)的前半段出自他之手，纯以水墨画成，用笔简洁，格调粗放。现在存世大批带有徽宗款署“宣和殿御制”及花押“天下一人”的画作，如《瑞鹤图》(辽宁省博物院藏)、《听琴图》《芙蓉锦鸡图》《祥龙石图》《枇杷山鸟图》《雪江归棹图》(以上五件均藏于故宫博物院）等，数量巨大，远超一人精力所能达且面貌多样，因此实际是由画院中画家代笔的。《听琴图》(第198页图）描绘宫中的行乐活动，设色明艳清幽，人物刻画细腻，尤其是画中人的身份问题，历来是学界讨论的热点。《瑞鹤图》作于政和二年（1112年），是年正月十六日傍晚，汴京上空忽然飘起了云气，随后飞来了一群白鹤，在宫殿上空鸣叫盘旋，引来民众争相观望，被皇帝视为祥瑞之兆，遂以图记之。画中的白鹤盘旋飞翔，蹁跹多姿，在肃穆庄严中透出一股神秘的气氛。

赵佶的书法受薛稷、黄庭坚影响较大，并自成一种结体紧凑、笔画细劲、提按明显、锋芒毕露的楷书字体，即“瘦金书”，法度严谨，与工整秾艳的花鸟画相得益彰。他还极擅草书，是宋代首屈一指的草书大家。

右页图

《宋徽宗坐像》

佚名作，绢本设色，纵188.2厘米，横106.7厘米，台北故宫博物院藏

《听琴图》

（传）赵佶作，绢本设色，
纵 147 厘米，横 51.3 厘米，
故宫博物院藏

### 宣和体制

徽宗对艺术最大的贡献，在于搜集整理书画与完善宫廷画院。赵佶在位期间，广泛收集整理历代书画器物，为保护和继承古代文化珍贵遗产做出很大贡献。他对内府藏品临摹、修复、装裱，创“宣和装”；编纂了现存最早的完整官修内府书画著录——《宣和画谱》《宣和书谱》及古器物图谱《宣和博古图》，刻《大观帖》。他还尤其偏爱祥瑞图画，亲自监制瑞应图谱巨作——《宣和睿览册》，《瑞鹤图》《五色鹦鹉图》（第200—201页图）、《祥龙石图》（第202—203页图）等都被收入其中。这些浩大的艺术工程都将宋代艺文盛事推动至一个高峰。

宋代的宫廷画院——翰林图画院，建立在西蜀、南唐画院的基础之上。宋代的皇帝与宗室都对绘画艺术有着浓厚兴趣，重视画院建设。至徽宗朝，将画院不断扩充完善，使宫廷绘画达到鼎盛，占据着整个画坛的主导地位。为了招揽人才，确立“画学”制度，经过考试选拔画家。画院创作讲求构思新巧，曾以“野水无人渡，孤舟尽日横”“乱山藏古寺”“踏花归去马蹄香”“竹锁桥边卖酒家”等诗意为题。画院的风格重视“形似”，精工写实，法度严谨，对物象的刻画高度准确。某次一位新人画家在宫殿柱廊拱眼处画了一枝月季花，竟得到徽宗大力褒奖，原因是月季四季晨昏时，花、蕊、叶形态各不相同，而这位画家能精确地描绘出春季正午时分的花卉，毫无偏差。又有一次，徽宗命众人画荔枝树下的孔雀，大家笔下的孔雀登上藤墩时都先抬右爪，却被皇帝纠正，因为孔雀登高时应该先举左爪，大家无不骇服。

宋徽宗赵佶对书画的喜爱出自天性，致使他的个人风格结合了天家的尊贵气象与文人的雅致情趣。他若生于普通官宦家庭，也许能凭自己的天纵之才、书画双绝成为一代享誉画史的伟大艺术家。然而，造化弄人，成为皇帝既是国家的不幸，也是他本人的不幸。

上图

《听琴图》（局部）

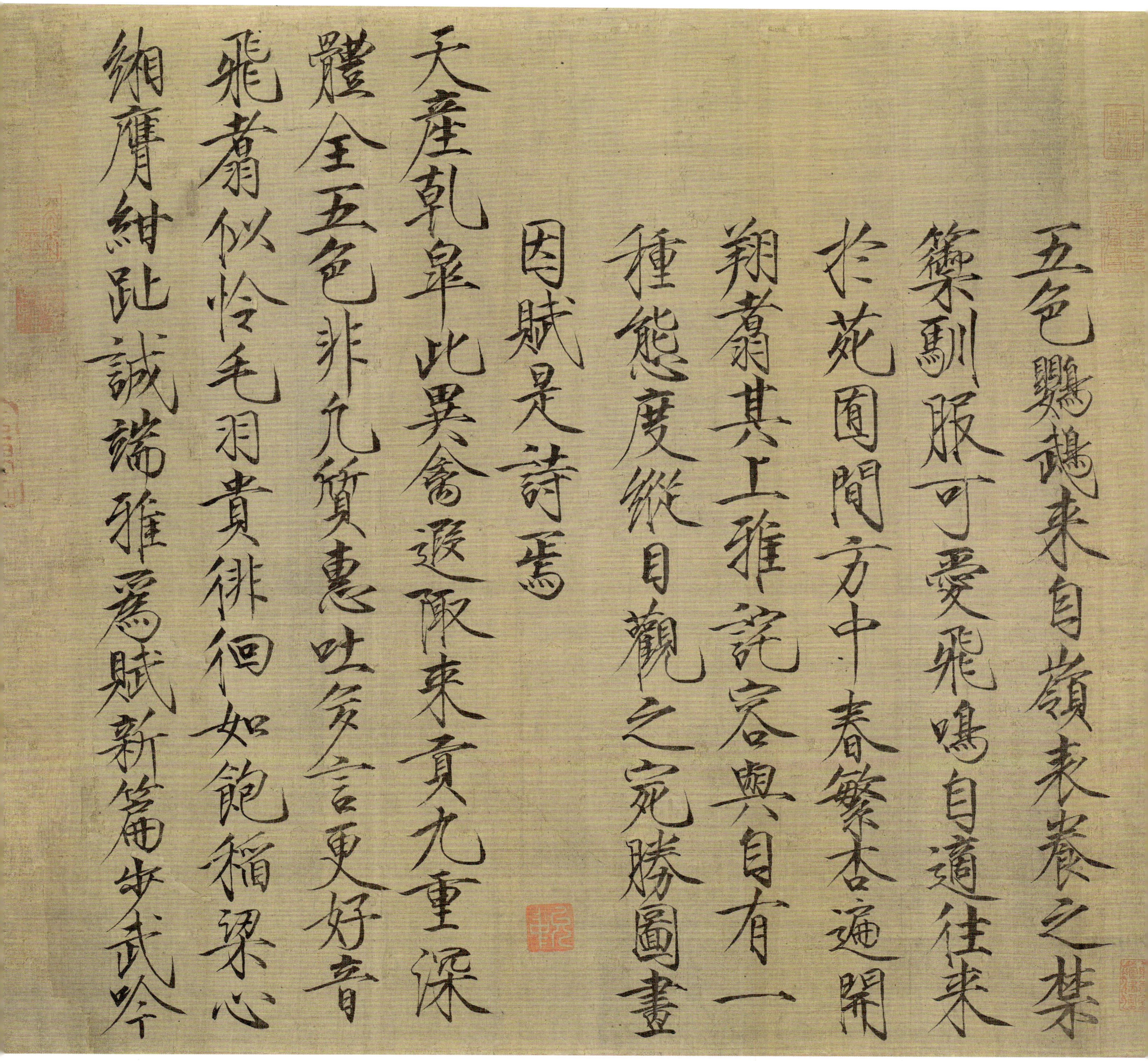


《五色鹦鹉图》

（传）赵佶作，绢本设色，纵 53.3 厘米，横 125.1 厘米，

美国波士顿美术馆藏

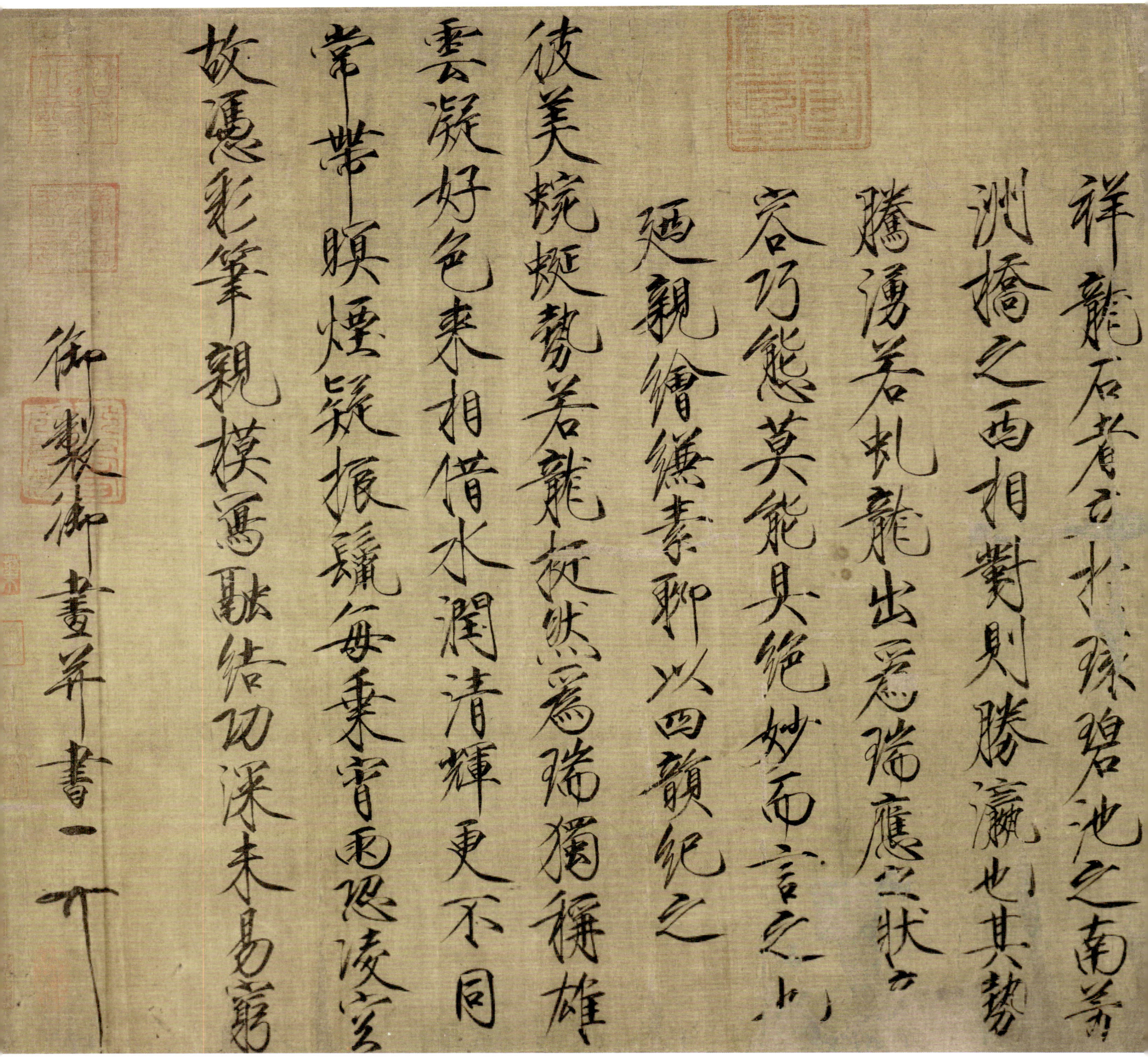
祥龍石者立於環碧池之南芳
洲橋之西相對則勝瀛也其勢
騰湧若虬龍出為瑞應之狀奇
容巧態莫能具絕妙而言之也
廼親繪縑素聊以四韻紀之
彼美蜿蜒勢若龍挺然為瑞獨稱雄
雲凝好色來相借水潤清輝更不同
常帶瞑煙疑振鬣每乘宵雨恐凌空
故憑彩筆親模寫融結功深未易窮
御製御畫并書

《祥龙石图》

（传）赵佶作，纸本设色，纵 53.9 厘米，横 127.8 厘米，

故宫博物院藏

柳絲蘆葉粗〻繪鴉
意雁姿細〻摹植物
無情禽物有寫真豈
不在茲乎 本稱花
鳥擅傳神近得寒江
歸棹真一例入淵能
契妙其昌可許主和
賓 柳合藏鴉蘆聚
雁天然位置作緝維
蔡京王黼繼為相何
獨用人識乃乖
庚子仲夏御題

《柳鸦芦雁图》

赵佶作，纸本设色，纵 34 厘米，横 223.2 厘米，
上海博物馆藏

左页图、下图
《柳鸦芦雁图》（局部）

# 梁楷

【生卒年不详】

字号不详

『梁风子』

『描写飘逸，青过于蓝。』

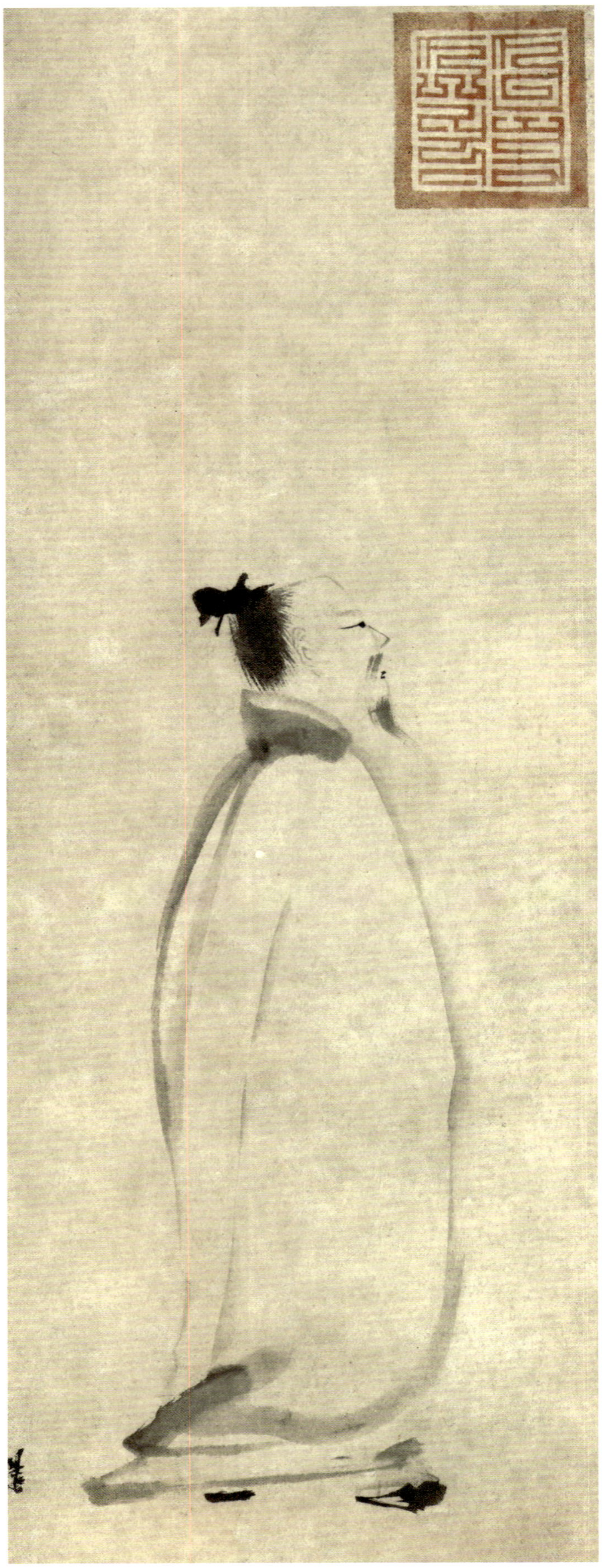

梁楷是位深受文人画与禅宗思想影响的宫廷画家。他出身世家，却嗜酒使性，豪放不羁。皇帝赐其金带，他不愿接受，挂在院中，人称“梁风（疯）子”。他还常与僧人交往，画过很多佛教题材的作品。

梁楷师从贾师古。贾师古又学习李公麟，博采众家之长，兼长道释人物、山水花鸟。梁楷相较于其师，同样各绘画门类皆精，而且艺术水平更胜一筹。梁楷的人物画有粗、细两种面貌：细者出于李公麟、周文矩，笔法精妙，工细严谨，疏密有致，如《八高僧故事图》（上海博物馆藏）、《出山释迦图》（日本东京国立博物馆藏），精工古艳，笔法遒劲。粗者受禅僧影响，减笔草草，如《六祖斫竹图》（对页图）简笔挥写，破笔横扫；《泼墨仙人图》（台北故宫博物院藏）以墨造型，酣畅淋漓，传神写意；《李白行吟图》（日本东京国立博物馆藏）水墨浑融，粗笔简体。梁楷的花鸟画也得心应手，简洁自如。《秋柳双鸦图》（故宫博物馆藏）绘寒鸦柳枝，碧空秋风。梁楷狂放的画风对法常，甚至对日本画坛产生了一定影响。

左图

《李白行吟图》

梁楷作，纸本水墨，纵 81.2 厘米，横 30.4 厘米，

日本东京国立博物馆藏

《六祖斫竹图》

梁楷作，纸本水墨，纵 72.7 厘米，横 31.5 厘米，
日本东京国立博物馆藏

# 玉涧与法常

玉涧，法名若芬，字仲石，号玉涧

法常，俗姓李，号牧溪

以画参禅，见佛见性

『画道的大恩人！』

**玉涧**

玉涧，法名若芬，字仲石，号玉涧，婺州金华（今浙江金华）人。他原姓曹，九岁时在宝峰院剃度受业，学习天台宗，后受具为临安天竺寺书记，云游四方，途中遇到风清日好的好天气，必要摹写云山景致。他后来回到故乡的山中，在山涧绝壁间寻一处营建观景亭，题匾“玉涧”并以此为号；又在芙蓉峰对面修筑阁楼，因此又号“芙蓉峰主”。他的字号都反映出他对自然风光的无限热爱。

玉涧曾喜爱画墨梅、墨竹，学习扬补之后后悔画梅，专心致志于山水的创作。他的水墨山水画介于梁楷与法常之间，用墨与皴法又更接近梁楷的“减笔画”。这也许是由于梁楷爱和临安的僧人来往，在寺中留下不少画作，玉涧作为临安天竺寺书记，有机会看到许多他的作品之缘故。玉涧的“数点残墨”在当时就“求者渐众”，他的作品因中日僧侣间的交流往来而传入日本，对日本绘画产生了很大影响。明代赴日的僧人如拙，就以玉涧、法常为师，后来成为日本水墨发展

**远浦归帆**

玉涧作，纸本水墨，纵 30.6 厘米，横 77 厘米，

日本德川美术馆藏

《庐山图》

玉涧作，绢本水墨，纵 35.2 厘米，横 62.8 厘米，

日本冈山县立美术馆藏

初期的伟大先锋。

玉涧的山水画存世作品有《庐山图》《山市晴岚图》《远浦归帆图》等，都属南宋后期兴起的“禅画”“墨戏”一类风格，大多存于日本。《庐山图》中画三个山峦，前山用中锋破笔，随意挥洒；后山以湿墨涂抹，浓淡分明。《山市晴岚图》（日本出光美术馆藏）和《远浦归帆图》（对页图）同为《潇湘八景图》中的一部分，用笔都极其简洁潦草，墨色或浓而淡，取意到即成。

**法常**

稍晚于梁楷的僧人法常，俗姓李，号牧溪。他为人正义，胆魄非凡，因反对南宋末年的奸相贾似道而遭到通缉，不得不躲藏起来，直到贾似道死去、南宋灭亡才出来。这期间，法常专心于画，留下了许多作品，元朝初年去世，遗像存于灵隐寺附近的长相寺中。

法常擅长龙、虎、禽鸟、山水、树石等水墨写意花鸟，“意思简当，不费妆缀”。他的《老松八哥》《柿》随笔点染，仿佛自然天成，又带有哲理意味，与梁楷的减笔人物画颇有相通之处。他的画笔法草率，不受当时国内的文人欢迎，被认为“诚非雅玩，仅可僧房道舍，以助清幽耳”，对日本南画却有较大影响。南宋时期，日本的圣一法师来中国学习佛法，他回国时带走了《观音图》、《松猿图》（第210页图）、《竹鹤图》（第211页图）三画，现藏于日本京都大德寺，被奉为日本国宝。直到现在，法常还被日本人称为“日本画道的大恩人”。

《松猿图》
法常作，纸本水墨，
纵 173.9 厘米，横 98.8 厘米，
日本京都大德寺藏

《竹鹤图》
法常作，纸本设色，
纵 171.9 厘米，横 98.4 厘米，
日本京都大德寺藏

# 龚开与郑思肖

龚开【1222—约1307年】
郑思肖【1241—1318年】

耿耿存孤忠

南宋灭亡、异族统治，给予士人阶层以沉重的精神打击，他们回天乏力，只能借笔墨抒发亡国之痛，书写乱世悲离。其中，抗争最为刚烈的当属遗民画家龚开和郑思肖。

**龚开**

龚开（1222—约1307年）曾与抗元名臣陆秀夫为同僚，陆秀夫携幼帝赴死后，他悲痛欲绝。后来，龚开来往于苏、杭间，在江南文坛颇有影响，但生活穷困，以卖画为生。据说他家中连张桌子都没有，只能让儿子趴在榻上，在儿子背上作画，再拿画换粮食。

龚开“身长八尺，硕大美髯”，年至古稀依然气度不凡，形貌如“古图画中仙人剑客”。他秉性豪爽，才思敏捷，创作涉猎广泛，构思奇妙，“怪怪奇奇，自出一家”。他的山水师二米，人马师曹霸，尤擅瘦马、钟馗、鬼神等题材。一般人画马多表现高大健壮，他故意反其道而行之，画瘦马隐喻文人怀才不遇（《骏骨图》，第214页图）。他笔下的钟馗形貌奇丑，群鬼狰狞（《中山出游图》，美国华盛顿弗利尔美术馆藏），以讽刺世道不公，抒发愤世嫉俗之情。

**郑思肖**

郑思肖（1241—1318年），名“思肖”，意在不忘赵宋；又每坐必面向南方，因此自号“所南”。宋亡后，郑思肖隐居苏州，狷狂孤僻，性格偏激，绝不与仕元之人来往，甚至遇到带有北方口音的人也会拂袖而去。

上图

《中山出游图》（局部）

郑思肖能作兰、竹、菊，抒写心中愤懑悲痛之情，“此花有时尽，此恨何时终”！尤其擅墨兰，并题字“纯是君子，绝无小人”，笔下兰花俨然成为画家人格和操守的象征。他画兰不画土而露根，并解释说是因为“土为番人夺”。为了生计，郑思肖只能大批量作画，但是若有权贵强行索画，他则怒斥“头可得，兰不可得”，断然拒绝。他的《墨兰图》（第215页图）“疏花简叶，不求甚工”，花叶舒展，飘逸清雅，表明了他的志向。

《中山出游图》

龚开作，纸本水墨，纵32.8厘米，横169.5厘米，

美国华盛顿弗利尔美术馆藏

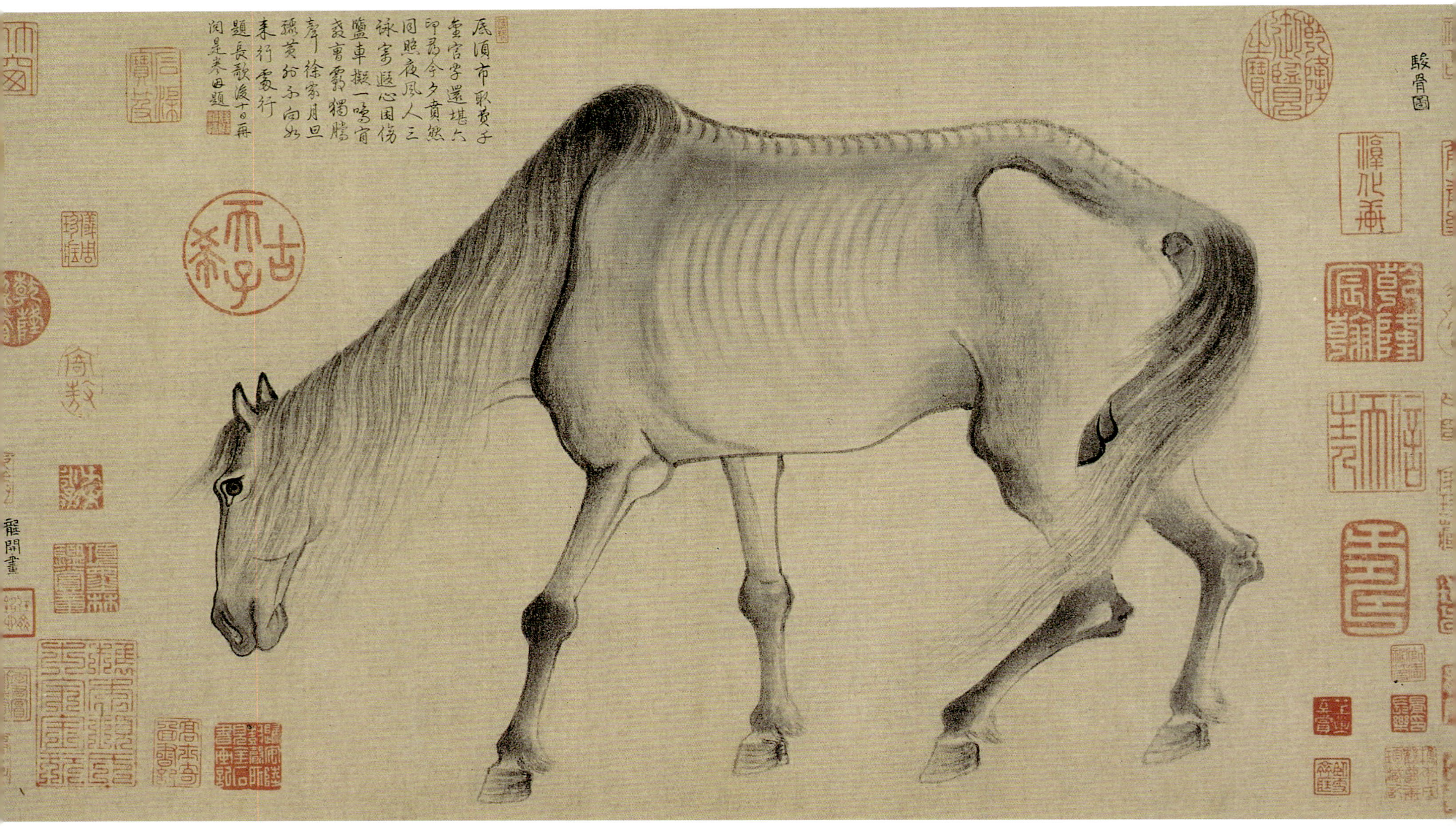


《骏骨图》

龚开作，纸本水墨，纵 29.9 厘米，横 56.9 厘米，

日本大阪市立美术馆藏

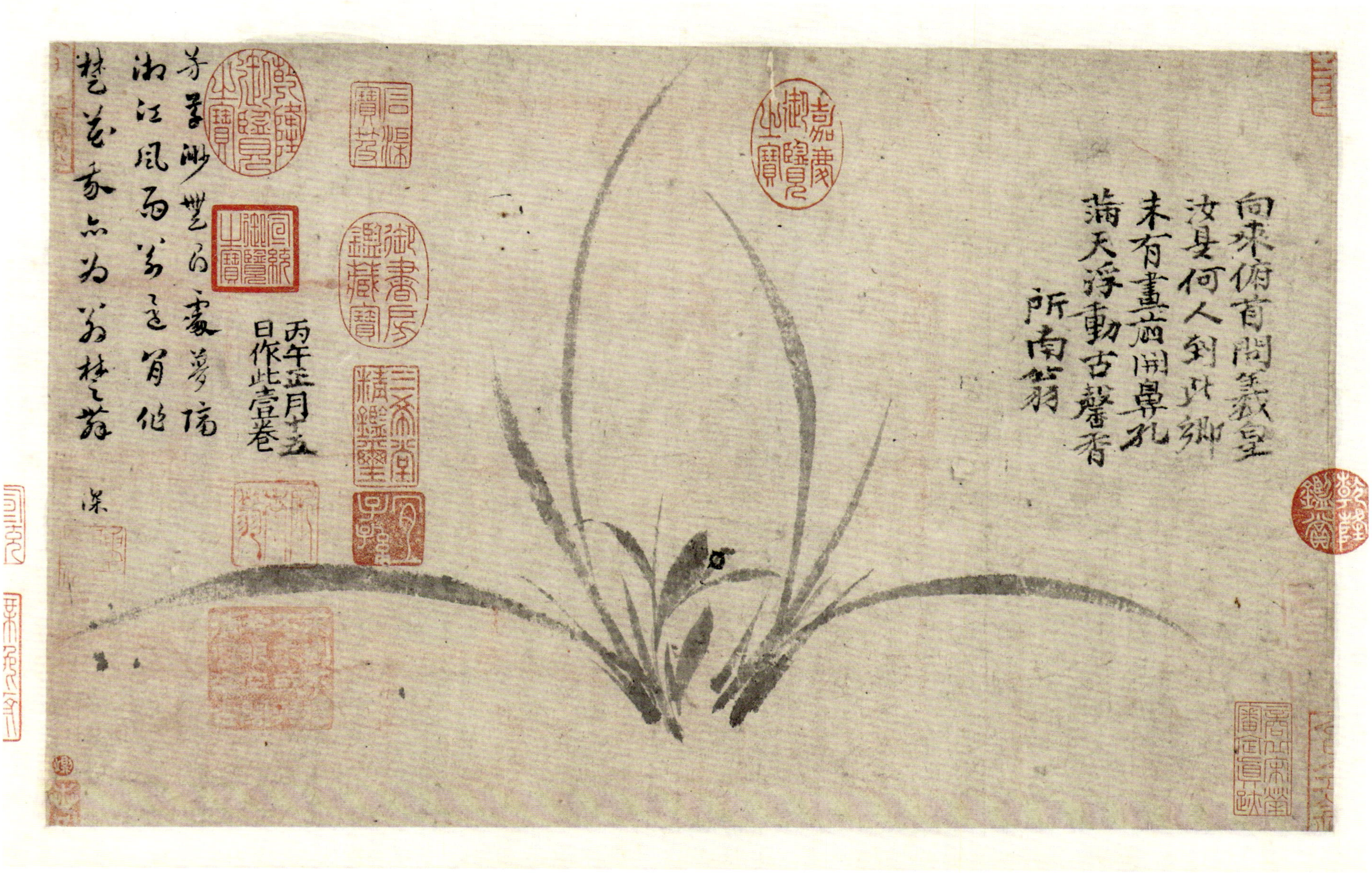


《墨兰图》

郑思肖作，纸本水墨，纵 25.7 厘米，横 42.4 厘米，

日本大阪市立美术馆藏

# 同时期其他艺术家

## 李嵩

李嵩（1166—1243年）出身低贱，做过木工，后成为李从训（宣和画院画家）的养子，教授画艺。后来，李嵩入画院，为光宗、宁宗、理宗时期画院待诏。他善画人物、佛像、界画、山水、花卉、动物、水族等各类题材，十分多才多艺，堪称绘画全能。他“画法工细”“笔法高古”，以线描精工见称。

李嵩是一位杰出的风俗画家，笔下人物神态亲切，情景真实，他的《货郎图》（下图）表现乡下贩卖百货的场景，具有浓郁的生活气息，货物精巧写实，琳琅满目，令人眼花缭乱。《骷髅幻戏图》（第218页图）寓意人生的虚幻无常。他还有山水风俗画《月夜看潮图》（第219页图）、《西湖图》（上海博物院藏）、节令花卉画《花篮图》（故宫博物院，台北

“故宫博物院”各一本，第220页图）等作品传世。另外，李嵩也画过《四迷图》这样批判生活陋习的作品，表明艺术家不仅艺术水平高超，还富含深刻的思想。

## 苏汉臣

苏汉臣本是北宋宣和画院待诏。宋室南渡后，靖康之乱后宋高宗重建画院，苏汉臣继续在绍兴画院供职，孝宗时因进呈所画佛像称旨，授予承信郎。

苏汉臣擅长佛道人物，尤其是婴戏题材，与当时宋代皇室子女夭折率较高、祈求多子多福的心态相契合。他笔下多反映贵族儿童的生活，构图繁复，用笔工细，设色富丽，尤其善于把握稚子天真的神态动作，刻画栩栩如生。如《秋庭婴戏图》（第222页图）描绘姐弟二人在花下做“推枣磨”的游戏，画工严谨精细，鲜艳明丽，体现出画家体察生活的细致入微。

## 李迪

李迪在北宋徽宗年间已经在画院任职，南宋建立后又活跃于孝、光、宁三朝。他擅长花鸟竹石各类杂画，目前存世的作品很多，如《枫鹰锦鸡图》（第225页图）、《浴禽图》（第223页图）、《雪树寒禽图》（第224页图）等。

《货郎图》

李嵩作，绢本设色，纵25.5厘米，横70.4厘米，

故宫博物院藏

《骷髅幻戏图》

李嵩作，绢本设色，纵 27 厘米，横 26.3 厘米，

故宫博物院藏

**《月夜看潮图》**

李嵩作，绢本设色，纵 22.3 厘米，横 22 厘米，

台北故宫博物院藏

《花篮图》

李嵩作，绢本设色，纵 19.1 厘米，横 26.5 厘米，

台北故宫博物院藏

《冬日婴戏图》
（传）苏汉臣作，绢本设色，
纵 196.2 厘米，横 107.1 厘米，
台北故宫博物院藏

《秋庭婴戏图》

苏汉臣作，绢本设色，

纵 197.5 厘米，横 108.7 厘米，

台北故宫博物院藏

## 赵令穰

与王冼大致同时的赵令穰是宋太祖赵匡胤五世孙，字大年，官至光州防御使、崇信军观察留后，卒赠开府仪同三司，后又追封“荣国公”，这些官衔大多没有实职。作为宗室成员不必为生计忧心，赵令穰就有了大量的时间与精力来钻研文学艺术。“游心经史，戏弄翰墨，尤得意于丹青之妙”。他“有美才高行”，自幼便喜爱书画，工草书，又富有文学修养，喜爱收藏晋唐法书名画，并常与文人画家往来切磋艺术，赵佶未即位时亦常与他交游。

赵令穰初学毕宏、韦偃，后主要师法王维。他长于“小景”，多画湖边水滨水鸟、凫雁郊景，构思巧妙，笔调温柔，清丽雅致，在宋代山水画坛别具一格。黄庭坚曾题诗曰：

挥毫不作小池塘，芦荻江村落雁行。

虽有珠帘藏翡翠，不忘烟雨罩鸳鸯。

他的《湖庄清夏图》(第226—227页上图)描绘夏季纳凉的景色，画面恬静详和，风格清丽淡雅，脱略院体，突破了勾勒设色局限，小青绿设色，更加写实，符合贵族阶层的审美习惯。

《浴禽图》

李迪作，绢本设色，纵24.7厘米，横24.1厘米，

台北故宫博物院藏

《雪树寒禽图》

李迪作，绢本设色，纵 116.1 厘米，横 52.9 厘米，
上海博物院藏

《枫鹰锦鸡图》

李迪作，绢本设色，纵189米，横209.5厘米，

故宫博物院藏

宗室成员无故不可出京，赵令穰只能描绘开封、洛阳郊外的景物、平原风光。他每次有新作诞生，苏轼就嘲讽道："这肯定是他又去朝拜了一趟皇陵！（此必朝陵一番回矣！）"其实，与高山大岭相比，这些淡雅悠然、充满生活情趣的江湖小景，更能抒发画家清新脱俗的心境，也反映出文人士大夫潇洒旷达的意趣。

## 赵伯驹、赵伯骕

赵伯驹（生卒年不详）、赵伯骕（生卒年不详）兄弟继承了唐代大小李将军以来的青绿山水画传统，并将其发扬光大。

赵伯驹为赵匡胤七世孙，其父曾师从李公麟学画鞍马，又与苏轼、黄庭坚有往来。相传，赵伯驹与弟弟伯骕南渡之后，流寓杭州，常在市井厮混，与杂工为伍，涂抹作画。高宗偶然见到他们所作画扇，非常喜爱，将兄弟俩召入宫才发现是宗室亲戚。赵伯驹、赵伯骕二人皆善画山水、人物、花禽、竹石，画艺精湛。目前，存世赵伯驹名下的作品有《江山秋色图卷》，赵伯骕名下的作品有《万松金阙图》（第226—227页下图）。

上图

**《湖庄清夏图》**

赵令穰作，绢本设色，纵 19.1 厘米，横 161.3 厘米，

美国波士顿美术馆藏

下图

**《万松金阙图》**

赵伯骕作，绢本设色，纵 27.7 厘米，横 136 厘米，

故宫博物院藏

**《后赤壁赋图》**

乔仲常作，纸本水墨，纵 29.3 厘米，横 560.3 厘米，
美国堪萨斯城纳尔逊—阿特金斯艺术博物馆藏

**《四梅花图》**

扬无咎作，纸本水墨，纵 37.2 厘米，横 358.8 厘米，
故宫博物院藏

## 乔仲常

画史对于乔仲常的记载极少，只知道他是山西永济人，擅长各类绘画，尤其是道释题材的人物故事画。他师法李公麟，传世作品有《后赤壁赋图》(第228—229页上图)。

## 扬无咎

逃禅老人扬无咎（1097—1171年），字补之，据说因为得罪了秦桧而未能做官。他擅诗词，工书法，能作水墨花鸟。扬无咎不爱“宫梅”，专爱“村梅”“野梅”，改变了华光和尚（仲仁）淡墨点瓣的画法，以细笔勾花点蕊。《四梅花图》(第228—229页下图）表现梅花未开、将开、盛开、将残的状态，笔墨简约，清隽疏秀，以白描勾画花瓣，飞白皴写斑驳枝干。扬无咎的墨梅风行一时，且“死后寸纸千金”，影响了赵孟坚、王冕等人。

## 赵孟坚

赵孟坚（1199—1264年）为宋代远支宗室，家境贫寒，入仕后仍不富裕，为提升不得不逢迎贾似道。他性格豪迈，常放舟出游，兴之所至还放声歌唱，旁若无人。赵孟坚博雅好古，长于水墨，将李公麟、扬无咎等人的白描技法用于花卉，善画水仙，亦能作梅、兰。白描《水仙图》双勾略染，严谨精细，花瓣花叶俯仰穿插，婀娜多姿，清气逼人。此外，还有《墨兰图》(故宫博物院藏)、《岁寒三友图》(台北故宫博物院藏）传世。

## 萧照

萧照（生卒年不详）知书善画，书法学石鼓文，亦能作诗。北宋灭之时还很年轻，从家乡建康（南京）赶到太行山，参加梁兴等人组织的抗金义军。李唐在逃亡途中接受义军盘查时，萧照发现了他的身份，便决定随李唐南下，并拜师学画，李唐对其倾囊相授。萧照来到临安后，也进入绍兴画院。

他的山水画《山腰楼观图》(对页图）面貌与李唐早期风格类似，取半边构图，线条坚硬，勾皴有力，用墨浓重，沉毅坚实。他的人物画长卷《中兴瑞应图》(天津博物馆藏）表现了宋高宗从出生到即位的生平经历，并附会成祥瑞异象，歌颂他的光辉政绩。

## 燕文贵

燕文贵（967—1044年）是李郭传派中的前期画家，原属军籍，后进入画院。他将山水画与界画相结合，有“燕家景致”之号；也能作风俗画，曾画过《七夕夜市图》《舶船渡海图》。他的《江山楼观图》(第232—233页下图）劲笔勾皴，淡墨晕染，显示出李成传派的特点，建筑物工整精微，艺术水平很高。旧传燕文贵的《夏山图》(第232—233页上图）现定为唯一见于史料的学生屈鼎所作。

上图
《水仙图》
赵孟坚作，纸本水墨，纵31.5厘米，横76.6厘米，
美国华盛顿弗利尔美术馆藏

左页图
《山腰楼观图》
萧照作，绢本水墨，纵179.3厘米，横112.7厘米，
台北故宫博物院藏

上图

《夏山图》

屈鼎作，绢本设色，纵 45.3 厘米，横 115.2 厘米，

美国纽约大都会艺术博物馆藏

下图

《江山楼观图》

燕文贵作，绢本设色，纵 31.9 厘米，横 161.2 厘米，

日本大阪市立美术馆藏

## 武宗元

武宗元是吴道子的同乡，家世业儒，本人善画道释鬼神，有“宋之吴生”的美誉。宋代帝王多崇信道教，玉清昭应宫建成后，壁画由武宗元与王拙主持绘制。传说，他在洛阳上清宫作壁画时，将“赤明和阳天帝”画成宋太宗的面容，引起宋真宗感叹面貌之逼真。尽管这些壁画已经随着建筑的坍塌消失，但尚有一些壁画的稿本存世，如《朝元仙仗图》(第62—63页图)《八十七神仙卷》等，线条属于典型的吴道子传派“莼菜条”之风貌。

## 张择端

张择端，字正道，东武（今山东诸城）人，本是读书人，后游学于京师，徽宗时期进入画院，工界画，擅舟船、市桥。关于他的生平记载极少，仅有《清明上河图》卷后金人张著跋文一篇。他的《清明上河图》以连贯的长卷、全景式构图，描绘了北宋都城汴京繁华富

庶的城市生活景象。路上车水马龙，行人摩肩接踵，店铺鳞次栉比，场面宏大宽广，人物细腻逼真，画风高度写实，与《东京梦华录》记载基本吻合。他还有《金明池争标图》的元代摹本（天津博物院藏）存世，有学者认为此画是《清明上河图》结尾的一部分。

上图

**《清明上河图》**

张择端作，绢本设色，纵 24.8 厘米，横 528.7 厘米，故宫博物院藏

第 236—239 页图

**《清明上河图》（局部）**

## 王希孟

画史无载，据他流传于世的唯一作品《千里江山图》（第240—

《千里江山图》

王希孟作，绢本设色，纵 51.5 厘米，横 1191.5 厘米，
故宫博物院藏

第 242—247 页图
《千里江山图》（局部）

241页图）卷后蔡京的跋文记载：王希孟是徽宗时期画院学生，之前数次进献画作都不甚完善，但徽宗发现他颇有天赋，孺子可教，便亲自指点，王希孟不到半年就完成了这幅巨作，当时还不到十八岁。可惜，他二十多岁就英年早逝。这卷《千里江山图》青绿山水是可与《清明上河图》比肩的旷世巨作，画卷长度将近十二米，构图壮阔宏大，设色鲜艳绚烂，重岩叠嶂、江湖水泽、渔村野市疏密有致、丰富统一，体现出一位天才少年画家高超的艺术水平。

## 赵昌

蜀地画家赵昌（？—约1016年）大约活动于真宗、仁宗年间，在当时由黄筌一派统治画院花鸟画风时，他敢于创新，独树一帜。赵昌起初学习滕昌佑、徐崇嗣等人，后建立起自己的风格。他每日清晨在院中，一边观察花鸟，一边落墨调色写生，因此自号“写生赵昌”，郭若虚称他“惟于傅彩，旷代无双”。目前有《写生蛱蝶图》（上图）存世。

## 易元吉

来自长沙的易元吉（生卒年不详）早年专攻花果昆虫，但当他看到赵昌的作品后，深为叹服，感到极难超越，索性放弃花鸟，改画猿猴。除了猿猴，他也擅长画虎、犬、猫、鼠、鹿、孔雀、仙鹤、鸡鸭等动物。易元吉生前作品众多，但传至今日的仅有几件，真伪存疑。

易元吉与赵昌一样注重写生，家中庭院里遍植草木花卉，挖凿池沼，蓄养各类禽鸟，他则躲在窗后观摩其动静姿态。为了观察猴子的生活习性，他还常到深山老林中居住，常达数月之久。他的画名在当时就广为人知，又被召入宫奉命作壁画，在创作《百猿图》尚未完成时突然病逝。据米芾记载，他是遭到画院中的人嫉妒，被毒害而死的。

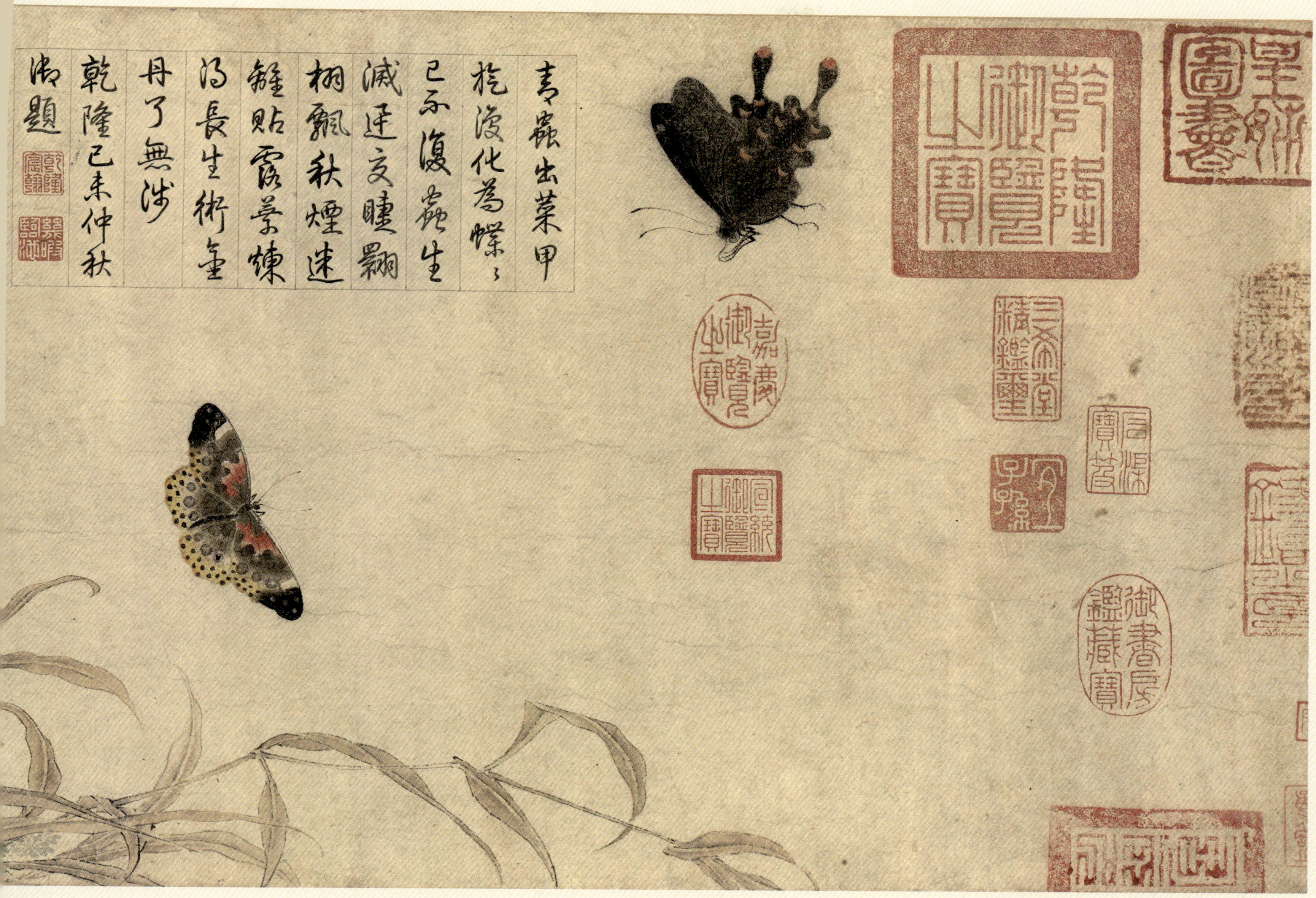

**《写生蛱蝶图》**

赵昌作，纸本设色，纵 27.7 厘米，横 91 厘米，

故宫博物院藏

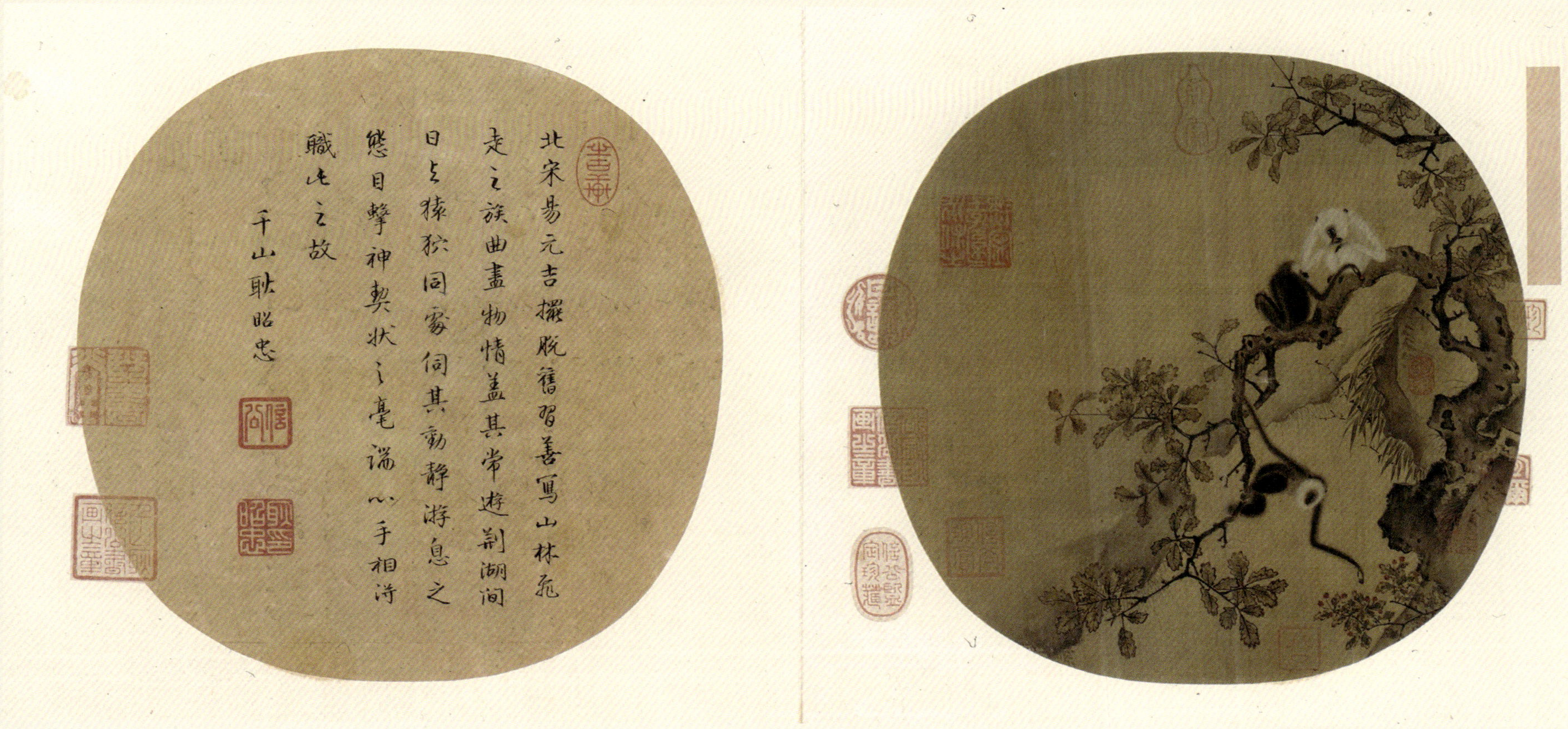

**《猿猴摘果图》**

（传）易元吉作，纸本设色，纵 24.6 厘米，横 24.1 厘米，

故宫博物院藏

# 伟大的中国艺术家

典藏版

刘泊君 编著

華中科技大學出版社
http://press.hust.edu.cn
有书至美
BOOK & BEAUTY
中国·武汉

# 元一清 下册

钱选

山居惟爱静

吴镇

梅花道人，抗简孤高

高克恭

高侯画山谁与匹

赵孟頫

笔砚情犹在，丘壑寄怀抱

倪瓒

倪郎作画如斫冰

# 第五章

# 元时期的艺术家

唐棣 清森华润

黄公望 艺林冲霄第一峰

任仁发 月山用笔逼龙眠

# 钱选

【1239—1299年】

字舜举，号玉潭，清癯老人、巽峰，晚年更号溪翁

山居惟爱静

『老钱丹青当时无。』

面对朝代更迭、河山变色，与激烈悲愤的龚开、郑思肖等人不同，钱选（1239—1299年）选择了隐居不仕，潜心艺事。钱选性情平和，最激烈的反抗方式就是烧掉自己所有的经学著述，此后“不管六朝兴废事，一樽且向画图开”“流连诗画，以终其身”。他嗜酒成性，“酒不醉不能画”，画成又由人随意取去。

钱选矢志守节，寄情丹青，且擅长不同绘画门类。他的山水有两种面貌：青绿山水《山居图》(故宫博物院藏）师唐人，空勾无皴，古朴简拙，浓重艳丽，有强烈的装饰性；水墨浅设色《浮玉山居图》

上图

**《八花图》（局部）**

**《八花图》**

钱选作，纸本设色，纵 29.4 厘米，横 333.9 厘米，
故宫博物院藏

（第258—259页图）画家乡湖州的浮玉山，以尖笔勾点，略加淡墨渲染，细笔繁密，精巧工致。他的人物画多是古代高人逸士，如《王羲之观鹅图》（美国纽约大都会艺术博物馆和台北“故宫博物院”各一本）、《萧翼赚兰亭图》（美国华盛顿弗利尔美术馆藏）、《贵妃上马图》（第260—261页图）、《蹴鞠图》（上海博物馆藏）等，钱选本人也常以“得天真之趣”的陶渊明自况。他的花鸟师法赵昌，又受南宋院体影响，工丽清润，正如赵孟頫所说：“妙处正在生意浮动。”早年的《八花图》（第256—257页图）敷色姿媚，又富于文人气质；晚年

《浮玉山居图》

钱选作，纸本设色，纵 29.6 厘米，横 98.7 厘米，
上海博物馆藏

的《白莲图》(山东省邹城市明代鲁王朱檀墓出土，现山东省博物馆藏）粗放简逸，清幽淡雅，开启了水墨写意的先声。

钱选的画风工致典雅、清秀幽韵，在元初声名极高，与赵孟𫖯、牟应龙、陈天逸等人并称“吴兴八俊”。他为人宽和，与仕元之人也能往来，常与同乡兼好友赵孟𫖯切磋艺事。二人曾就“隶家画”展开一番论述，体现出对“与物传神尽其妙”的“隶家画”的推崇。

《贵妃上马图》（局部）

《贵妃上马图》（局部）

《贵妃上马图》

钱选作，纸本设色，纵 29.5 厘米，横 117 厘米，

美国华盛顿弗利尔美术馆藏

「石如飞白木如籀，写竹还应八法通。若也有人能会此，须知书画本来同。」

# 赵孟頫

【1254—1322年】

字子昂，号松雪、水精宫道人

## 笔砚情犹在，丘壑寄怀抱

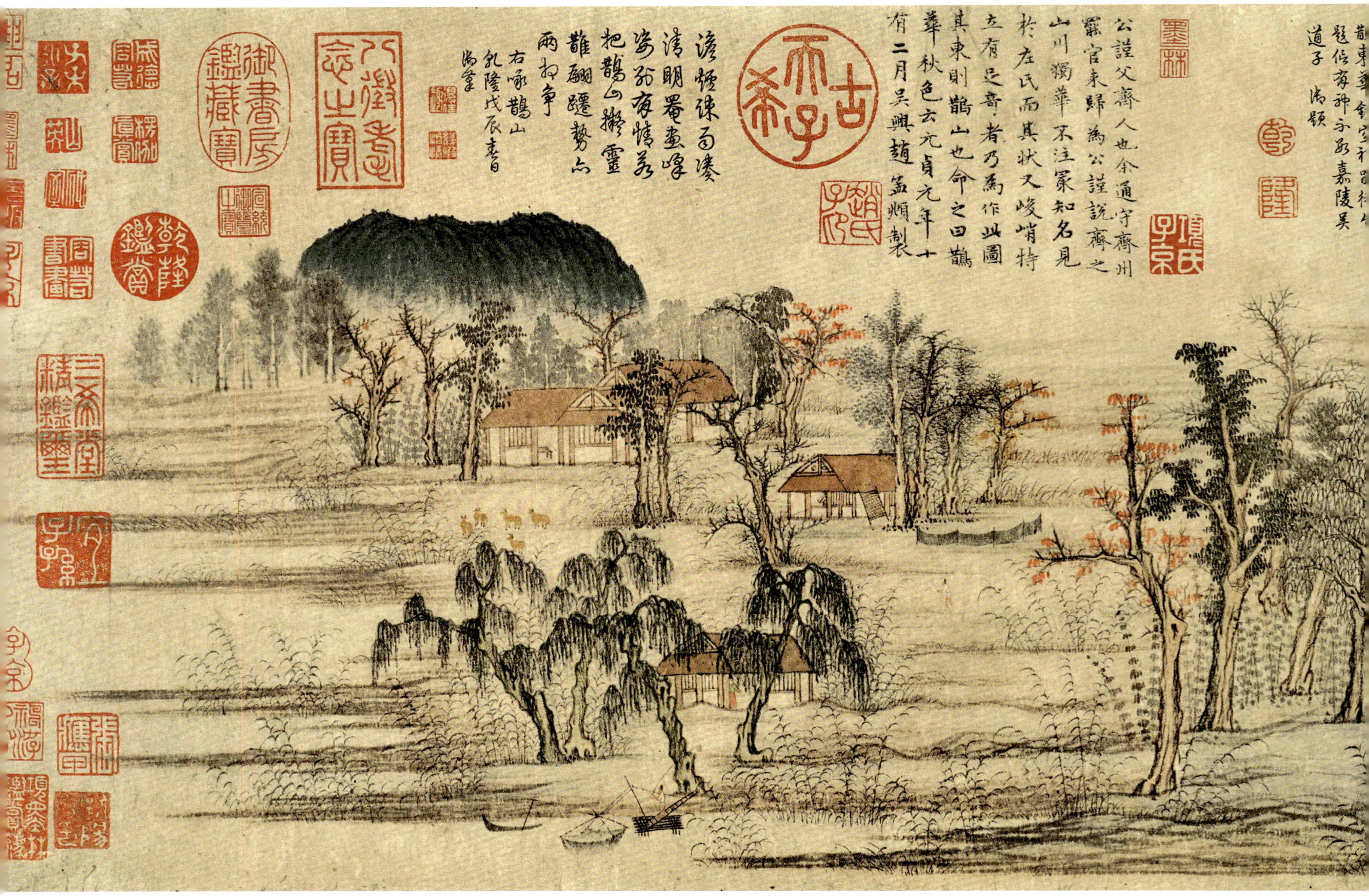

**名满天下，一代宗师**

赵孟頫（1254—1322年）是宋太祖第四子赵德芳第十世孙。父亲爱好书画收藏，在他十一岁时去世；母亲丘氏卓有远见，不仅抚养儿子长大，还时常教育、督促他发奋读书，要“自强于学问”。赵孟頫聪明好学，十四岁因家世代为官亦入补官爵，但是不久南宋灭亡，他只好赋闲在家。母亲再次告诫他，无论时局如何变化，有才能的人必有用武之地，因此更要厚积薄发，以待脱颖而出。而赵孟頫也更加努力，结交了周密、李衎、鲜于枢、郭天锡等饱学之士，互相切磋研究，并在“吴兴八俊”中居首。他自称“三教弟子”，向吴兴的大儒敖君善学习经史知识，又随温日观学佛法，随南谷真人杜道坚学道法。果然如母亲所料，政局稳定后，朝廷开始广泛网罗人才。至元年间，元世祖命程钜夫前往江南搜访遗逸，时年三十三岁的赵孟頫应召北上，开始了仕宦生涯。

赵孟頫怀着远大的志向，致力于施行仁政，修撰国史，铲除奸佞，推荐贤良。他颇受元世祖和仁宗等历代皇帝赏识爱重，且屡次受到“博学多闻”“文词高古”的赞誉，并推恩三代。官位也不断晋升，从从五品一直升至从一品，“荣际五朝，名满四海”，直到六十六岁才被恩准回乡。死后又追封魏国公，谥“文敏”。

**“一生事事总堪惭”**

但是，在表面的无限风光下，赵孟頫内心却时时处在矛盾的煎熬之中。首先，他以赵宋皇孙的身份出仕元朝非常尴尬，这也致使他的仕途并不总是顺利愉快。尽管官至高位，他的南人身份使他一直遭到蒙古人的猜忌与排挤。屡受打压的赵孟頫壮志难酬，最终不过是个“文学侍从之臣”而已。他也时刻遭受着大节有亏的舆论压力和内心痛苦，他的《罪出》一诗抒发了悔恨惭愧之情：

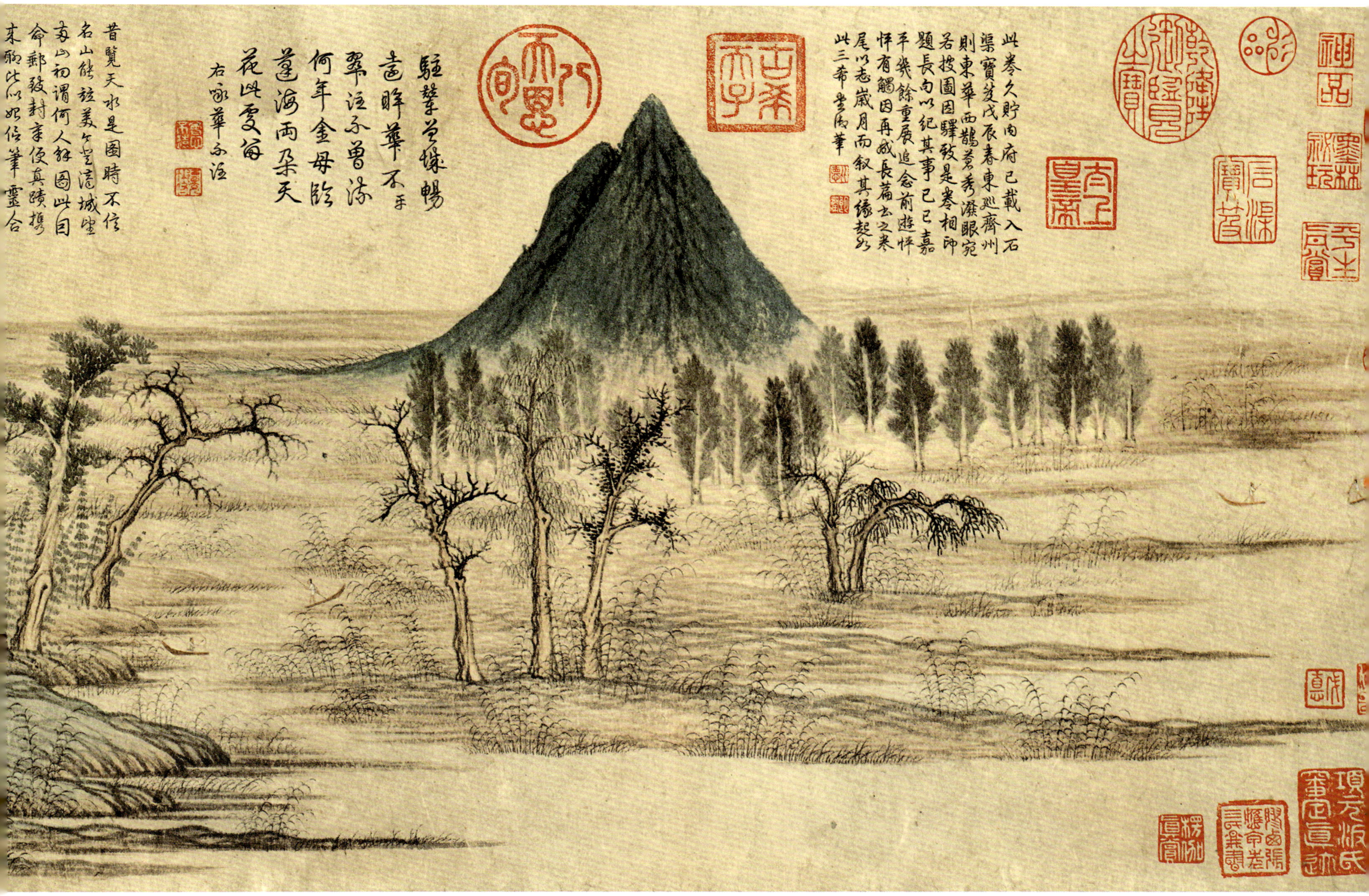

《鹊华秋色图》

赵孟頫作，纸本设色，纵28.4厘米，横90.2厘米，

台北故宫博物院藏

在山为远志，出山为小草。古语已云然，见事苦不早。
平生独往愿，丘壑寄怀抱。图书时自娱，野性期自保。
谁令堕尘网，宛转受缠绕。昔为水上鸥，今如笼中鸟。
哀鸣谁复顾，毛羽日摧槁。向非亲友赠，蔬食常不饱。
病妻抱弱子，远去万里道。骨肉生别离，丘垄谁为扫。
愁深无一语，目断南云杳。恸哭悲风来，如何诉穹昊。

他在六十三岁时作《自警》，仿佛是对自己一生的总结：

齿豁头童六十三，一生事事总堪惭。
惟馀笔砚情犹在，留与人间作笑谈。

赵孟頫去世之后，后世对他的非难较多，尤其是明清时期的李东阳、张丑、傅山、姜绍书等人，甚至由其人品否定其艺品，批评他"大节不惜，故书画皆妩媚而带俗气"。还有许多关于他和赵孟坚的记载，讽刺他仕元之事，实为虚构。但也有理解其困境而为他辩护之人，如僧至仁、文徵明、董穀、陈善等。

赵孟頫作为一介文人，善良宽厚，性情柔顺。他对宋代遗民也一直十分尊敬，与钱选、周密等人关系良好。其实，对于作为艺术家的赵孟頫来说，出仕元朝应是正确的选择。这使他能够往来于南北之间，借此机会搜求并过眼大量唐宋五代大师的绘画，集古大成，达到书画全才的成就。

**画贵有古意，书画本来同**

赵孟頫博学多才，诗文、书画、音律皆通，他"书法二王，画法晋唐，俱入神品"。他的篆、隶、楷、行、草各体均工，书法清丽潇洒（《帝师胆巴碑》，故宫博物院藏），有"超宋迈唐，直接右军"之誉；绘画方面，能作人物、山水、花鸟、鞍马，无论工笔还是写意，设色还是水墨，"天机所激，一学便似"，博采众长，化为己用。他倡导作画"贵有古意"，即摒弃南宋院体刻意外露的风气，上溯唐、五代和北宋，重建古朴典雅、气韵神妙的审美品格。

赵孟頫的山水画源自五代以来的两大传派——董源、巨然与李成、郭熙。他的《水村图》含董巨韵致，《双松平远图》（美国纳尔逊—阿特金斯艺术博物馆藏）则多李郭风骨。尤其是著名的《鹊华秋色图》（第262—263页图），受画人是南宋遗民、鉴藏家周密，为思念故乡济南而作。画面分为三段：右边的华不注山、中间的近景及左边的鹊山。画面气氛统一，古朴稚拙，将元代画家的理想楷模——王维，以及江南山水画的开创者——董源的风格，与自己对自然的感受融为一体，确立了表现诗意及个人抒情的新山水画风。

他的人物鞍马画取法晋唐，吸收古人传统，继而开创新路，如《人骑图》（第270—271页图）。又如仿古风格的《红衣罗汉图》（第266页图），人物、衣饰、树石全用勾勒填色法，高古浓艳。他画马也注意师法自然，据说曾亲身在榻上模仿"滚尘马"的姿态（参见

《水村图》（局部）

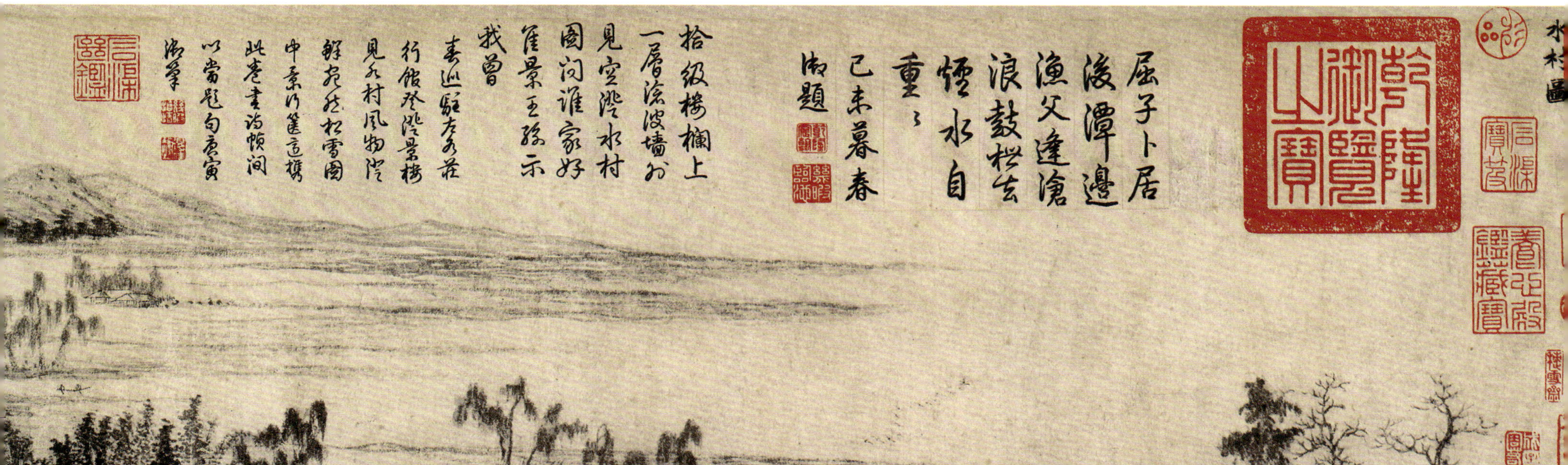


《水村图》

赵孟頫作，纸本水墨，纵 24.9 厘米，横 120.5 厘米，

故宫博物院藏

《红衣罗汉图》

赵孟頫作，纸本设色，纵 26 厘米，横 52 厘米，

辽宁省博物馆藏

对页图

《红衣罗汉图》（局部）

《秋郊饮马图》第272—273页图）。《赵氏三世人马图》（美国纽约大都会艺术博物馆的顾阜洛藏品）由赵孟頫及其子赵雍、其孙赵麟三代人所作，其中赵孟頫所绘的品质最佳。此画是典型的唐代画马主题，延续了曹霸、韦偃、韩幹、李公麟以来的传统谱系。他的《二羊图》（第268页图）画一只山羊与一只绵羊，风格写实，纯用水墨，笔法自由。有学者将此画与另一幅赵孟頫的《苏李别意图》相联系，认为画中暗含一定的政治意蕴：以羊喻人，左边昂头的绵羊较为傲气，反映了苏武的精神；右边低头的山羊神色屈辱，代表李陵。

花鸟竹石题材是赵孟頫理论“书画同笔”的重要载体。他在《秀石疏林图》（第276—277页图）上题：“石如飞白木如籀，写竹还应八法通。若也有人能会此，须知书画本来同。”赵孟頫的墨竹继承文同、苏轼以来的文人画传统，以竹自况，表达高风亮节的文人风度。他引入书法笔法，以“八法”画竹，达到书画合一的境界（参见《赵氏一门三竹图》，第274—275页图）。

赵氏一门皆雅好文学艺术，是最为显赫的艺术家族。赵孟頫之妻管道昇，随夫南北宦游，擅书法，善画墨竹和设色竹图；子赵雍、赵奕，赵雍之子赵麟、赵凤，皆善画；女婿王国器好收藏古玩书画，其子王蒙为元季四家之一。赵孟頫不仅自己艺术成就卓著，而且爱护提携后学，受他指点过的画家有黄公望、朱德润、唐棣、王渊等，这使他成为文艺界众望所归的一代领袖。

《二羊图》

赵孟頫作，纸本水墨，纵 25.2 厘米，横 48.4 厘米，

美国华盛顿弗利尔美术馆藏

对页图

《二羊图》（局部）

子昂常畫馬仲
信却求羊三百
羣中寓一雙性
具良通靈無不
妙拔萃有誰方
跪乳能知孝伊
人家意長
甲辰新正月

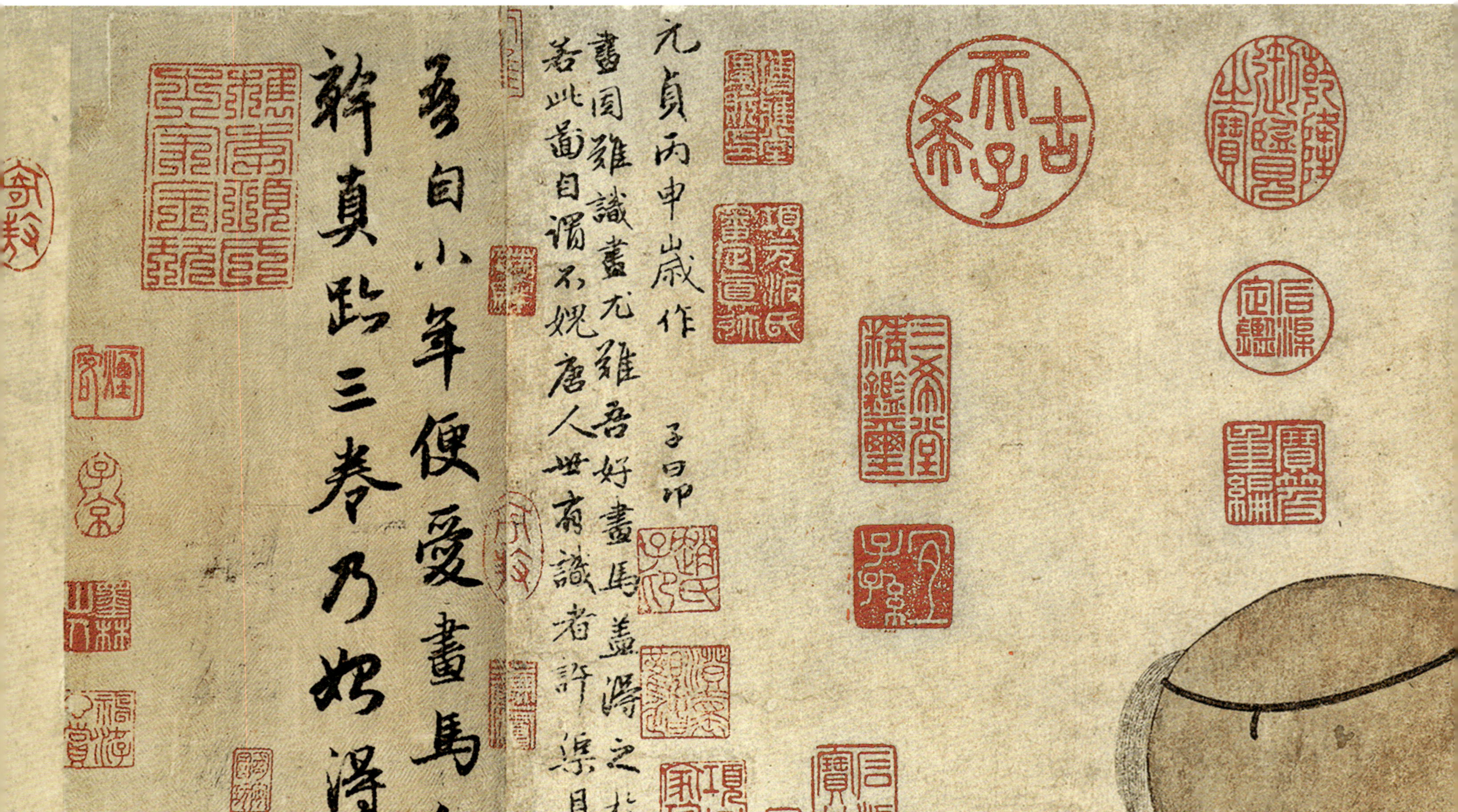
吾自小年便愛畫馬
尔來得見韓幹真跡三卷
乃始得其意云
子昂題
元貞丙申歲作
子昂
畫固難識畫尤難吾好畫馬蓋得之於天頗盡其能事
若此卷自謂不愧唐人世有識者許渠具眼
大德己亥子昂重題

《人骑图》

赵孟頫作，纸本设色，纵 30 厘米，横 52 厘米，

故宫博物院藏

《秋郊饮马图》

赵孟頫作，绢本设色，纵23.6厘米，横59厘米，

故宫博物院藏

至治元年八月十二日
松雪翁為中上人作

仲穆

上图

《赵氏一门三竹图》（局部）

《赵氏一门三竹图》

赵孟頫、管道昇、赵雍作，纸本水墨，

纵 34 厘米，第一段横 108 厘米、第二段横 57 厘米、第三段横 65 厘米，

故宫博物院藏

《秀石疏林图》

赵孟頫作，纸本水墨，纵 27.5 厘米，横 62.8 厘米，

故宫博物院藏

子昂

# 高克恭

【1248—1310年】
字彦敬，号房山

高侯画山谁与匹

『元气淋漓。』

高克恭（1248—1310年）是回族人，属色目人，在元代是第二等公民 。他的祖先是西域人，祖父辈就与汉族通婚。父亲儒学功底深厚，曾蒙元世祖召见，受六部尚书器重，招为驸马，但无意仕宦，居家研学。高克恭是家中长子，受父亲影响，熟读经籍，二十六岁步入仕途，一路顺畅，官至正三品。他从政勤勉，恪尽职守，体恤民情，倡导“敦学校，选实才，汰冗官，增吏俸，慎刑狱”。他为官清廉，任满归家时“行李无长物”，连路费都要向人筹借，去世时更是未留下任何财产。

高克恭受父亲隐居影响，一生无欲无求，唯好挥洒丹青。而在江南任职期间，高克恭与赵孟頫、鲜于枢、邓文原等文人多有交往，这也为他的绘画艺术打开了新局面。他的山水学大小米、董巨、李成，最大贡献在于将米芾发明的云山“墨戏”向前推进，最终规范化，纳入文人画语言体系。高克恭混合了南北两地的山水画艺，用南方风格画北方的高山巨峰。全景式山水主峰堂堂，画风磊落，笔精墨润，气格宏伟，雄秀并举，被推为“当代第一”。如果说《春山晴雨图》（台北故宫博物院藏）还存在“秀润有余，颇乏笔力”的弱点，十年之后的《云横秀岭图》（对页图）则更显笔法厚重，墨色淋漓，树老石苍，明丽洒落。另外，存世高克恭名下的作品有《秋山暮霭图》（第280—281页图）一件，气韵温润，生动再现烟云变幻之态。

高克恭的墨竹学金人王庭筠，笔墨厚重朴拙，神韵独特。他对自己的墨竹很有信心，曾经点评道：“子昂（赵孟頫）写竹，神而不似；仲宾（李衎）写竹，似而不神。其神而似者，吾之两此君也。”此话有点言过其实。

高克恭虽是一位少数民族画家，但凭借孜孜不倦的钻研，取得了与赵孟頫齐名的地位，时人称“近代丹青谁最豪，南有赵魏北有高”。

对页图
《云横秀岭图》
高克恭作，绢本设色，纵182.3厘米，横106.7厘米，
台北故宫博物院藏

上图
《云横秀岭图》（局部）

第280—281页图
《秋山暮霭图》
高克恭作，纸本浅设色，纵47.5厘米，横84厘米，
故宫博物院藏

溪草舍隔林中望
除雲山翠幾重長憶
雨餘閒倚馬輕鞭遥
指浙三峯
鄧文原

# 黄公望

【1269—1354年】字子久，号大痴道人

艺林冲霄第一峰

『当年亲见公挥洒，松雪斋中小学生。』

**仕途坎坷，息心归道**

黄公望（1269—1354年）本姓陆，父母早逝，家贫无依，后出继永嘉黄氏为嗣，“其父九十始得之，曰：黄公望子久矣。”因而改名公望，字子久。他幼年机智聪敏，有神童之称，稍长后更是博学多才，无所不通。黄公望积极进取，抱负远大，但一直未获得出仕的机会，直到中年才被征辟为书吏。然而，天有不测风云，他的上司张闾在江南“经理田粮”时，不恤民情，盘剥百姓，导致民不聊生，农民起义。政府将张闾治罪，黄公望也受牵连入狱。这时他已经四十七岁，对于一个年幼立志、才华横溢却又艰难谋生的低级官吏来说，不啻是走到了绝境。黄公望受到牢狱之灾的打击，心灰意冷，下定决心“弃人间事”，断绝功名之心。

出狱之后，年过五旬的黄公望经过友人张雨、杨维桢、方从义、倪昭奎等人的推介，终于决定加入全真教。入教后，他又与金蓬头、莫月鼎、冷启敬、张三丰、倪瓒、王蒙等师友往来频繁，诗酒相酬，还在苏州天德桥设立了三教堂，吸收教众，宣讲教义。他晚年隐于杭州筲箕泉，后归富春，时常往返于虞山、苏州、无锡、松江等地，以卖卜和课徒为生，过着云游四方、逍遥自在的生活，同时不忘图写自然，致力于山水画的写生和创作。

**寓道于艺，寄情翰墨**

黄公望早年受赵孟頫的影响较大，曾有诗云：“当年亲见公挥洒，松雪斋中小学生。”赵孟頫主张回溯晋唐那种高古雅正、淡然平和的境界，对黄公望平淡天真、萧散简远的艺术风格的形成具有直接影响。在技法上，他博取众家，以董源、巨然开创的江南画派风格为主，同时也将北方画派荆浩、关仝、李成的技法为己所用，化为一种鲜活灵动的笔墨：抑扬顿挫的笔触、刚柔疏密的线条、浓淡干湿的墨色，呈现出清新爽利、秀润华滋的艺术形象。黄公望早年画风取景繁复，构图饱满；中晚年以后，形成自身独特面貌，进入艺术创作的成熟期和高产期。他的画风秀逸苍润，“峰峦浑厚，草木华滋”，有浅绛和水墨两种面目：前者先以水墨勾画，再用花青、赭石颜料渲染，山顶处多矾头，笔势雄健；后者皴法较少，以书法笔法入画，意境秀逸简远，极富神韵。他存世的画作主要有《富春山居图》、《快雪时晴图》、《九峰雪霁图》（第288页图）、《丹崖玉树图》、《天池石壁图》（第286页图）等。

**山水语录，言简意赅**

元人陶宗仪称黄公望“画入逸品，其所作山水诀亦有理致”。黄公望在其著述《写山水诀》中表达了他个人的绘画思想及创作心得。《写山水诀》篇幅简短，共三十二则，类似语录，可能是在作画之余信手写下的心得体会，也可能是在口授时弟子的记录。文字通俗浅显，让后人易于理解而又受益匪浅。

黄公望对笔法、用墨、画树石水法等进行了详细的阐释，如论用笔方法：

“山水中用笔法，谓之筋骨相连，有笔有墨之分。用描处糊突其笔，谓之有墨。水笔不动描法，谓之有笔。”

论用墨顺序：

“作画用墨最难，但先用淡墨，积至可观处，然后用焦墨、浓墨，分出畦径远近，故在生纸上有许多滋润处。”

论画树方法：

“树要四面俱有干与枝，盖取其圆润。树要有身分，画家谓之纽子。要折搭得中，树身各要有发生。树要偃仰稀密相间，有叶树枝软，面后皆有仰枝。”

论画石法：

“石无十步。真石看三面，用方圆之法，须方多圆少。”“画石之法，最要形象不恶。石有三面，或在上，或在侧，皆可为面，临笔之际，殆要取用。”

论画水法：

“山水中唯水口最难画。远水无湾，远人无目。”“水出高源，自上而下，切不可断脉，要取活流之源。”

元季四家——黄公望、王蒙、倪瓒、吴镇的创作，集中体现了当时山水画的最高成就。其中，黄公望最能体现出元代绘画的时代特征，对后世影响也最为广泛深远。

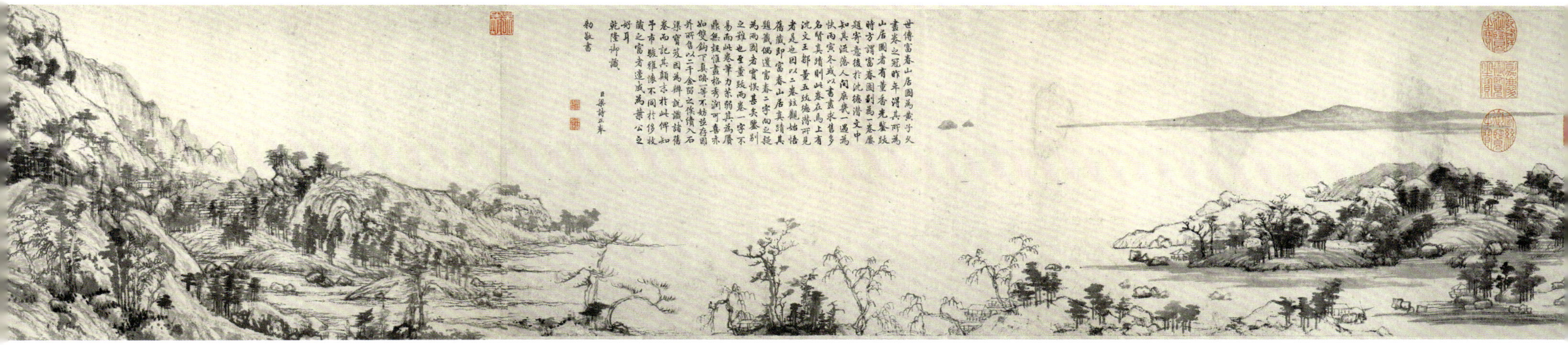

《富春山居图》（无用师本）

黄公望作，纸本水墨，33厘米，横636.9厘米，台北故宫博物院藏

第284—285页
《富春山居图》（无用师本，局部）

《天池石壁图》

黄公望作，绢本设色，纵 139.4 厘米，横 57.3 厘米，故宫博物院藏

对页图

《天池石壁图》（局部）

《九峰雪霁图》

黄公望作，纸本水墨，纵 117 厘米，横 55.5 厘米，故宫博物院藏

对页图

《九峰雪霁图》（局部）

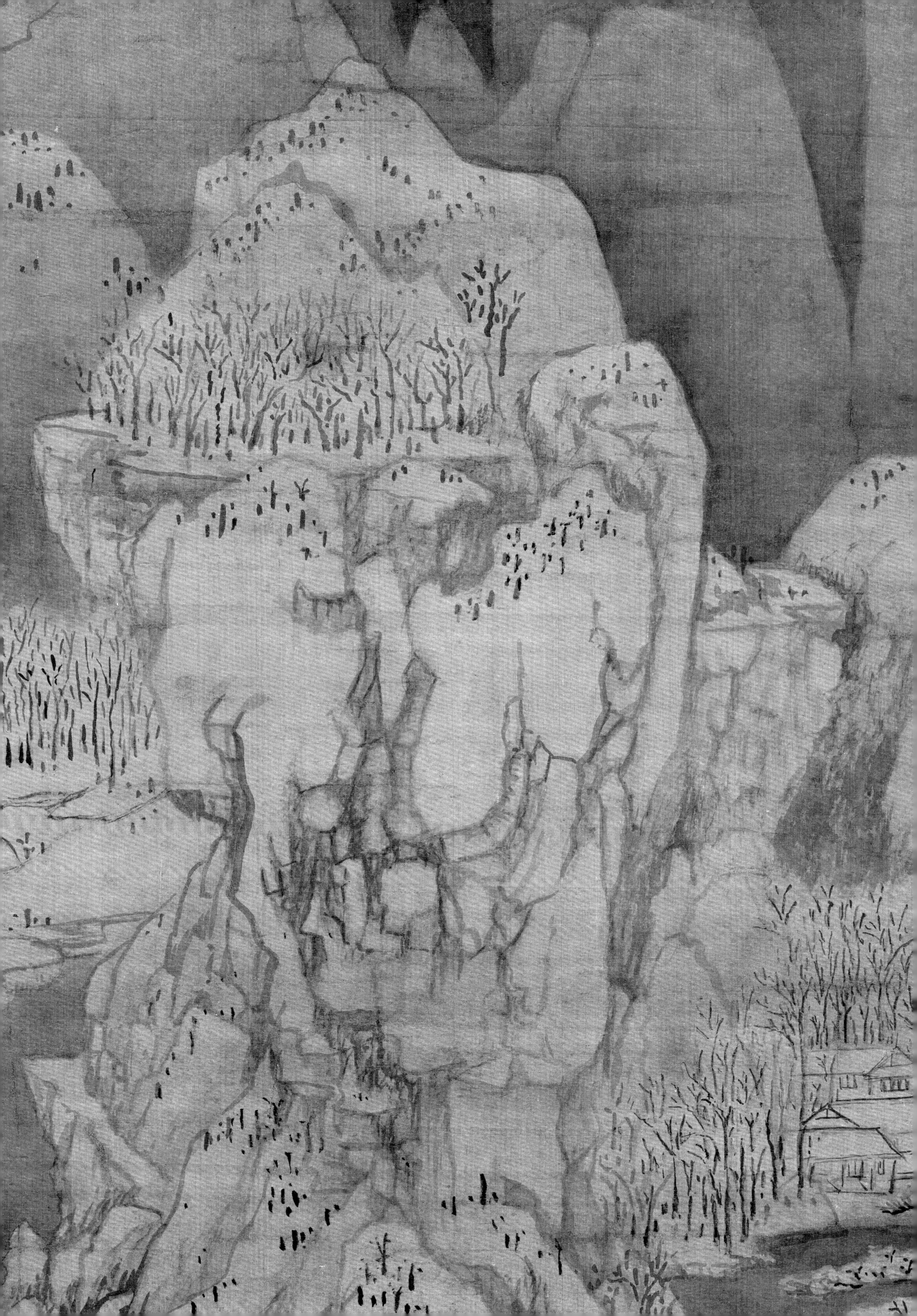

# 吴镇

【1280—1354年】

字仲圭，号梅花道人

梅花道人，抗简孤高

『目断烟波青有无，霜凋枫叶锦模糊，千尺浪，四鳃鲈，诗筒相对酒葫芦。』

吴镇（1280—1354年）出身嘉兴望族，祖先以航海、运输为业，世代从事国际海上贸易活动，有“大船吴”之称。历来对吴镇有种误解，认为他清贫寂寞，甚至沦落到以卖卜为生。其实，他靠着父辈留下的商船生意，家境富庶优裕，卖卜只是他信奉全真教，“识心见性，除情去欲”的一种修道方式。

吴镇终生未仕，好研习佛道，“有山僧道人之气”。过着幽居的隐士生活，唯酷爱梅花，家中遍植，号梅花道人、梅花和尚、梅沙弥等。他个性鲜明，“抗简孤洁，高自标表”，不与权贵往来，也很少参与文人雅集活动，常以诗书画自娱：

> 依村构草亭，端方意匠宏。
> 林深禽鸟乐，尘远竹松清。
> 泉石俱延赏，琴书悦性情。
> 何当谢凡近，任适慰平生。

吴镇长于山水、竹石，题材虽狭，但其书画“无一点烟火气”。他师法董、巨，又兼取二米。与其他山水画家多作“山居”不同，吴镇多画“渔隐”，反复描绘江上一叶扁舟、渔父悠然垂钓的主题（对页图）。他笔下的渔夫其实是自我的真实写照：“目断烟波青有无，霜凋枫叶锦模糊，千尺浪，四鳃鲈，诗筒相对酒葫芦。”他也正如那些渔夫一样，“只钓鲈鱼不钓名”，抛弃俗累，远离尘嚣，于天地万物合而为一。吴镇的竹石也有相当高的水平，“仲圭以画掩其竹”。他画竹多取一支，以草书笔法入画（第292—293页图），还有《竹谱》多册，后者详细论述画竹的规矩法度。

在“元四家”中，吴镇最擅湿笔画法，“水墨淋漓障犹湿”，且行笔藏而不露，“笔墨沉郁，气格古朴”，意境苍茫沉穆，淡泊宁静。吴镇还擅草书，学唐人，又能作诗，“吐属自能拔俗”，诗词书画很好地在作品中结合。尽管他在署款中常说自己是“墨戏之作”，实际笔笔认真，处处精心，丝毫不见信手涂抹之迹，达到“心手两相忘，融化同造物”的境界。

上图

《渔父图》（局部）

《渔父图》

吴镇作，绢本水墨，

纵 84.7 厘米，横 29.7 厘米，

故宫博物院藏

《墨竹谱》（其一、其二）
吴镇作，纸本水墨，纵 40.3 厘米，横 52 厘米，
台北故宫博物院藏

# 倪瓒

【1301—1374年】

字元镇，号幼霞，别号云林子

倪郎作画如斫冰

『逸笔草草，不求形似。』

倪瓒（1301—1374年）出身于无锡有名的豪富之家。他虽然幼年丧父，但长兄倪昭奎继承家业，对倪瓒的关照无微不至。倪昭奎随金蓬头研习道法，又担任玄文宫（道观名）主持并受封真人，是道教中的上层人物，地位显赫。倪瓒因此过着无忧无虑的生活，每天只是“闭门读书史”“放笔作词赋”，建清閟阁、云林堂，终日抚琴读书，赏玩书画（第298—299页图）。然而，天有不测风云，二十多岁时，兄长和嫡母相继去世，生母不能主持家务，倪瓒不得不成为家中的顶梁柱。原先只会“白眼视俗物”的他，只能打起精神，应付着赡老抚幼、收送地租、迎拜胥吏等一系列的繁杂事务。又恰逢元末农民起义频发，倪瓒不堪世事烦扰，他的《述怀》一诗表达了自己苦闷的心情：

钓耕奉生母，公私日侵凌。
黾勉三十载，人事浩纵横。
输租膏血尽，役官忧病婴。
抑郁事污俗，纷攘心独惊。
磬折拜胥吏，戴星候公庭。
昔日春草晖，今如雪中萌。

后来，他干脆变卖家产，过着半隐居式的生活。直到明朝建立，倪瓒再次归家，却因田产税务问题身陷囹圄，又被迫外逃，最终病死在亲戚家中。倪瓒“清眉秀目，单口须髯”，恍若“神仙中人”，又好洁成癖。他不仅频换衣物，时刻打扫，就连家中的梧桐树都要日日用水擦洗。倪瓒画如其人，画面多为疏林坡岸，简洁明快，干净纯粹。他的山水学董源、荆浩、关仝，兼师李成，自创“折带皴”。倪瓒的绘画艺术以他的中后期成就最高，且最受世人称道。他的中后期作品绝少着色，一河两岸，空旷简淡，前景是一滩坡石，间几棵枯树；远景山丘平缓；中间是空白的水面，是太湖一带的典型景致。用笔轻柔，似嫩实苍，墨色干淡，惜墨如金，画面恬淡静谧，笔简而意蕴无穷，如《渔庄秋霁图》(对页图)、《容膝斋图》(第296页图)。倪瓒亦工诗，诗风清新古雅，冲淡萧散。又擅书法，小楷有晋唐风致，工整古朴，书写在画面上，既连接上下景物，又别具风貌。

倪瓒还擅长竹石题材。他自称画竹仅是为了抒发“胸中逸气”，并不在乎是否形似，无所谓“似与非”“叶之繁与疏，枝之斜与直”。这反映出他受到苏轼“论画与形似，见与儿童邻”的启发，他“逸笔草草，不求形似”的理论也对明清文人画影响极大。不过，客观地说，他笔下的竹子是寄情写意的载体，也并未完全摆脱物象来造型。这类题材代表作如《琪树秋风图》(第297页图)。

在“元四家”中，倪瓒存世的作品是最多的，对后世影响也很大。董其昌对倪瓒极尽赞美，称“三家（吴镇、黄公望、王蒙）皆有纵横习气，独云林古淡天然，米痴后一人而已”。清初，皖南人喜爱倪瓒画风，如清初四僧之弘仁，以家中有无倪画作为判断清浊俗雅的标准。但是没有了倪瓒那种精神状态和思想境界，后人很难复制他的成就。就连沈周每次学倪瓒画风，他的老师赵同鲁都连呼“又过矣！又过矣！”正是太湖旷远清幽的景致与倪瓒孤寂疏离的心境合而为一，才产生了这样平淡天真的艺术境界。

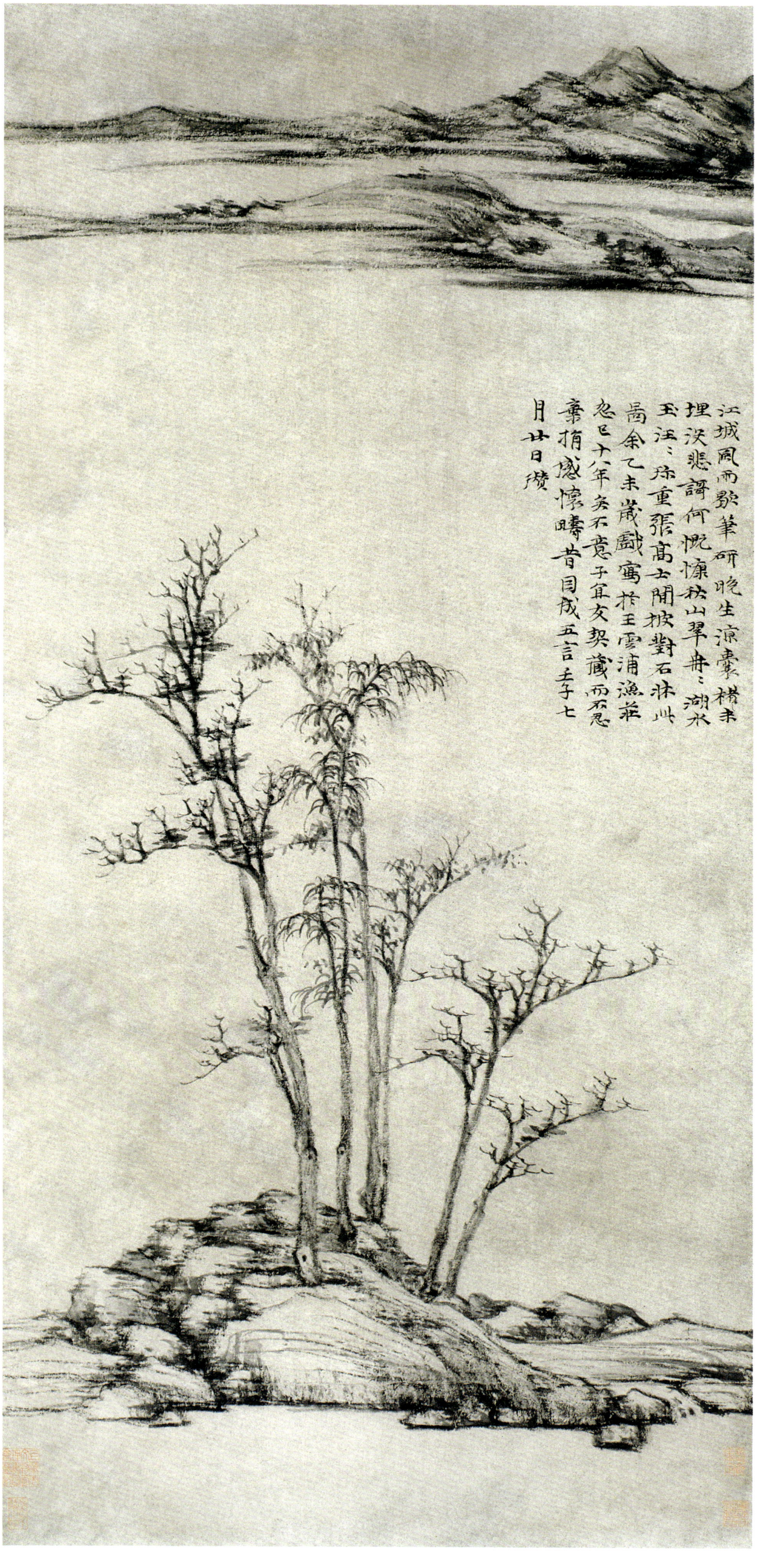


《渔庄秋霁图》

倪瓒作，纸本水墨，纵 96.1 厘米，横 46.1 厘米，
上海博物馆藏

左图

《容膝斋图》

倪瓒作，纸本水墨，纵 74.4 厘米，横 35.5 厘米，台北故宫博物院藏

右页图

《琪树秋风图》

倪瓒作，纸本水墨，纵 62 厘米，横 43.3 厘米，上海博物馆藏

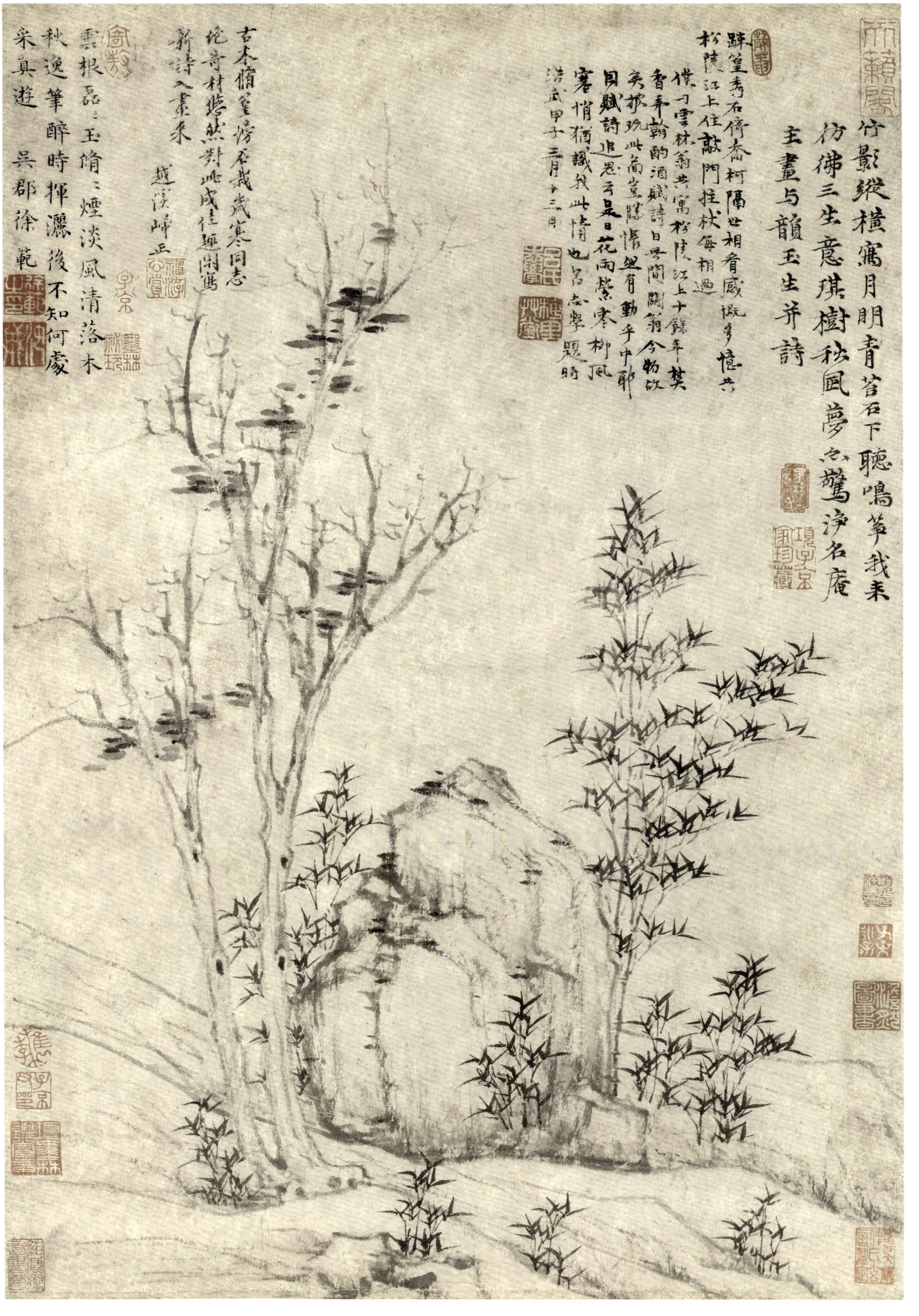
竹影縱橫寫月明青苔石下聽鳴箏我来彷彿三生意琪樹秋風夢亦驚净名庵主畫与韻玉生并詩

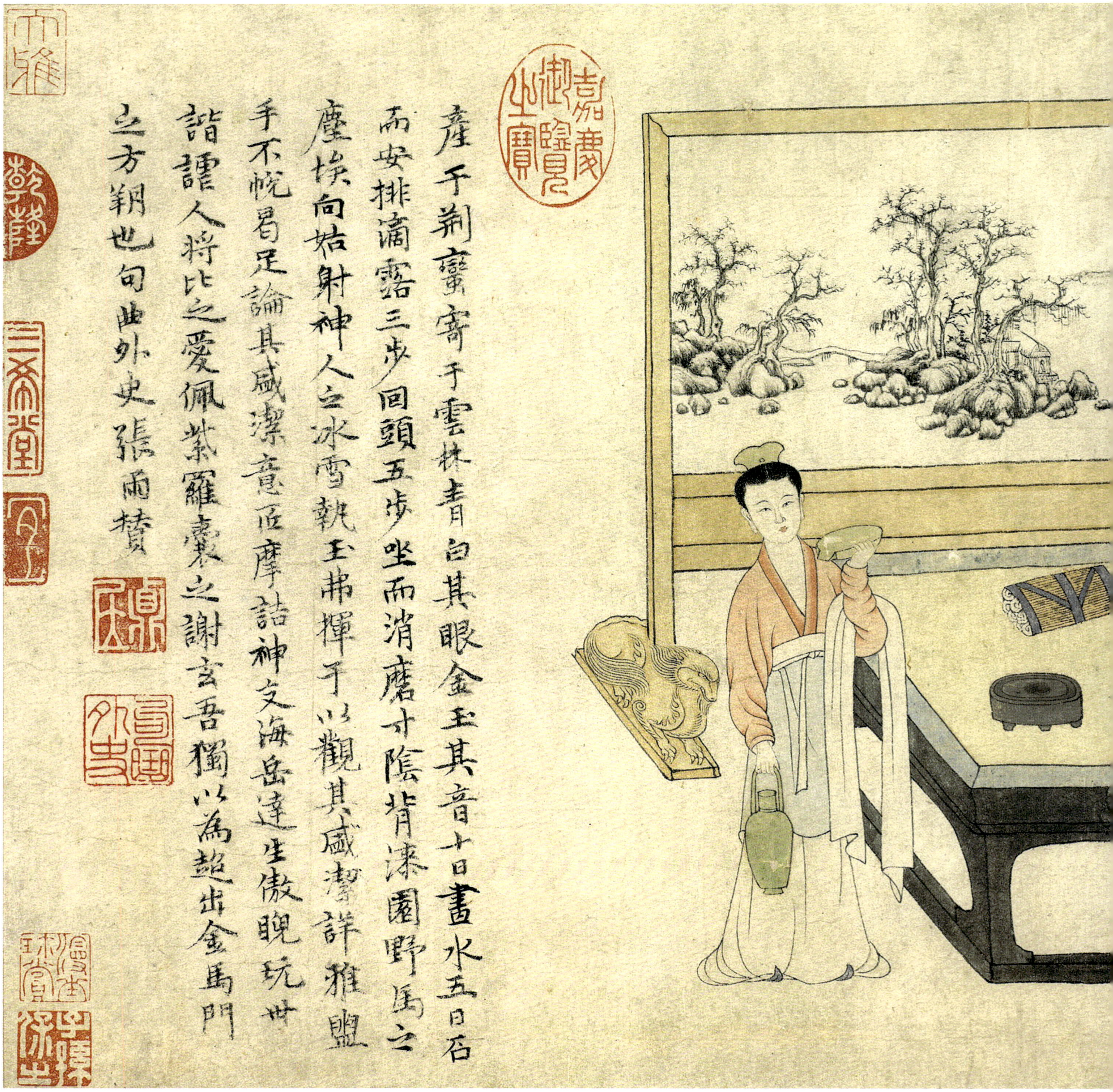
產于荊蠻寄于雲林青白其眼金玉其音十日畫水五日石
而安排滴露三步回頭五步坐而消磨寸陰背漆園野馬之
塵埃向姑射神人之冰雪執玉弗揮于以觀其盛潔詳雅盥
手不悅君足論其盛潔意匠摩詰神交海岳達生傲睨玩世
諧謔人將比之愛佩紫羅囊之謝玄吾獨以為超出金馬門
之方朔也句曲外史張雨贊

**《题倪瓒像卷》**

张雨作，绢本设色，纵 28.2 厘米，横 60.9 厘米，

台北故宫博物院藏

# 王蒙

【1308—1385年】

字叔明，号黄鹤山樵、香光居士

王侯笔力能扛鼎

『叔明笔力能扛鼎，五百年来无此君。』

王蒙（1308—1385年）的出身较为高贵，“王侯前朝驸马孙”（杨维桢诗），说明其祖先在宋代地位显赫，但相关生平事迹记载较少。他又是赵孟頫的外孙，父亲王国器也喜好鉴藏，自幼就接受艺术熏陶。但王蒙不甘于寂寞，始终怀有入世之心，几仕几隐。他青年时才华横溢，做过元朝的小官。由于元末动乱，王蒙隐居杭州黄鹤山中。在张士诚占领浙西时，王蒙曾在其政权中任长史。朱元璋打败张士诚后，王蒙又回到山中。明王朝建立后的洪武初年，王蒙再次不顾老友倪瓒的劝阻而出山，出任山东泰安知州。由于王蒙声名鹊起，丞相胡惟庸也曾召他入府观画，结果胡惟庸因涉嫌谋逆遭镇压时，株连数万人，年迈的王蒙也因和他有过往来而受到牵连入狱，最后病死在狱中。他去世后，陶宗仪作《哭王黄鹤》以示悲恸之情：

> 人物三珠树，才华五凤楼。世称唐北苑，我谓汉南州。
> 大梦麒麟化，惊魂狴犴愁。平生衰老泪，端为故人流。

在“元四家”中，当属王蒙的功力最为深厚、技法最为全面。王蒙继承董源、巨然传统，又受到外祖父赵孟頫、赵氏家族中人及黄公望、倪瓒等人的指点传授，画艺精湛。倪瓒盛赞他“叔明笔力能扛鼎，五百年来无此君”。王蒙多画隐士的隐居生活，重峦叠嶂，布局繁密，层次丰富，山川浑茂，草木华滋。他画风严谨，独具特色，精于刻画，善用解索皴、牛毛皴、淡墨枯笔皴。

王蒙的山水有设色和纯水墨两种面貌。设色之作《具区林屋图》（对页图）、《太白山图》（第305—307页图）山峦连绵，松柏茂密，色彩明丽；《丹山瀛海图》（上海博物馆藏）云海环山，景色奇瑰；《葛稚川移居图》（第308页图）画晋代葛洪举家隐居罗浮山的故事，构图繁复，着色鲜明；《谷口春耕图》（台北故宫博物院藏）描绘画家隐居之所黄鹤草堂的景色。水墨山水《青卞隐居图》林木繁密，苍浑秀逸，被董其昌评为“天下第一”，而当他泛舟至卞山下时更是感叹“能为此山传神写照者，唯王蒙而已”；《夏日山居图》（第310页图）也是他晚年的杰作，体现了他最纯熟的风格。

对页图

《具区林屋图》

王蒙作，纸本设色，纵68.7厘米，横42.5厘米，台北故宫博物院藏

第302—304页图

《青卞隐居图》

王蒙作，纸本水墨，纵140.6厘米，横42.2厘米，上海博物馆藏

區林屋
明為
日章畫

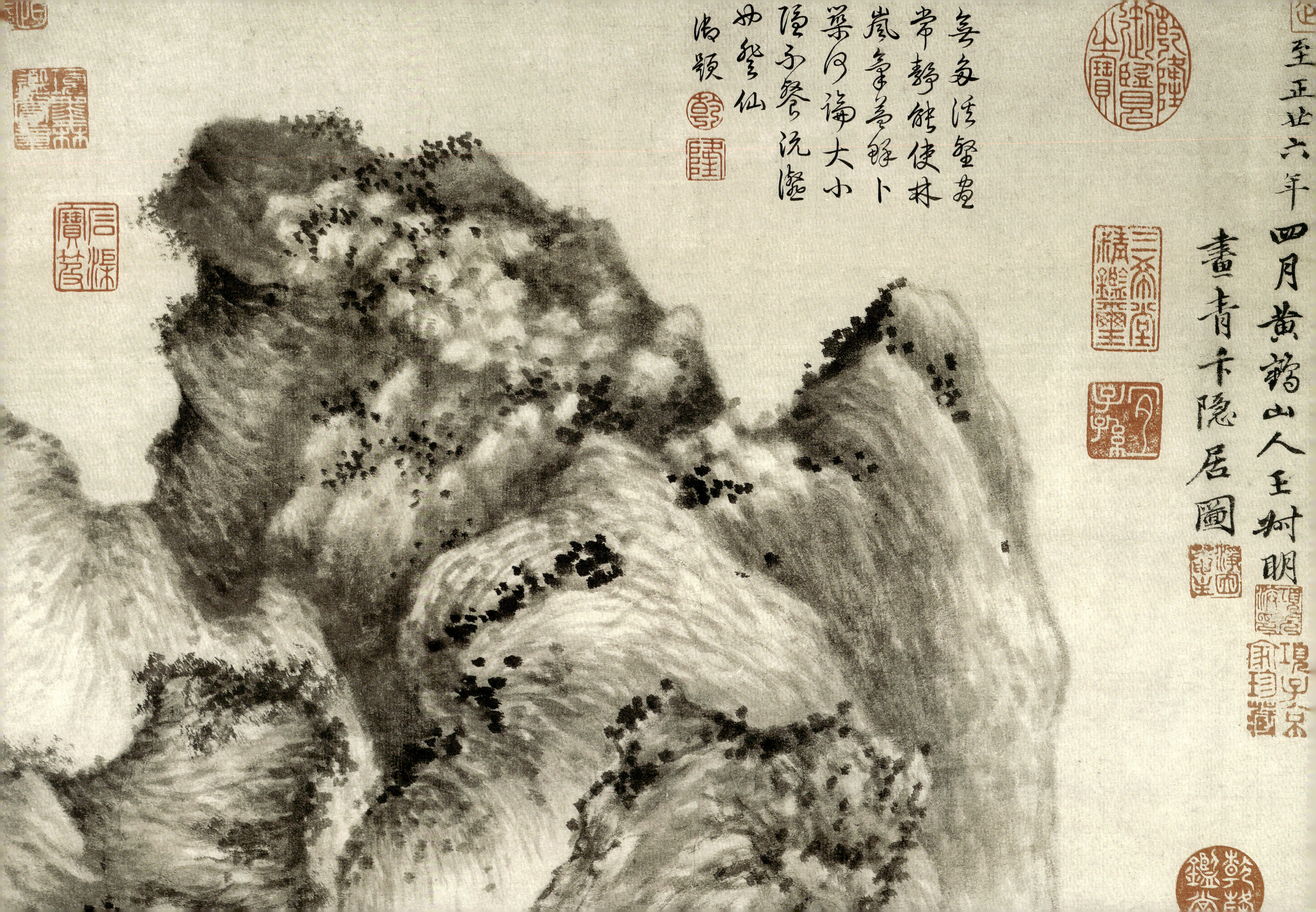
至正廿六年四月黄鹤山人王叔明
画青卞隐居图

《太白山图》（局部）

王蒙作，纸本设色，纵 28 厘米，横 238.2 厘米，

辽宁省博物馆藏

《葛稚川移居图》

王蒙作，纸本设色，纵 139 厘米，横 58 厘米，

故宫博物院藏

对页图

《葛稚川移居图》（局部）

《夏日山居图》

王蒙作，纸本设色，纵 118.4 厘米，横 36.5 厘米，

故宫博物院藏

对页图

《夏日山居图》（局部）

# 唐棣

【1296—1364年】

字子华，号遁斋

清森华润

美术史学者认为，元代山水画坛李郭派势弱的原因在于，李郭派的盛行多由国家赞助，即大型营造工程需山水画装堂饰壁，但元末战乱使得这类工程锐减，画家失去了有力支持而走向衰落。元代的李郭派与董巨派有融合的趋势，主要画家有唐棣（1296—1364年）、曹知白、朱德润、姚彦卿等。其中，唐棣最为专一，总体风貌仍以郭熙为主。

唐棣幼年早慧，有神童之称，因才学受到赵孟頫的赏识，又经赵氏结识马煦并被保荐入仕，当时还不到二十岁。唐棣奉仁宗命令绘制御屏，挥洒立就，也在南京大集庆龙翔寺（元文宗在南京的潜邸）作壁画。唐棣“以辞翰名世，然实长于政务”，他的仕途比较顺畅，工作认真勤勉，在任休宁县尹时为民意甚至不惜与上司顶撞。

唐棣的绘画笔法严谨，一丝不苟，较少有枯寒冷寂的气氛（《松荫聚饮图》，对页图）。他的山水画中多有人物活动，如《摩诘诗意图》（第315页图）、《云浦拏舟图》中都表现了普通的渔民形象，比纯粹的风景画更富生活气息和人情味。

上图

《云浦拏舟图》（《元人十册》中一开）

唐棣作，绢本浅设色，纵25.6厘米，横31.4厘米，台北故宫博物院藏

对页图

《松荫聚饮图》

唐棣作，绢本水墨，纵141.1厘米，横97.1厘米，上海博物馆藏

元统甲戌冬十月吴兴唐棣子华製

上、下图

《摩诘诗意图》（局部）

对页图

《摩诘诗意图》

唐棣作，绢本浅设色，纵 129.1 厘米，横 68.8 厘米，

美国纽约大都会艺术博物馆藏

治三年春三月吳興唐棣子華寫
詰詩意圖

# 任仁发

【1254—1327年】

字子明，号月山道人

月山用笔逼龙眠

『法备而神完』

任仁发（1254—1327年）与赵孟頫、高克恭生活在同一时代、但远远没有他们二人那么声名显赫。他的先祖为江苏邳县人，后徙居松江府上海县青龙镇，20世纪50至90年代，在上海青浦高家台出土了任仁发家族的墓群。他出身寒微，却少负异才，年仅十八岁便中举，正当他准备一展抱负之际，却遭遇了南宋灭亡、元朝建立的社会变革，他的科举入仕之路也因此受阻，人生面临重大转折。此后，任仁发成为一名以水利专长闻名的技术官员，在长达四十余年的任上参与了吴淞江、通惠河、黄河、太湖、淀山湖、练湖等处的大型疏浚工程，还因治水有功受到皇帝接见，他所著十卷《水利集》是对元中期太湖流域治水研究与实践的系统总结，得到了后世高度评价。

公务之余，任仁发寄情书画，“吏事之余，偶图肥瘠之马。”他“书学李北海，画学李公麟”，具有很高的艺术造诣。他是位绘画通才，人物、鞍马、花鸟均精，技法精湛，直追李公麟。尤其是他笔下的骏马，用笔工细圆劲，设色古雅纯净，姿态生动自然，有唐人遗风，亦深受蒙古统治者喜爱。他曾奉敕摹画御苑名马，可与曹霸、韩幹媲美，与赵孟頫齐名（第318—319页图）。杨维祯对其成就大加赞誉：

上图

**《张果见明皇图》（局部）**

**《张果见明皇图》**

任仁发作，绢本设色，纵 41.5 厘米，横 107.3 厘米，

故宫博物院藏

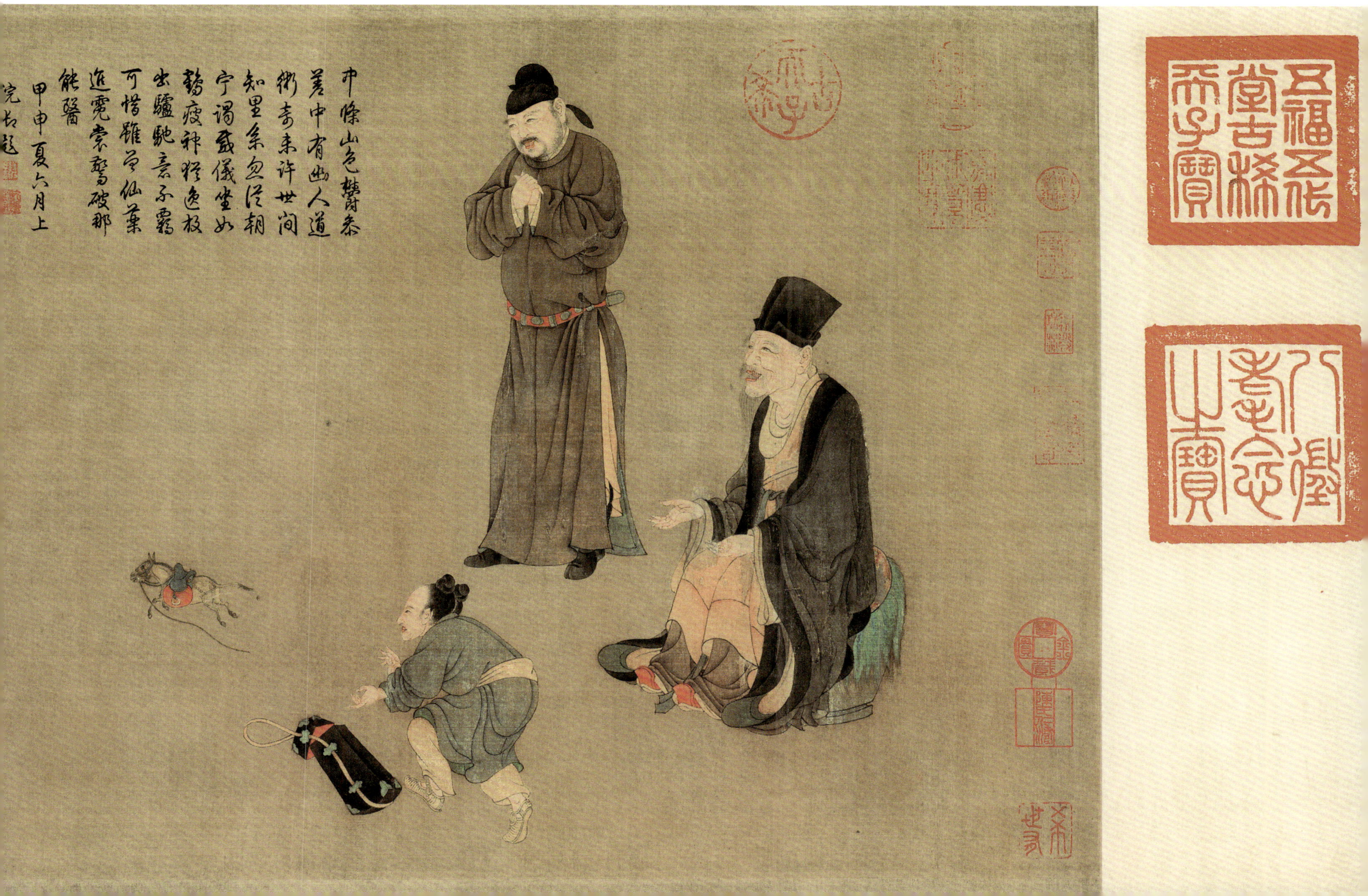

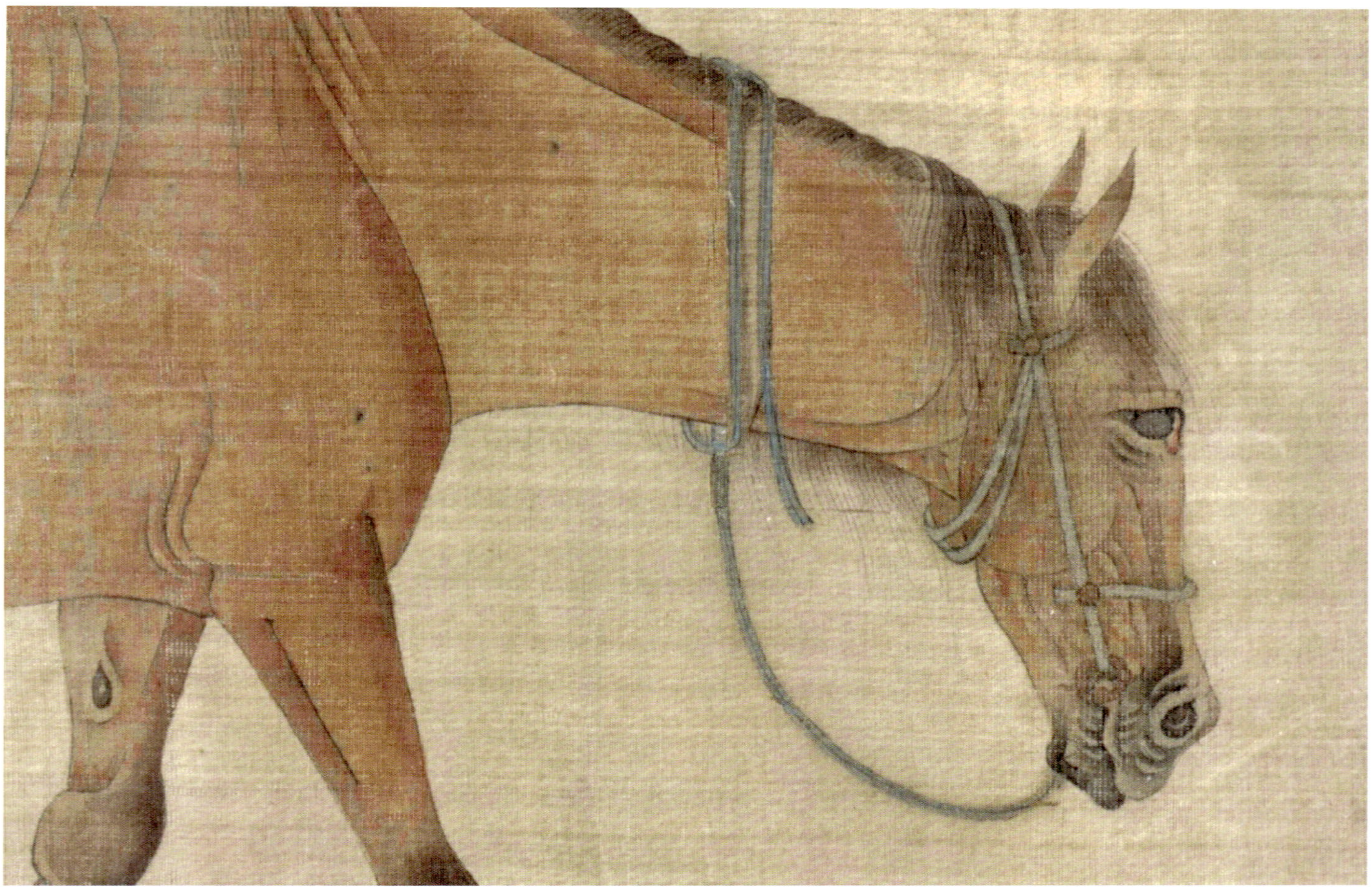

任公一生多马癖，松雪画马称同时。已知笔意有独得，天育万骑皆吾师。

顾瑛也有诗评价任仁发画马曰：

月山（任仁发之号）道人画唐马，笔力岂在吴兴下。

任仁发的《二马图》将一匹膘肥肉厚的马和一匹瘦骨嶙峋的马相对比，以马比喻官员，表达了怀才不遇的现状与壮志难酬的慨叹。另一幅《张果见明皇图》（第316—317页）描绘了唐玄宗与传说中的“八仙”之一张果老及其弟子相见的传奇故事，这是当时流行的道教故事题材，人物造型准确，形象饱满。

任仁发家族家学渊源，他的儿孙们继承了治水和绘画两方面的才能。

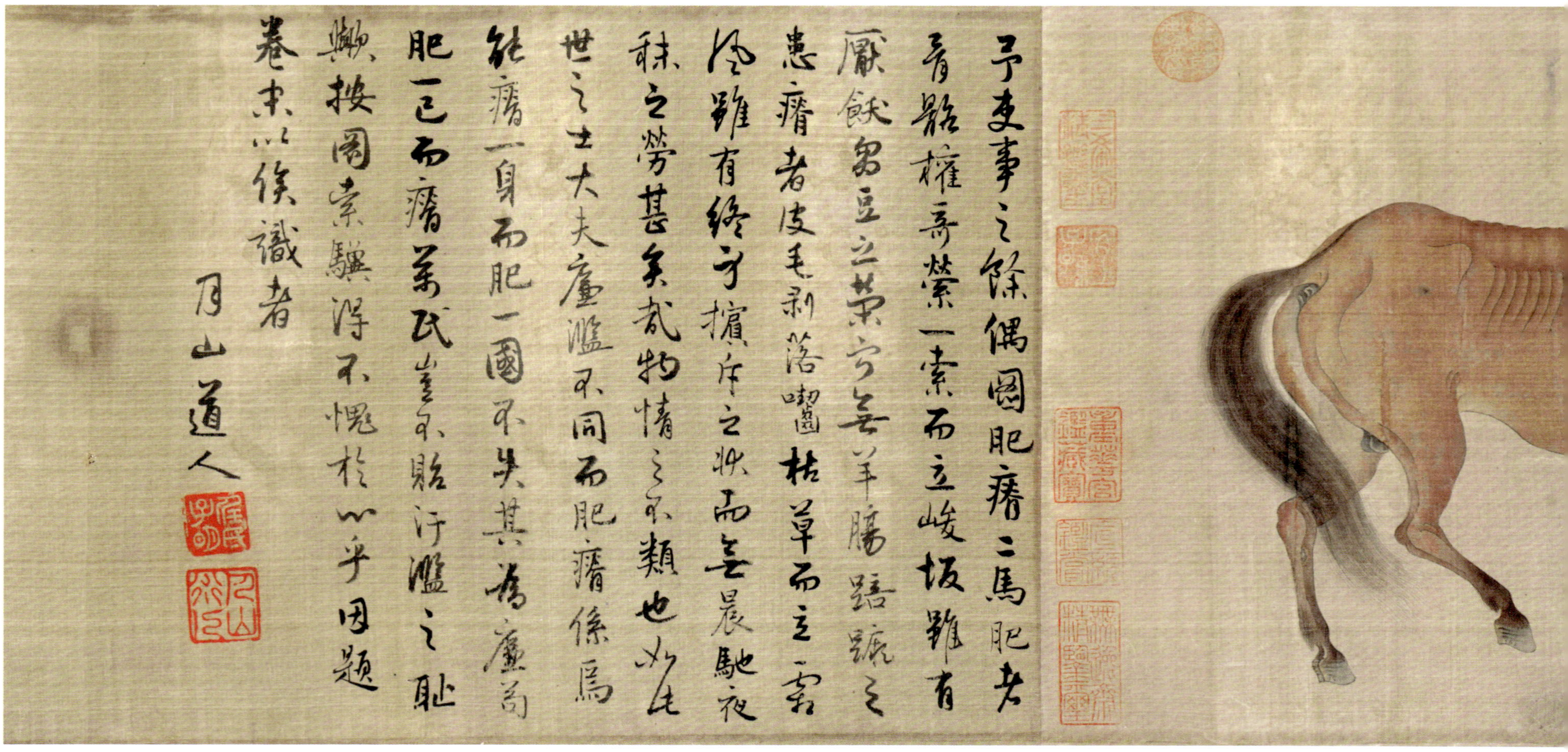

左上图、上图

**《二马图》（局部）**

**《二马图》**

任仁发作，绢本设色，纵 28.8 厘米，横 142.7 厘米，

故宫博物院藏

# 柯九思

【1290—1343年】

字敬仲，号丹丘生

能将八法写疏篁

『晴雨风雪，横出悬垂，荣枯稚老，各极其妙。』

柯九思（1290—1343年）是元代的著名书画家、鉴藏家。他的家族世代文官迭出，祖父、父亲为官期间体察民情、广施仁政，深受百姓爱戴。良好的家风和为人为官之道，对柯九思的成长产生了深远的影响。少年时，他在杭州常随父亲参加聚会，聆听文人雅士谈艺论道。初入京畿，年轻的柯九思与当时的文坛和艺坛领袖赵孟頫结识。三十六岁时，他经人引荐，受知于怀王（即后来的元文宗）。奎章阁是元代皇宫保藏文物、宝玩珍品的殿阁，汇集了揭傒斯、虞集等当世鉴赏名家。文宗设奎章阁学士院，命柯九思为首任鉴书博士，专门审定皇室藏品。他在此任职期间，为元内府鉴定法书六十余件，绘画二十多幅。文宗对待柯九思宠遇有加，特赐彰显身份的玉制腰牌，并准许可不经传旨自由出入宫门。文宗还将王献之的《鸭头丸帖》、李成的《寒林采芝图》等赏赐给柯九思，并特赐"牙章"。但是，文宗对柯九思的恩宠激起一些蒙古贵族官僚的嫉妒与不满，柯九思遭到了御史的弹劾，只能辞官离去，流寓上海松江胭脂桥直至去世。

柯九思自己的书画收藏也蔚为大观。他"好买扁舟载图画"，三十岁时就自称其藏品可以和米芾的米家画舫相比拟，上至晋人名帖，下至元人字画，以及三代金石鼎彝，都收入囊中。柯九思曾得晋人《黄庭内景经》，因此题室名为"玉文堂"。他的重要法书藏品还有《曹娥碑》、《定武兰亭五字损本》、王献之《鸭头丸帖》、林藻《深慰帖》、苏轼《天际乌云帖》、黄庭坚《动静帖》和《荆州帖》，以及米芾《拜中岳命诗卷》等。绘画则有韦偃《双骑图》、郑法士《读碑图》、张萱《明皇出骑图》、宋人《溪山行旅图》、米芾《春山瑞松图》、扬无咎《四梅花图》、赵孟坚《岁寒三友图》、赵孟頫《秀石疏林图》《秋郊饮马图》、任仁发《二马图》、方从义《惠方舟行图》、曹知白《远山疏林图》等。倪瓒对柯九思鉴赏之精、文艺之才啧啧称赞道：

> 柯公鉴书奎章阁，吟诗作画亦不恶。图书宝玉尊鼎觯，文彩珊瑚光错落。自许才名今独步，身后遗名将谁托。萧萧烟雨一枝寒，呼尔同游应何如。

柯九思又擅画，尤其是墨竹，传世佳作以《晚香高节图》（对页图）为代表。他画竹在技法上学文同的构图和笔墨较多，而李衎对他亦有重要的影响。李衎与柯九思之父有很深的交往，李衎的《竹谱详录》序言就是柯九思之父所作。李衎本人的墨竹也属文同的湖州门派。柯九思在湖州竹派的基础之上，更讲究用笔用墨，更注意画面效果的技术性处理。他以书法笔意入画，"能将八法写疏篁"，并认为：

> 写干用篆法，枝用草书法，写叶用八分，或用鲁公撇笔法，木石用金钗股、屋漏痕之遗意。

他还著有《竹谱》一书。该书详于技法而略于理论，分类细密，对于各类竹子的枝、干、根、叶形态均有生动、形象、细致的阐述，如新枝、雨枝、风枝、枯枝、嫩叶、新叶、茂叶、老叶、雨叶、风叶等不同的表现手法，是初学者的上佳范本。

对页图

《晚香高节图》

柯九思作，绢本水墨，纵126.3厘米，横75.2厘米，台北故宫博物院藏

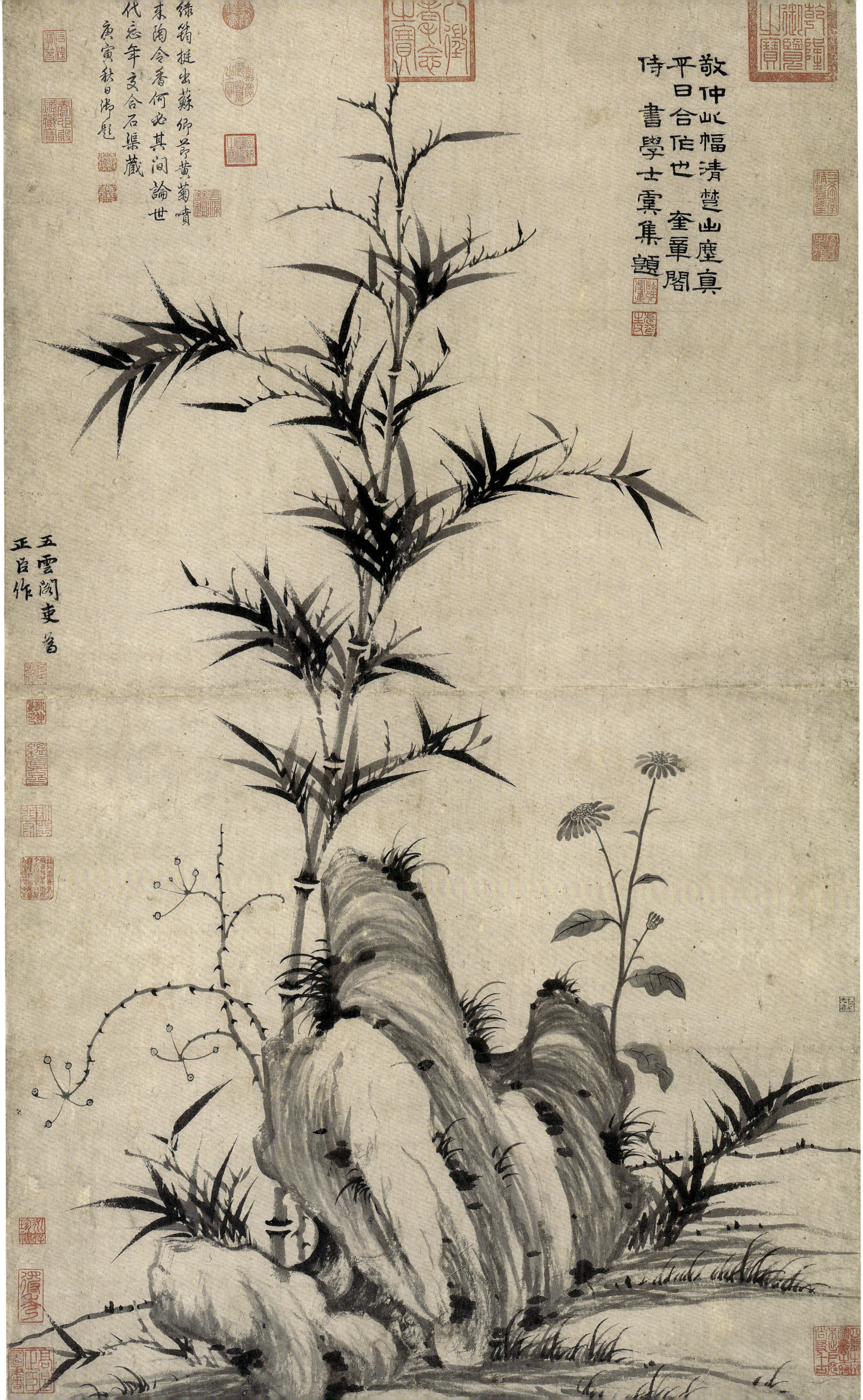

敬仲此幅清閟幽塵真
平日合作也 奎章閣
侍書學士虞集題
綠筠挺出蘇卿節黃菊噴
來陶令香何必其間論世
代忘年交合石渠藏
庚寅秋日御題
五雲閣吏爲
正呂作

《清閟阁墨竹图》

柯九思作，纸本水墨，纵 132.8 厘米，横 58.5 厘米，

故宫博物院藏

上图

《清閟阁墨竹图》（局部）

# 王冕

【1287—1359年】

字元章，号老村、煮石山农

墨梅清气满乾坤

『吾家洗砚池头树，朵朵花开淡墨痕。不要人夸好颜色，只留清气满乾坤。』

王冕（1287—1359年）出身于农家，幼年放牛时，在私塾之外偷听讲课并识记在心，直到日暮才回家却忘记牵牛，结果有人因牛践踏了自家田地找上门来，父亲因此大怒。他索性搬去寺中居住，夜晚就坐在佛像膝上挑灯夜读。泥像狰狞可怖，幼小的王冕却视若不见。后来，他因聪颖好学被浙东理学家韩性收为弟子，但科举屡试不中，愤而烧掉自己所有文稿，转而攻读古代兵法，又买舟顺江而下，遍游名山大川。他北上大都时结识泰不华，泰不华欲授官职，王冕却辞而不受，南归后携家眷躲入山中，耕读书画。

王冕性格狂狷不羁，举止特立独行，头戴高檐帽、身披绿蓑衣、脚蹬木屐，有时手提木剑、高歌于市，有时骑着黄牛、捧读《汉书》，引人侧目。王冕一直期待着能大展才干，朱元璋与张士诚交战时，他投奔朱元璋，却不幸病死在军中。

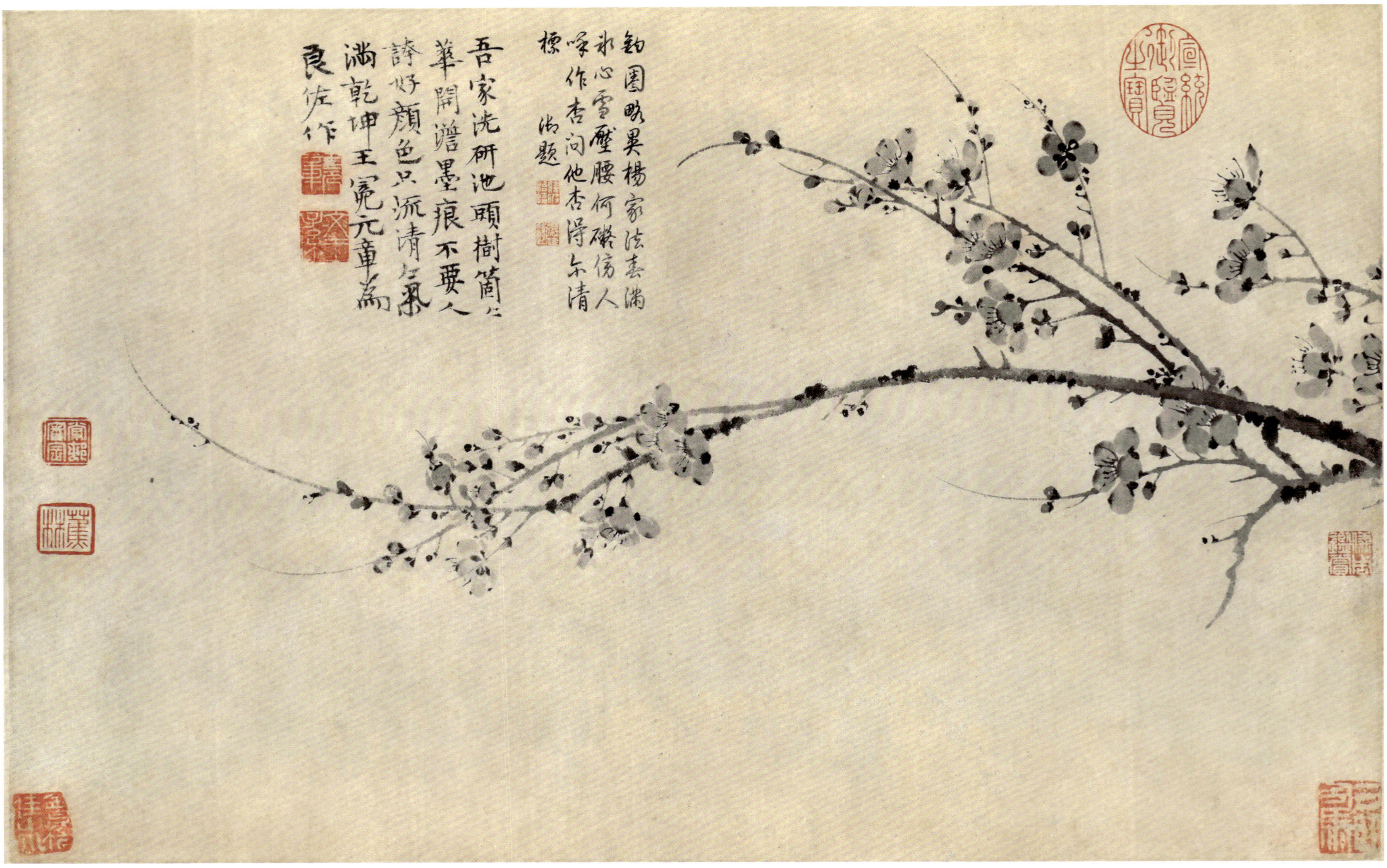

《赵雍等元五家合绘卷》之《墨梅图》

王冕作，纸本水墨，纵31.9厘米，横50.9厘米，

故宫博物院藏

上图
《赵雍等元五家合绘卷》之《墨梅图》（局部）

王冕工于墨梅，主张仔细观察梅花的生长规律，还首创“胭脂作没骨体”的画法。他的《墨梅图》用淡墨点染花瓣，再用浓墨勾画花蕊，枝干挺秀，穿插有致。在故宫博物院藏的《赵雍等元五家合绘卷》中的《墨梅图》（对页图）中还题诗曰：

吾家洗砚池头树，
个个花开淡墨痕。
不要人夸好颜色，
只留清气满乾坤。

这首脍炙人口的绝句也体现出王冕清高孤洁之精神。他还著有《梅谱》，也能画竹。王冕是一位诗书画印全能的画家，据说他首创以质地细腻的花乳石作材刻印。从此，文人进入了参与治印的时代。

# 同时期其他艺术家

## 何澄

何澄（1217—约1309年）由金入元，是一位享有盛誉的宫廷画家，尤擅人物、鞍马、界画，九十岁高龄还能进献界画《姑苏台》《阿房宫》《昆明池》等作品，凭借画艺官居高位。画作《归庄图》（以吉林省博物馆藏本为最佳）以陶渊明的《归去来辞》为题，表现陶渊明辞官归家后的田园生活。画中人物衣纹用笔方折，山水以枯笔焦墨皴擦，间以淡墨晕染，卷后有赵孟頫、虞集、柯九思等人的题跋赞美。

## 张渥

张渥（？—约1356年）博学多才，却屡试不中，终生未仕，曾在昆山顾瑛家中做客，为其作《玉山雅集图》，在元末文坛享有盛誉。他师法李公麟，以白描人物妙绝于世，有“李龙眠后一人”之称。张渥既画道释人物，又有文学题材，铁线描用笔温雅，作品有多本《九歌图》（以吉林省博物馆藏本为最佳）及《雪夜访戴图》（上海博物院藏）等。

## 朱德润

朱德润（1294—1365年）早年经赵孟頫推荐入仕，得到元仁宗、英宗的赏识，英宗政变被杀后归家闲居。他早年即以画艺受到赵孟頫、高克恭的欣赏，注意师法自然，体察山川林壑之势、草木荣枯之变。传世作品有《秀野轩图》《松溪放艇图》（以上两幅均藏于故宫博物院）、《林下鸣琴图》（台北故宫博物院藏）等，其中《秀野轩图》（下图）是他晚年画朋友周驰读书之处，画法受到赵孟頫《水村图》影响，显示出李郭与董巨融合的特点。

## 曹知白

上海松江著名士绅曹知白（1272—1355年）因参与水利工程而致富。他还曾任昆山教谕，因“意甚不乐”索性辞官，在长谷置园修舍。他收藏法书名画，终日与文人雅士诗酒相酬，同赵孟頫、邓文原、虞集、黄公望、王冕等过从甚密。他频揽宾客，是当时一位重要的艺术赞助人。

曹知白工诗文，擅山水，用笔松散，寂静清幽，《疏松幽岫图》（故宫博物院藏），以及《双松图》《松林平远轴》《群峰雪霁图》（以上三件均藏于台北“故宫博物院”）等，都是他中晚年的作品。

## 盛懋

盛懋出身画工世家，其父盛洪在宋末元初即以画知名，他也以卖画为生。他师从陈琳，学赵孟頫，山水有水墨、设色两种，用笔娴熟，多用披麻皴、解索皴画山石，但带有“行家习气”。

## 方从义

方外画家方从义（约1312—1393年）是江西上饶龙虎山上清宫的正一道道士。他在南北各处游历时，结交了许多文人画家。方从义工于山水，学董源、米芾、高克恭，用笔更加恣肆放逸，墨色丰富，“多诡岸而洁清”，亦擅草书。方从义之画“放纵潇洒，无尘俗气”，他的作品《山阴云雪图》（台北故宫博物院藏）仿米芾、高克恭，《武夷放棹图》（第328页左图）用巨然的长披麻皴表现武夷山的九曲盘桓，《神岳琼林图》（台北故宫博物院藏）又用董源笔法，有笔走龙蛇、一气呵成之感。

## 李衎

少年孤贫、后官至从一品的李衎善画竹。他重视写生，行数万里，足迹遍布南方，还出使交趾（越南），深入观察竹子的姿态；著有《息斋竹谱》，详细阐述竹之品种结构，总结画竹经验，主张师法自然，严守法度。他听从鲜于枢的建议，学五代李颇，以双勾设色法画竹，设色清雅，疏密有致，有《双钩竹图》（第328页右图）传世；

《秀野轩图》

朱德润作，纸本设色，纵28.3厘米，横210厘米，故宫博物院藏

《武夷放棹图》

方从义作，纸本水墨，纵 74.4 厘米，横 27.8 厘米，

故宫博物院藏

《双钩竹图》

李衎作，绢本设色，纵 75.5 厘米，横 29.5 厘米

天津博物馆藏

也能作墨竹，学宋人文同、金人王庭筠。朋友赵孟頫给予李衎很高的评价：“二百年来以画竹称者，皆未必能用意精深如仲宾也。”李衎之子李士行也能以工笔设色法画竹，父子风格相近。

## 王渊

王渊早年曾得赵孟頫较多指点，受其影响很大，故“所画皆师古人，无一笔院体”。他各体皆能，尤擅花鸟竹石，起初继承黄筌的院体传统，“傅色特妙”，富贵精致；后来经过个人的探索，转向“尤精水墨”，水墨花鸟风格令人耳目一新，既有“当代绝艺”之誉，也广为后人效法。他也能作李郭风格的山水。传世代表作如《桃竹锦鸡图》。

## 刘贯道

刘贯道（生卒年不详）也是一位元初的宫廷画家，在将作院下设的御衣局供职。他技能全面，人物、山水、花竹均能，“集诸家长，犹高出时辈”。《元世祖出猎图》（第333页图）画忽必烈与众侍从狩猎的场景，人物、马匹刻画生动，设色鲜明，细节精致。另现藏台北“故宫博物院”的《元太祖成吉思汗半身像》（第332页图）也有可能出自其手。《消夏图》（第330—331页图）描绘文人闲适的夏日居家生活，近似宋代院体风格。构思精巧，以重屏为背景，画法精湛，敷色雅致，线条遒劲洒脱，刚柔相济。

**《桃竹锦鸡图》**

王渊作，纸本水墨，纵102.3厘米，横55.4厘米，故宫博物院藏

**《消夏图》**

刘贯道作，绢本设色，纵 29.3 厘米，横 71.2 厘米，

美国堪萨斯城纳尔逊—阿特金斯艺术博物馆藏

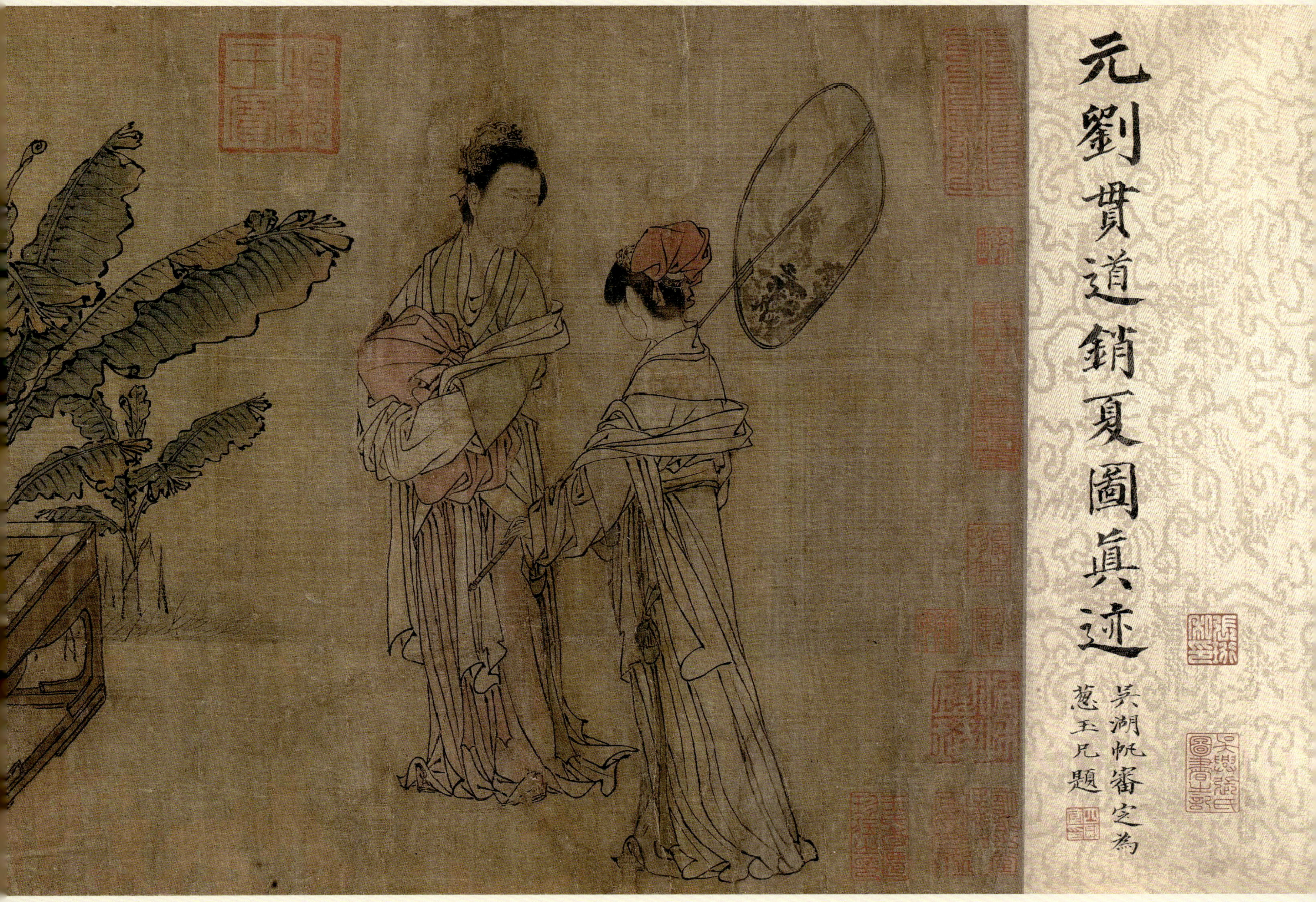
元劉貫道銷夏圖眞迹
吳湖帆審定為
蕙玉孔題

上图

**《元太祖成吉思汗半身像》**

（传）刘贯道作，绢本设色，纵 59.1 厘米，横 46.8 厘米，
台北故宫博物院藏

右页图

**《元世祖出猎图》**

刘贯道作，绢本设色，纵 182.9 厘米，横 104.1 厘米，
台北故宫博物院藏

至元十七年二月 御衣局使臣劉貫道恭畫

## 王振鹏

元代最负盛名的界画家王振鹏出身低微，但画技出类拔萃，在元仁宗还是太子时就被网罗至东宫，并奉命在至大元年（1308年）临摹了金代马云卿的《维摩不二图》(第336—337页图)。仁宗对他颇为赏识，赐予其"孤云处士"的称号，还任命他为秘书监典簿。元代未设立皇家画院，秘书监是掌管历代图籍的专门机构，许多宫廷画家都在此供职。王振鹏在此得以饱览和临摹大量的名家真迹，画艺突飞猛进。

王振鹏最擅长的当属描绘楼观台榭等建筑物的界画（第338页图)。《图绘宝鉴》称其"界画极工致"，虞集也称赞他"运笔和墨，毫分缕析，左右高下，俯仰曲折，方圆平直，曲尽其体，而神气飞动，不为法拘"，表明他的界画一方面方圆平直，极尽工致，严合规矩法度；另一方面又气韵鲜活，生动且有韵律感，增强了界画艺术观赏价值。王振鹏的许多作品直接取材于当时的宫廷建筑，如《大安阁图》《大都池馆图样》等。他亦能作人物，师法李公麟，线条细劲流畅，人物生动传神，传世的《伯牙鼓琴图》(上图）表现春秋时代俞伯牙、钟子期的故事，神态刻画细致。

**《伯牙鼓琴图》**

王振鹏作，绢本水墨，纵31.4厘米，横92厘米，
故宫博物院藏

王振鹏在元代享誉盛名，著名的艺术赞助人大长公主祥哥剌吉也收藏多幅他的作品。李容瑾、夏永、王麟、朱玉等人都曾跟随王振鹏学习。

## 陈琳

陈琳，字仲美。陈琳家族世代以绘画为业，其父陈珏是南宋画院待诏，能作人物、山水、翎毛、花卉，“咸极精妙之致”。陈琳除继承家学，还得到赵孟頫亲传技艺。他的《溪凫图》（第339页图）作于大德五年（1301年），正是在松雪斋中、由赵氏手把手的指导、润色并题识的一幅画作。《溪凫图》尺幅不大，保留了宋代花鸟画的严谨造型和章法，但以相对粗拙的笔墨来作整体的勾染，以呈现主体物象，这种对用笔的解放及笔意的强调是元代绘画的基本特征。赵孟頫在题跋中对此画予以高度评价：“陈仲美戏作此图，近世画人皆不及。”

至大元年二月初一日拜住怯薛第二日
隆福宮花園山子上西荷葉殿內臣王振鵬特奉
仁宗皇帝潛邸聖旨臨金馬雲卿畫維摩不二圖草本
賜孤雲處士章

《维摩不二图》

王振鹏作，绢本水墨，

纵 39.2 厘米，横 218.3 厘米，

美国纽约大都会艺术博物馆藏

《广寒宫图》

（传）王振鹏作，绢本设色，纵 75.6 厘米，横 62.1 厘米，

上海博物馆藏

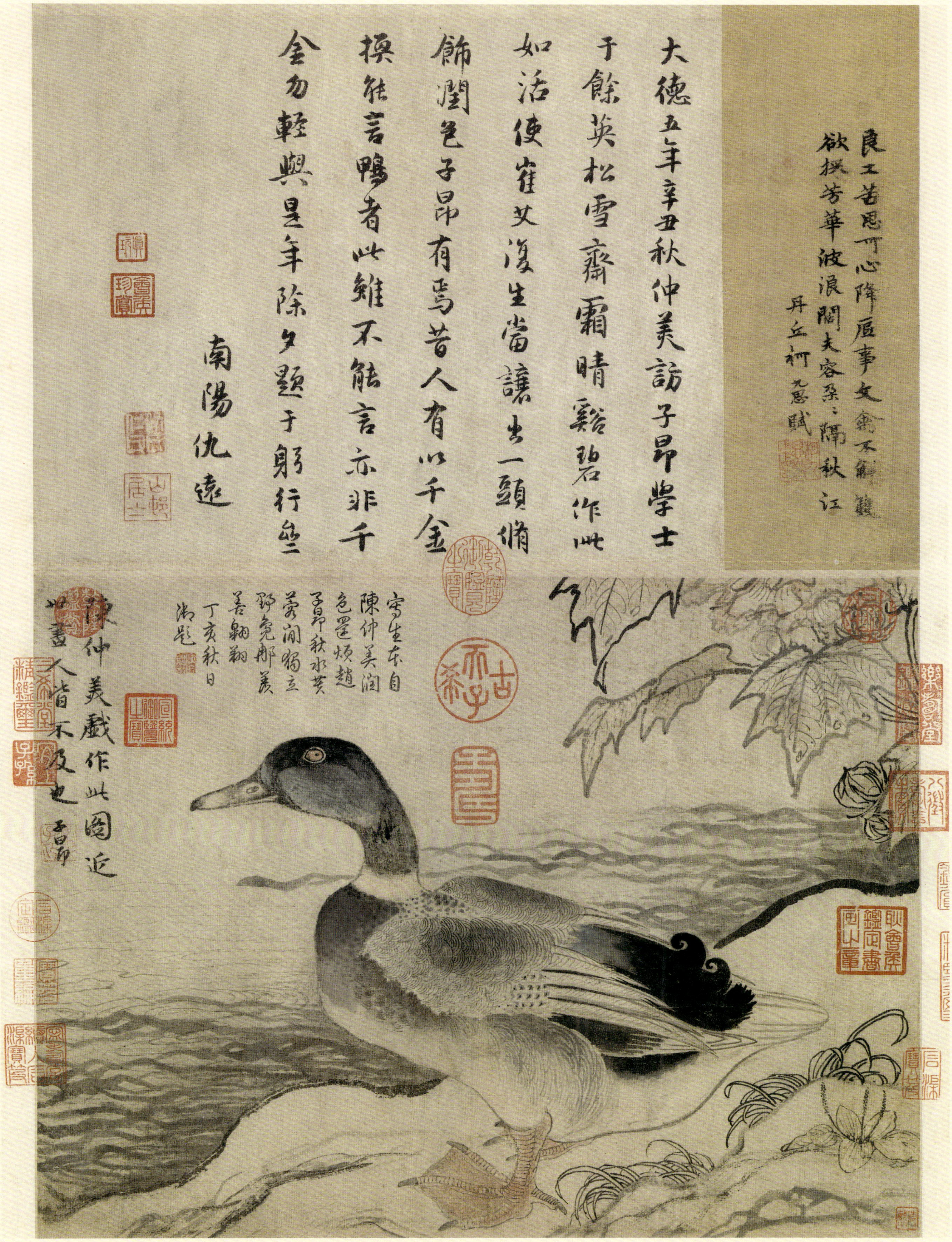

《溪凫图》

陈琳作，纸本设色，纵 67 厘米，横 47.5 厘米，

台北故宫博物院藏

仇英

精丽艳逸，匠心巧工

陈洪绶

国破家亡，章侯身不死，迟悔艺不朽

吴伟

小仙以狂名，才高意更肆

戴进

「浙派」宗师，行家第一

明宣宗朱瞻基

帝王宸翰

文徵明

笃行君子，翰墨自娱

# 第六章

# 明时期的艺术家

沈周 静里安心 惟信天

王履

唐寅 桃花庵里桃花仙 但愿老死花酒间

徐渭 落笔惊风雨 洒墨泣鬼神

# 明宣宗 朱瞻基

【1399—1435年】

自号长春真人

帝王宸翰

明代的第五位皇帝——宣宗朱瞻基（1399—1435年），建元宣德。他是仁宗朱高炽的长子，也是成祖朱棣最疼爱的孙子，从小就被寄予厚望，得靖难功臣姚广孝教导，稍长就时时伴随在祖父身边历练，还参加过北伐蒙古的战争。朱瞻基自幼聪慧过人，当父亲受到叔叔们的挑衅时，挺身而出，维护父亲。他即位之后，平定了叔父汉王朱高煦的叛乱，削弱藩权以强化皇权，发展农业，整顿吏治，改革政府，完善体制，和平外交，使国内外日趋稳定。尽管朱瞻基在位只有短短十年，但明王朝国力富强，天下太平，迎来了最为清明鼎盛的“仁宣之治”“永宣盛世”。

朱瞻基文武兼备，艺术修养全面而高雅。虽然他身为一国之君，但是他以认真的态度从事绘画创作，人物、山水、鸟兽皆能，而且构思巧妙，法度严谨，刻画入微，清幽雅致。他的创作主要集中于二十八至三十三岁，多取材于日常生活、动物牲畜。他的《三鼠图册》（第344页图）之《苦瓜鼠图》（第345页图）寓意多子、富贵。画中小鼠蹲伏石上，昂首回顾，小鼠上方，成熟后的苦瓜倒垂下来，旁边的藤条沿竹枝攀绕而上，枝叶丰茂。其中画鼠极为精妙，干笔皴擦鼠毛，淡墨稍加晕染，表现蓬松的皮毛，耳、足、嘴、鼻以重墨勾出，用笔纤细挺劲，刻画栩栩如生。《戏猿图》（台北故宫博物院藏）取对角线构图，左下角绘母猿怀抱幼崽蹲坐在山石上，右上角为一公猿攀于枇杷树上，俯身与小猿招呼嬉戏，山间溪流潺潺，表达了其乐融融的天伦之情。朱瞻基的人物画《武侯高卧图》描绘了诸葛亮隐居南阳时的生活。他袒胸露肚卧于地上，头枕书匣，一手支腮，一手扶膝，神态安闲恬适。此画由皇帝赐予屡立战功的平江伯陈瑄。二人君臣相得，关系密切。朱瞻基常以御制翰墨颁赐臣下，或为褒奖激励，或示警醒寓意，这种种行为的意图都是维护统治。

《武侯高卧图》

朱瞻基作，水墨设色，纵27.7厘米，横40.5厘米，故宫博物院藏

《武侯高卧图》（局部）

上、中、下图

《三鼠图册》

《苦瓜鼠图》，纸本水墨；《菖蒲鼠荔图》，绢本设色，

纵 28.2 厘米，横 38.5 厘米，故宫博物院藏

对页图

《苦瓜鼠图》（局部）

嘉慶御覽之寶

# 王履

［1332—］

字安道，号畸叟，又号抱独老人

师心师目师华山

『吾师心，心师目，目师华山。』

出身于医学世家的王履（1332—？），少年时拜金元医学四大家之一、滋阴学派创始人朱丹溪为师，尽得其传。王履又研究医经著作，并结合临床实践，医学造诣精深，驰誉大江南北。洪武年间，王履被征为朱元璋次子秦王府上良医正。王履自视甚高，但又愿意向比自己优秀的人学习。他听说关中地区有位名医，便不远千里赶去，甘心为其作仆佣，过了三年也未被那位关中名医所发现。直到某日他忽然提了点见解，名医惊讶地说："你不会是王履吧？"真相大白，二人相视而笑。这也反映出他在当时声名之著。

王履工诗文，自幼酷爱绘画，"学画三十余年"，又好收藏。他的山水没有盲从当时画坛风气，而更多地宗法南宋马远、夏圭，行笔秀劲，布局茂密。

洪武十六年（1383年）初秋，年届知命之年的王履采药至关陕一带，游历西岳华山诸峰，流连多日，饱览风光。他随身携带纸墨，遇到胜景便对景写生，积累了丰富的素材，返家后又反复修改，经过半年多时间，终于完成了《华山图册》（第346—347页图）。华山奇峰无数，绝壁千尺，高耸入云，险秀峥嵘，在他的笔下或苍茫，或壮丽，或清幽，或深邃。王履在诗跋中又提出了许多精辟见解。他身体力行，继承了"外师造化"的真谛，将创作经验总结为"吾师心，心师目，目师华山"，还谈到"以形写意"的观点。

《华山图册》（第二十八开、二十九开、十九开）

王履作，纸本水墨或设色，每开纵 34.5 厘米，横 50.5 厘米，共二十九开，

故宫博物院藏

# 戴进

【1388—1462年】

字文进，号静庵，又号玉泉山人

『浙派』宗师，行家第一

『铺叙远近，宏深雅淡』

戴进（1388—1462年）早年主要活动于家乡杭州，他的父亲戴景祥是一名画工，颇有水平。戴进少时受家庭影响，成为打造金银首饰的手工匠人，锻造的人物、花鸟形象逼真、工艺精巧。但他后来在集市上目睹自己的制品被熔为金银，心中惋惜懊恼，遂决意改行，开始学习绘画。到十六七岁时，戴进已有一定的笔墨造诣。有一个流传至今的故事：永乐初年，戴进的父亲被召入宫廷作画。戴进随父前往南京，入城时发现行李被脚夫偷走，当即向酒家借纸笔绘出脚夫的画像，很快找到脚夫并追回了行李，这反映出他具备较强的造型能力。到他二十岁时，曾为致仕回乡的兵部员外郎端木智作《归田祝寿图》卷（故宫博物院藏），以庆祝其六十寿辰，这时戴进已具有一定声名。待他三十六七岁时，画艺更是蜚声海内。

戴进在将近不惑之年时被召入皇宫画院，任仁智殿待诏，同僚尚有谢环、李在、倪端、石锐等人。传说，他因技艺超群遭到谢环嫉妒：戴进进献《秋江渔艇图》（美国华盛顿弗利尔美术馆藏）时，谢环在一旁进言说，只有官员才能着红衣，普通百姓穿则为越礼，因此戴进被逐出宫闱。戴进离开画院之后，仍在京停留了一段时间，安贫守素，怡情养性，与其他画家和官吏以文墨相酬，朝廷重臣如内阁大学士杨士奇、杨荣，礼部侍郎王直等人，都与他往来密切，曾为他题跋书画。尤其是王直，与戴进堪称莫逆之交，深为其遭遇鸣不平。十多年后，戴进在五十五岁离开京城，返回家乡。

戴进返乡后，定居在湖山茅屋之中，专心绘事，课徒会友，声名愈著，求画者门庭若市，但经济上仍不大宽裕，以至于“嫁女无资”。但他晚年的生活较为安定，直到七十五岁时逝世。

戴进早年以院体山水画和工笔设色人物画为主。由于戴进的家乡杭州曾是南宋都城，此地艺术氛围浓厚，仍存有院体遗绪，戴进学画即是从南宋马、夏风格入手，可从其早年所作《归田祝寿图》中的对角线构图、拖枝松、山石斧劈皴、拖泥带水皴中看出受院体画风的影响。他的人物画则较为工整精细，现存于辽宁省博物馆的《达摩至慧能六代祖师图》（第350—351页图），承吴道子与李公麟衣钵，衣纹以兰叶描和琴弦描画出，圆润飘逸，背景树石则取法刘松年，整幅画卷严谨整饬。

戴进画艺精湛，他将南宋的马、夏画风传入宫廷并迅速传布开来。在他离宫之后，与文人画家、士宦公卿交往，使宋元文人画的传统也渗入自己的创作之中。他泛学诸家，兼收并蓄，将各种画风交织综合，再实验探索，最终化为己用。这一时期，戴进的主要代表作品有学南宋院体的《金台送别图》（上海博物馆藏）、将两宋大师样式合为一体的《冬景山水图》、《春景山水图》（以上两幅均藏于日本）、与盛懋画风接近的《归舟图》（故宫博物院藏），以及仿元代文人画的《长松五鹿图》（第353页图）等。

戴进至晚年终于形成自身独特的面貌，融诸家之长，行利兼具，可谓风格集大成。他用笔简劲纵逸，水墨淋漓酣畅，构图简洁，视角独特，更具动感和力度，重要作品有《春山积翠图》（对页图）、《关山行旅图》（第352页图）、《南屏雅集图》（以上两幅均藏于故宫博物院）等。

就绘画题材来说，戴进的画科全面，人物画表现民风民俗、文人生活和历史故实；山水画则多写地方胜景、文人幽居；还能作花鸟，传世代表作如《葵石蛱蝶图》（第354页图）。他创立的“浙派”山水劲拔弩张，气势激昂，代表了一时风貌，与其支脉——吴伟创立的“江夏派”，同宫廷绘画并峙，构成了明初画坛主宗南宋院体的艺术潮流。

《春山积翠图》

戴进作，纸本水墨，纵 141.3 厘米，横 53.4 厘米，
上海博物馆藏

佛

左上图、上图

《达摩至慧能六代祖师图》局部

《达摩至慧能六代祖师图》

戴进作，绢本设色，纵 33.8 厘米，横 219.5 厘米，

辽宁省博物馆藏

《关山行旅图》

戴进作，纸本设色，

纵 61.8 厘米，横 29.7 厘米，

故宫博物院藏

**《长松五鹿图》**

戴进作，绢本设色，纵 142.5 厘米，横 72.4 厘米，台北故宫博物院藏

《葵石蛱蝶图》

戴进作，纸本设色，纵 115 厘米，横 39.6 厘米，

故宫博物院藏

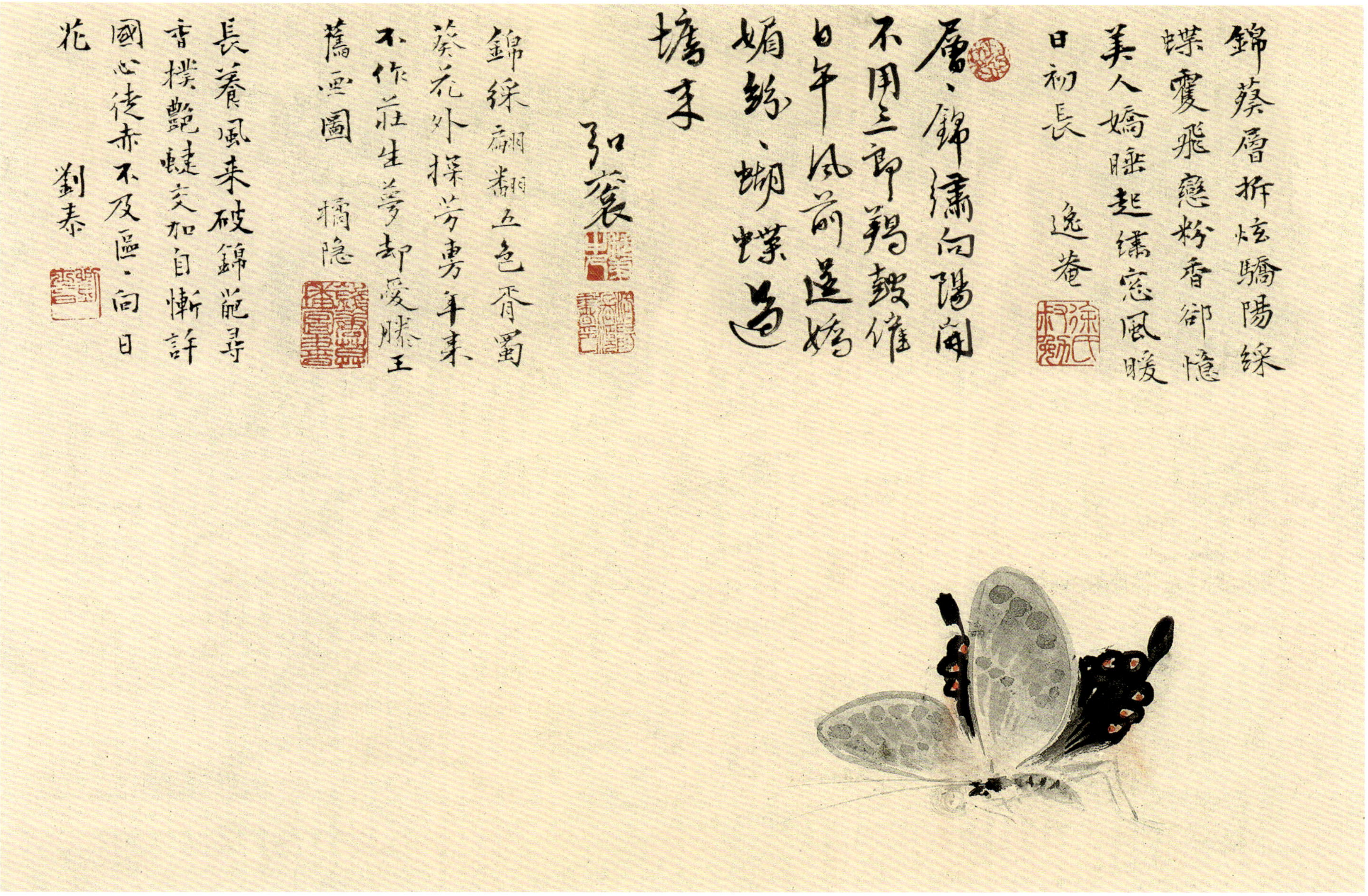

上、下图

《葵石蛱蝶图》（局部）

# 吴伟

【1459—1508年】

字士英，又字次翁，号小仙

小仙以狂名，才高意更肆

『如楚人之战钜鹿，猛气横发，加乎一时。』

奠定了浙派基调并成为浙派主将的吴伟（1459—1508年），出身于破落官僚家庭。父亲也擅长书画，因痴迷炼丹败光家产。吴伟幼年时，父亲去世，家境困窘，他被湖广左布政使钱昕收养，做了他儿子的伴读。由于吴伟聪慧善画，深得钱昕喜爱。吴伟十七岁时来到南京，希望借画艺谋前程，他径直上门拜见成国公朱仪。朱仪被他潇洒的风度和超凡的才华所折服，感慨："此非仙人哉！"并以"小仙"称呼，收入门下，如自家子侄一般对待。吴伟在此又结识了一批达官显贵，声名鹊起。他二十多岁时北上京城，得到英国公、保国公、驸马都尉等豪贵的争相迎接与热情款待，不久后又被宪宗召入宫中，深受爱重，授予从六品的官职。某次，吴伟酒醉正酣，突逢皇帝召见，他由内监搀扶着，踉跄进入殿中。皇帝大笑，命他作一幅《松风图》，吴伟便打翻墨汁，信手涂抹，恣意挥洒，皇帝惊为天人，发出了"真仙人笔也"的感叹。

但是，吴伟个性强烈，恃才使气，一言不合便用砚台砸人，更不肯轻易为人作画，也因此得罪了许多王公内臣。吴伟只得离开宫廷，返回南京。他看透了官场沉浮，干脆与友人浪迹青楼，纵情享乐，沉湎于声色犬马，变得更加狷介狂放，嗜酒海饮，以至于好几天不吃饭。有人携重金上门求画，他不屑一顾，有时喝醉了信笔涂画，被人捡去也毫不在意。他作画构思巧妙，如有神助。有一次，他一边同友人饮酒一边作画，将莲蓬蘸墨，在纸上拓印，最后提笔勾点，竟成了一幅《捕蟹图》。

吴伟至中年时孝宗即位，再次征他入宫，授予更高的官职，并赐"画状元"之印，赐宅邸，准其回乡祭祖。虽然恩宠更甚先前，但吴伟对荣华富贵毫不眷恋，两年后便借口称病辞去，继续在秦楼画舫中纵情享乐。到第三次武宗派遣使者召他时，吴伟尚未来得及出发便因饮酒过量而猝死，年仅五十岁。

吴伟才华横溢，画艺精湛，为谋生所需，他人物、山水、花鸟兼能，粗细笔风格皆有。

他的人物画取材广泛，如历史人物、神话传说、高人逸事、风俗世情等。他尤其善于描写世俗生活中的人物，表现出人物的喜怒哀乐。这些人物形象平凡，感情质朴，代表新兴市民阶层的审美趣味。如《歌舞图》（对页图）描绘了秦淮青楼中李奴奴表演舞蹈的场景。年仅十岁的李奴奴身材娇小，楚楚可怜，如同一件玩物，环绕周围的狎客们则摇首捋须，似在评头论足。这样直白地表现青楼欢场的情景，在以往的书画作品中并不常见。又如在《武陵春图》（第358—359页图）中，武陵春（真名"齐慧直"）正坐于庭中，仿佛正在思念远戍广西的爱人傅生。她的形象柔媚动人，情思婉转，体现了画家对其坚贞不渝爱情的歌颂。这种与传统观念迥异的表达反映出画家的反叛精神。以上两画都是比较细致劲健的风格，继承了顾恺之、李公麟以来线描人物的传统。吴伟另有一种源自吴道子、梁楷的人物画风，即写意潇洒、洗练简逸的人物画风格。

吴伟的山水画近学戴进，远宗马、夏，却更加粗放洒脱，这与他本人的个性也有关系。典型作品如《长江万里图》（第360—361页图），自由挥洒，运笔极富力度与动感，水墨淋漓酣畅，满幅山飞水走，气势磅礴，表现出万里长江的壮丽气派。这类山水不同于含蓄淡雅的文人画，也不同于严谨工整的院体画，而呈现出一种崭新的面貌，为之后的"浙派"传人张路、汪肇等人所继承。

吴伟的画风雄健豪放，"有叫嚣之气"。他创立的"江夏派"追随者甚多，一时间声势显赫。但是，后世追随者们仅仅模仿形式，缺乏应有的文化内涵，使得笔墨过于夸张外露，一味追求霸悍之气，格调不免低下，不久也为人诟病而被摒弃。

对页图

《歌舞图》

吴伟作，纸本水墨，纵118.9厘米，横64.9厘米，故宫博物院藏

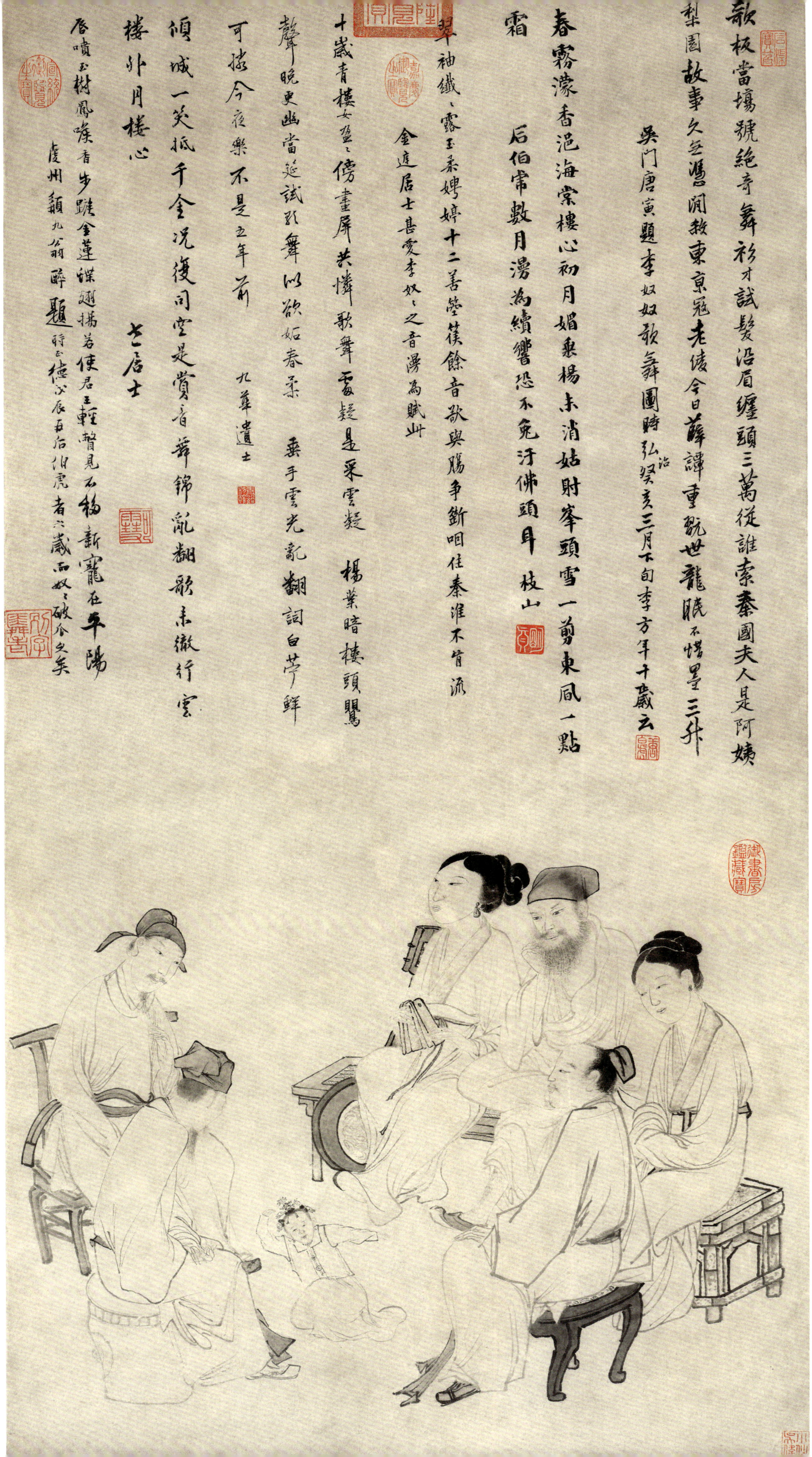
歌板當場號絶奇舞衫才試髮沿眉纏頭三萬從誰索秦國夫人是阿姨
梨園故事久無憑閒教東京寇老傒今日薛譚重就世龍眠不惜墨三升
吳門唐寅題李奴奴歌舞圖時弘治癸亥三月下旬李方年十歲云
春霧濛香浥海棠樓心初月媚垂楊未消姑射峯頭雪一剪東風一點霜
后伯常數月湯為續響恐不免汙佛頭耳 枝山
翠袖纖纖露玉柔娉婷十二善箜篌餘音欲與腸爭斷咽住秦淮不肯流
金迶居士甚愛李奴奴之音漫為賦此
十歲青樓女盈盈傍畫屏共憐歌舞處疑是采雲疑
楊葉暗樓頭鸎聲晚更幽當筵試巧舞似欲妬春柔
垂手雲光亂翻詞白苧鮮可憐今夜樂不是五年前
九華遺士
傾城一笑抵千金況復司空是賞音舞錦亂翻歌未徹行雲樓外月樓心
也居士
啼噴玉樹鳳嗉香步蹴金蓮蝶翅揚若使君王輕暫見不將新寵在平陽

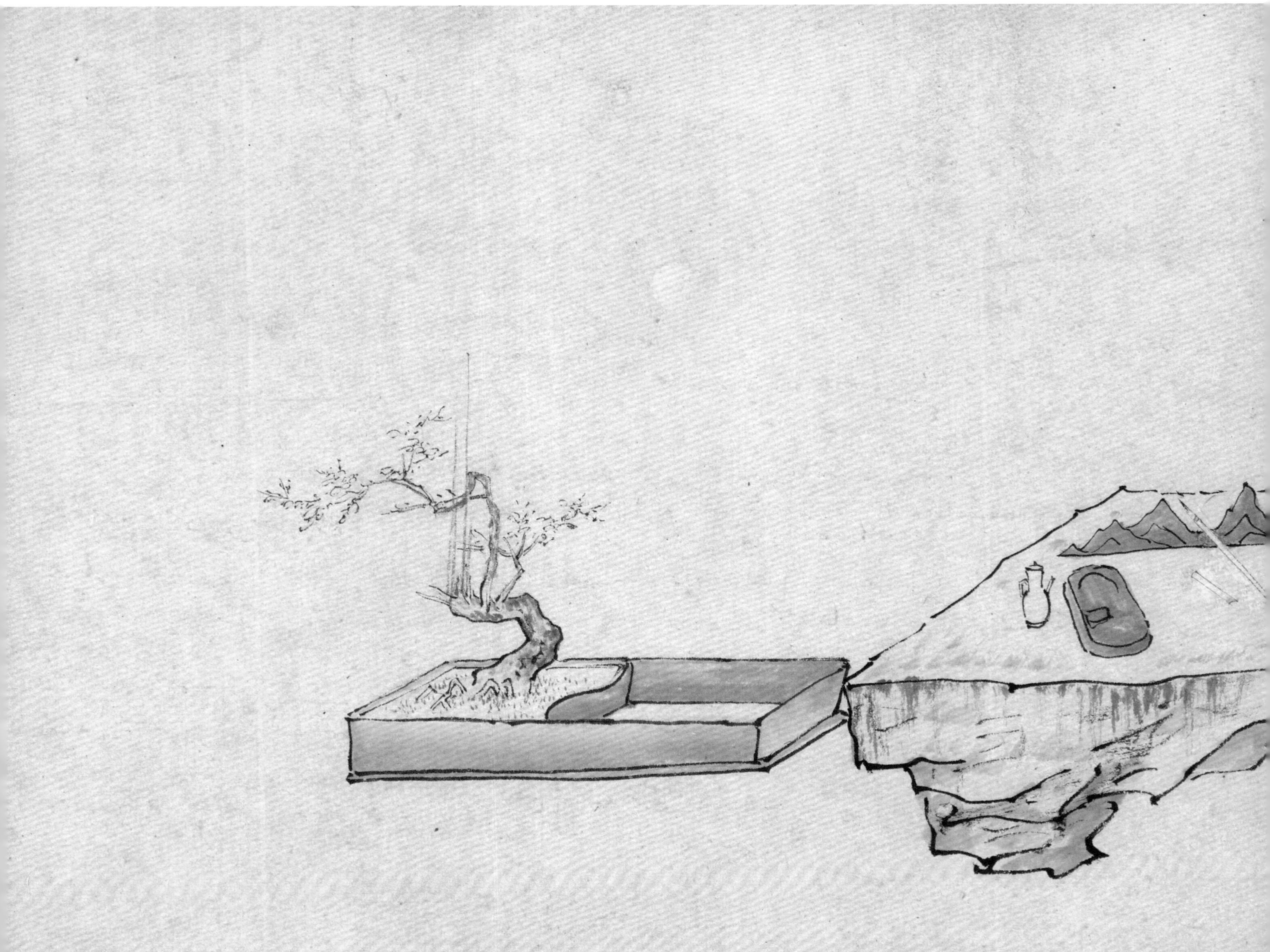

《武陵春图》

吴伟作，纸本水墨，纵 27.5 厘米，横 93.9 厘米，

故宫博物院藏

弘治十八年乙丑九月壬湖
湘吴偉寓武昌郡齋
中制

《长江万里图》

吴伟作，绢本淡设色，纵 27.8 厘米，横 976.2 厘米，

故宫博物院藏

第 362—363 页图

《长江万里图》（局部）

# 沈周

【1427—1509年】

字启南，号石田，晚号白石翁

静里安心惟信天

『（沈周）绘事为当代第一，山水、人物、花竹、禽鱼悉入神品。其画自唐宋名流及胜国诸贤，上下千载，纵横百辈，先生兼总条贯，莫不揽其精微。』

沈周（1427—1509年）是明代中期主盟画坛的画派——吴门画派的创立者和领袖人物。他出身望族，书香世家，曾祖沈良琛与王蒙交好，祖父沈澄、父亲沈恒、伯父沈贞均雅好诗文书画。沈周受家风熏陶，酷爱文艺，自幼随陈宽学文，拜吴门先驱画家杜琼、刘珏习画。他十多岁时就文名大噪，被誉为“有少年王勃之才”，但一生淡泊名利，绝意功名，以处士之身隐居乡里，有诗明志：“肮脏功名何物忌，畸零天地一夫闲。”“浮云载富贵，过眼颐不朵。”他在家中筑“有竹居”，常与友人吴宽、都穆、文林、文徵明等人雅集文会，诗画酬唱。

沈周为人品德高尚，性格随和，孝悌尊长，侍母至贤，友爱兄弟，笃于友情。他胸襟磊落，待人宽容，凡是上门求画者，无论高官名士，还是平民百姓，一概有求必应。有人伪造他的画，沈周听说是为了多卖钱以赡养母亲时，不仅答应在画上署名，还为之修改润色。他曾不耻卑微应召为太守府邸作画装饰，以尽百姓服役之责；他还买到他人失窃之书，知情后无偿奉还，也没有说出书的来历，这都显示出他的道德涵养，深受时人称颂与敬重。

沈周很重感情，家人或朋友去世后都要作诗文哀悼，连家中的小仆人患天花病死后，他也亲自送葬、赋诗悼念。他六十岁丧妻，七十七岁丧子，八十岁丧母，虽屡遭打击，仍能借诗文书画缓解内心的苦痛，始终心态平和，安然自适。他在耄耋之年，精神矍铄，“碧颐飘须，俨如神仙”，其于母亲百岁高龄去世后不久也仙逝，享年八十三岁。

沈周遍临宋元名迹，尤其得力于“元四家”，早期热衷王蒙，中期偏好黄公望，晚期醉心吴镇，倪瓒则贯穿一生。他善于博采众家之长，有集大成之功。他的绘画技艺全面而精湛，擅山水、花鸟、人物，堪称全才。其中，山水画最负盛名，最能体现出他在中国山水画史上承上启下的重要作用。

沈周的山水画有“细沈”和“粗沈”两种面貌，其中“粗沈”最具特色，用笔兼具硬度与力感，水墨凝重雄浑，刚中带柔，山川自然宏阔，境界平逸质朴。他个人风格的最终形成经历了早、中、晚三个发展阶段。

沈周四十岁之前，受到吴门先驱杜琼、刘珏等人影响，以学习王蒙为主，兼取董、巨，构图布置繁复，用笔工细缜密。现存年款最早的画作是《幽居图》（日本大阪市立美术馆藏），作于三十八岁，布局比较接近刘珏的《清白轩图》（台北故宫博物院藏），是早期的典型风格。

四十岁至五十八岁，是沈周画风开始出现转变并最终成熟的阶段。他的画作尺幅扩大。发生转变的代表作《庐山高图》（对页图），是为祝贺老师陈宽七十岁寿辰而画，虽然仿自王蒙，用笔繁密，仍属“细沈”风格，但尺幅已经很大。另一幅《魏园雅集图》（辽宁省博物馆

对页图

《庐山高图》

沈周，纸本设色，纵 193.8 厘米，横 98.1 厘米，台北故宫博物院藏

第 366—368 页图

《庐山高图》（局部）

廬山高

成化丁亥端陽日門生長洲沈周詩畫敬為
醒庵有道尊先生壽

藏）取法董巨、黄公望和王蒙，在精细中开始呈现粗劲。至五十岁之后的《松石图》（故宫博物院藏）、《虎丘十二景图》（美国克利夫兰艺术博物馆藏）和《祝寿图》（天津博物馆藏）等作品，已经基本形成“粗沈”的面貌，宗法董巨和黄公望，构图简洁大方，笔墨浑厚粗劲。

沈周晚年融南北宗为一体，画风表现出集大成的特点，尤其倾心于吴镇淋漓的墨法，使其粗笔山水更加凝重雄健，气势磅礴。如六十六岁所作的《京江送别图》（故宫博物院藏），构图疏简，皴条粗短，墨色浓重。同年的《夜坐图》（台北故宫博物院藏）是学习吴镇的典型作品，渲染浓淡有致，雄浑又不失细润。七十岁所作的《沧州趣图》（下图），依次参仿吴镇、黄公望、王蒙、倪瓒四家，技巧臻熟，笔墨丰富。

沈周的山水画奠定了吴派绘画的基本特色。他笔下描绘的题材主要有文会雅集、揽胜纪游、庭院庄园（第372—375页图）、觅

古送别、抒写真意、仿古摹古等，既有描写江南地区的自然山水，也有对个人情思的真切抒发，还有对前代经典的不懈探索，这些特征都被文徵明等吴门画家继承下来并融汇发扬。

沈周花鸟画的成就丝毫不逊于山水。他兼取法常的粗简水墨与钱选的设色没骨，用笔简率洗练，色彩淡雅柔和，对文人写意花鸟画有较大发展，也对后世的陈淳、徐渭有启发之功。他有敷色和水墨两种面貌，早年风格温雅沉静，中年奔放恣意，晚年苍厚老辣。

沈周“出于古人”而又“远于古人”，他继承发扬宋元文人画传统，又创立了个人的新风格。王穉登在《吴郡丹青志》中给予他极高的评价：“绘事为当代第一，山水、人物、花竹、禽鱼悉入神品。其画自唐宋名流及胜国诸贤，上下千载，纵横百辈，先生兼总条贯，莫不揽其精微。”沈周还爱奖掖后进，对青年才俊祝允明、文徵明、唐寅都悉心指导，爱护有加。

**《沧州趣图》**

沈周作，纸本设色，纵 30.1 厘米，横 400.2 厘米，

故宫博物院藏

《东庄图》

沈周作，纸本设色，共二十一开，每开纵 28.6 厘米，横 33 厘米，

南京博物院藏

# 文徵明

【1470—1559年】

初名璧，字徵明，后改字徵仲，号衡山居士

笃行君子，翰墨自娱

『神会意解。』

文徵明（1470—1559年），原名璧，字徵明，后以字行，改字徵仲，在家中行二。其父文林与沈周的老师陈宽同年考中进士，交情匪浅。母亲在他幼年就已去世，父亲在外任官，自幼文徵明跟随外祖母长大。若按现代医学来看，文徵明的发育有些迟缓。他幼年智力迟缓，七岁才能站立，却还不会讲话；八岁开口，口齿不清，十一岁时才能与人对话。父亲却认为，“儿幸晚成，无害也”，后来文徵明进入私

塾后果然“颖异挺发”，师从吕嵩、沈周、李应祯、史鉴、陈宽、吴宽、王鏊等人，又与祝允明、都穆等往来，与徐祯卿、祝允明、唐寅并称“吴中四才子”。

尽管文徵明早已文名鹊起，但科举之路始终不顺。自二十六岁至五十三岁之间，他先后参加十次乡试，皆以落第告终。直到五十三岁这年，才经江苏巡抚举荐，终于以贡生身份入京，任翰林院待诏，参与编修帝王实录。他起初心情激动，满怀感激，希望勤勉任职以报天恩。但当时正逢明世宗与朝中大臣就皇考问题发生激烈冲突的“大礼议”事件，并进一步激化为“左顺门”血案，大批官员被逮捕入狱。亲眼目睹当朝廷杖之刑的文徵明深受惊吓与刺激，感到宦途险恶，前途未卜，加之工作乏味，礼节烦琐，同僚相轧，遂多次上疏乞归，最终在五十八岁获准辞官归去。返家之后，文徵明筑“玉磬山房”，终日以诗文书画为寄，过着平和恬淡的生活，享年九十岁高龄。

文徵明谨慎自持，循规蹈矩，追求道德完善，始终洁身自好。由于向他求字索画者甚多，文徵明制定了三条规则，即所谓“三不作”：不为藩王、宦官、外国人作画。权宦严嵩来访，他也拒绝见面；江西的宁王朱宸濠重金招募人才，就连唐寅也应召前往，而文徵明不受无功之禄，不肯攀炎附势，退回书信金钱。果然，此后宁王朱宸濠谋反，许多人牵连其中。

与沈周一样，文徵明也是山水、兰竹花卉皆能。他的山水主宗赵孟頫、王蒙，兼取赵伯驹、赵伯骕。细笔山水画是文徵明最典型的面貌，尤其是小青绿山水，如《万壑争流图》(第378页图)，行利相兼，山石勾勒又加细皴密点，用笔工细谨严，设色鲜妍雅致，且意境幽深。他的水墨粗笔山水则继承元代文人画传统，又受到吴镇、沈周等人影响，俊逸秀润，缜密虚灵。

这两种山水画风格随着他的艺术生涯而产生变化。他早期以青绿工细为主，笔墨蕴藉含蓄，格调恬静文雅；六十岁之后的晚年，则粗细兼有，细笔愈加精湛，粗笔更趋苍劲。三十九岁所作《惠山茶会图》(故宫博物院藏) 描绘了文徵明与友人蔡羽、王守、潘和甫、汤珍和学生王宠、朱朗在无锡惠山雅集的场景，是一幅青绿重彩的山水长卷，笔法仍有些稚拙感。六十一岁的《东园图》(第384—385页图)，描绘了名士们在东园雅集时的场景。东园原为明开国重臣中山王

**《真赏斋图》**

文徵明作，纸本设色，纵36厘米，横107.8厘米，

上海博物馆藏

徐达的赐园，后来由其五世孙徐泰时加以扩建与修葺。图中线条细劲连绵，笔意古拙，晕染精细可爱，充盈着雅致的文人气息。七十三岁的《兰亭修禊图》（第380—381页图）更是以青绿细笔表现广为流传的文坛佳话——“兰亭修禊”，全卷工致严谨，笔笔精到，成熟老练。八十岁的《真赏斋图》（第376—377页图）是为无锡收藏家华夏所作，真赏斋是其藏金石书画的斋室。此画在青绿中融入元人水墨，凸显刚健苍劲。同年的《古木寒泉图》（台北故宫博物院藏）则为粗笔水墨之佳构，构图饱满，境界雄峻，气势磅礴。

文徵明的花鸟画多为写生之作，数量虽远不及山水，但也取得了卓越成就：《红杏湖石图》（第382页上图）工细秀雅，笔墨精练；《兰竹图》（第382页下图）得赵孟頫遗意，大刀阔斧，潇洒秀逸。他的人物画相对较少，画法工细高古。如《湘君湘夫人图》（第383页图），人物形象古雅，衣袖飘举，姿态与传为顾恺之的《女史箴图》《列女图》非常类似，衣纹作游丝描，敷以朱磦和白粉，题跋则是用小楷书写《九歌》中的章节内容。

作为沈周的弟子，文徵明首先继承了宋元文人画传统，又自成一格。“吴门四家”中他最为长寿，且是画坛、文坛的实际领袖，“主风雅数十年”。文徵明追随者众多，不仅文氏家族中多人学习其画风，还有大批弟子，其中较著名者就有三十余人，构成了“吴门画派”的第二代、第三代，是继承和发扬吴门传统的得力骨干。可以说，吴门画派主要是在文徵明的领导之下真正发扬光大，成为明代画坛主流的。

**《万壑争流图》**

文徵明作，纸本设色，纵132.4厘米，横35.2厘米，南京博物院藏

对页图

**《万壑争流图》（局部）**

《兰亭修禊图》
文徵明作，金笺设色，纵 24.2 厘米，横 60.1 厘米，
故宫博物院藏

上图

《红杏湖石图》扇页

文徵明作，金笺水墨，纵 18.5 厘米，横 51.5 厘米，

故宫博物院藏

下图

《兰花图》扇页

文徵明作，笺纸水墨，纵 16.8 厘米，横 50.9 厘米，

故宫博物院藏

右页图

《湘君湘夫人图》

文徵明作，纸本设色，纵 100.8 厘米，横 35.6 厘米，

故宫博物院藏

先君寫此時甫四十八歲故用筆設色之精非
他幅可擬追數當時已六十二寒暑矣藏者其
寶惜之
萬曆六年七月仲子嘉題
余少時閱趙魏公所画湘君湘夫人行墨設色皆
極高古石田先生命余臨之余謙不敢今三十年矣
偶見画娥皇女英者頗作唐妝雖極精工而古
意略盡因仿佛趙公為此而設色則師錢舜舉惜
石翁不存無從請益也衡山文徵明記
少嘗侍文太史談及此圖云使仇實
父設色兩易紙皆不滿意乃自設之
以贈王履吉先生今更三十年始獲
覩此真蹟誠然筆力扛鼎非仇英
輩所得夢見也王穉登題

嘉靖壬寅徵明製

《东园图》

文徵明作，绢本设色，纵 30.2 厘米，横 126.4 厘米，

故宫博物院藏

左页下图、下图

《东园图》（局部）

# 唐寅

【1470—1523年】

字伯虎，一字子畏，号六如居士

桃花庵里桃花仙，但愿老死花酒间

『别人笑我太疯癫，我笑他人看不穿。』

唐寅（1470—1523年）命运多舛，大起大落：少年时无忧无虑，纵情玩乐；青年时聪明伶俐，春风得意；中年时突逢大变，愤懑惆怅。

成化六年（1470年），唐寅出生于繁华的苏州。他生肖属虎，故取名为“寅”，字“伯虎”。他的父亲从商，以经营一家小店铺为生。为了培养儿子，父亲专门延请塾师。唐寅自幼聪慧，但顽皮捣蛋，不喜拘束，终日与小伙伴们嬉戏，斗鸡、走马、击球都是他们的爱好，还常与屠夫走卒之辈混迹一处。他在青少年时就与文徵明、祝允明、都穆、徐祯卿、张灵等人结为挚友。年轻时的唐寅和放荡不羁的邻居张灵尤为投契，二人经常赤身裸体在水池中打闹，同在虎丘可中亭里吟诗骗酒喝，还曾与祝允明一起在风雪天扮成乞丐唱《莲花落》。

唐寅十六岁时参加秀才考试，高中第一名案首，这给几代经商的家庭带来极大荣耀。他十九岁成家后，生活富足安逸。然而，这种平静的生活并没有持续太久。五六年后，他的父母、妻子、妹妹相继离世。接连遭遇不幸，唐寅悲伤过度，又不擅理财，家道也迅速衰败下来，陷入穷困潦倒的境地。他年仅二十六岁就满头华发，作《白发》诗感叹：

清朝揽明镜，玄首有华丝。
怆然百感兴，雨泣忽成悲。
忧思固逾度，荣卫岂及衰？
夭寿不疑天，功名须壮时。
凉风中夜发，皓月经天驰。
君子重言行，努力以自私。

他为了排遣心中的苦闷和空虚，依然与友人聚会豪饮，赌钱狎妓，过着放荡不羁的生活。

看着满腹才华的老友如此挥霍自己的青春，祝允明忍不住劝诫他参加科举，赢得功名，以实现人生的远大抱负。唐寅听从了祝允明的建议振作起来，息心敛事，与朋友暂时断交一年，关门闭户，专心读书。期间他曾去福建九仙山九仙祠祈梦求事，梦中得到万筒墨，后筑“梦墨亭”。二十九岁时，唐寅参加应天府乡试，高中第一名，春风得意，遂刻印“南京解元”一方。年末，他又与江阴的徐经一同乘船到北京参加会试。不料天降横祸，第二年二月，在第二次会试结束后，户部给事中华昶突然弹劾主考官程敏政，称其营私舞弊，泄露考题，徐经和唐寅涉嫌贿赂程敏政，三人都因此被捕入狱，严刑拷打。据唐寅写给文徵明的信中记载，当时他“身贯三木，卒吏如虎，举头抢地，涕泗横集”。三个多月后，徐经、唐寅都被判有罪，终生取消功名。

唐寅仕途遭此大劫，回到家乡后，又面临外人奚落、家中打击。“童奴据案，夫妻反目”，续弦的妻子也嫌他贫困潦倒弃他而去。唐寅更加低落颓唐，整日借酒消愁，并开始钻研佛学和命理占卜之学。他自号“六如居士”（取人生如幻、如梦、如泡、如影、如露、如电之意），刻“逃禅仙吏”印，都反映出他消极避世的心态。他又自号“桃花庵主”，作《桃花庵歌》：

对页图

《孟蜀宫妓图》

唐寅作，绢本设色，纵124.7厘米，横63.6厘米，故宫博物院藏

蓮花冠子道人衣日侍君王宴
紫微花柳不知人已去年年鬭綠
與爭緋
蜀後主每於宮中裹小巾命宮妓
衣道衣冠蓮花冠日尋花柳以
侍酣宴蜀之謠已溢耳矣而主之
不挹注之竟至濫觴俾後想搖
頭之令不無扼腕唐寅

桃花坞里桃花庵，桃花庵里桃花仙。
桃花仙人种桃树，又摘桃花换酒钱。
酒醒只在花前坐，酒醉还来花下眠。
半醒半醉日复日，花落花开年复年。
但愿老死花酒间，不愿鞠躬车马前。
车尘马足富者趣，酒盏花枝贫者缘。
若将富贵比贫者，一在平地一在天。
若将贫贱比车马，他得驱驰我得闲。
别人笑我太疯癫，我笑他人看不穿。
不见五陵豪杰墓，无花无酒锄作田。

为了维持生计，唐寅开始跟随周臣学画，以鬻文卖画为生："不炼金丹不坐禅，不为商贾不耕田。闲来写幅丹青卖，不使人间造孽钱。"即便如此，唐寅仍然经济拮据，时时陷入窘境。后来，宁王朱宸濠仰慕文徵明、唐寅才名，遣人以重金至苏州聘请，文徵明婉言谢绝，而唐寅因生活陷入困顿，便接受了邀请。当他来到南昌后，发觉宁王野心昭昭，害怕陷入麻烦，只好佯装精神失常，做出种种丑态，才得以脱身返家。五年之后，宁王果然起兵造反，最终失败被诛杀。

唐寅晚年，在故乡深居简出，仍以书画谋生、寄情。由于年轻时放荡恣意的生活，他的身体与精神消耗极大，五十岁后便疾病缠身，每况愈下，终于在五十四岁的冬天告别人世，结束了跌宕起伏的一生。

唐寅才艺十分出众，绘画技能全面，各科俱能，风格多样，雅俗共赏，特别以山水和人物画称名于世。他十七岁左右开始学画，在参加会试之前，风格比较接近沈周和文徵明，多细笔山水，如《南游图》（第388—389页图）。之后逐渐接近周臣，学习南宋院体，如《渡头帘影图》（第393页图）、《春游女儿山图》（以上两幅均藏于上海博物馆），最终形成自己的面貌。唐寅的山水画风格多取北宋的崇山峻岭，在李唐、周臣的基础上更加缜密文秀，行笔中锋、侧锋刚柔并济，还创造出“白斧劈皴”。

唐寅的人物画多取材于神仙故事和名人韵事，一类画法工致，线描细劲，设色艳丽，如《孟蜀宫妓图》（第387页图）、《陶穀赠词图》（第391页图）；另一类比较粗放，线条起伏，笔墨爽利，如《秋风纨扇图》（第390页图）、《墨梅图》（两幅均藏于上海博物馆）。他还擅长写意花鸟画，活泼明净，生机盎然（第392页图）。

总之，唐寅虽然以南宋院画为基，但与浙派的一味草率霸悍又不同，显露出文人的内在气质。他的绘画艺术比沈、文匠气放纵，又比浙派文雅收敛。因此，唐寅是位隶行合一的画家。

**《南游图》**

唐寅作，纸本水墨，纵24.3厘米，横89.3厘米，

美国华盛顿弗利尔美术馆藏

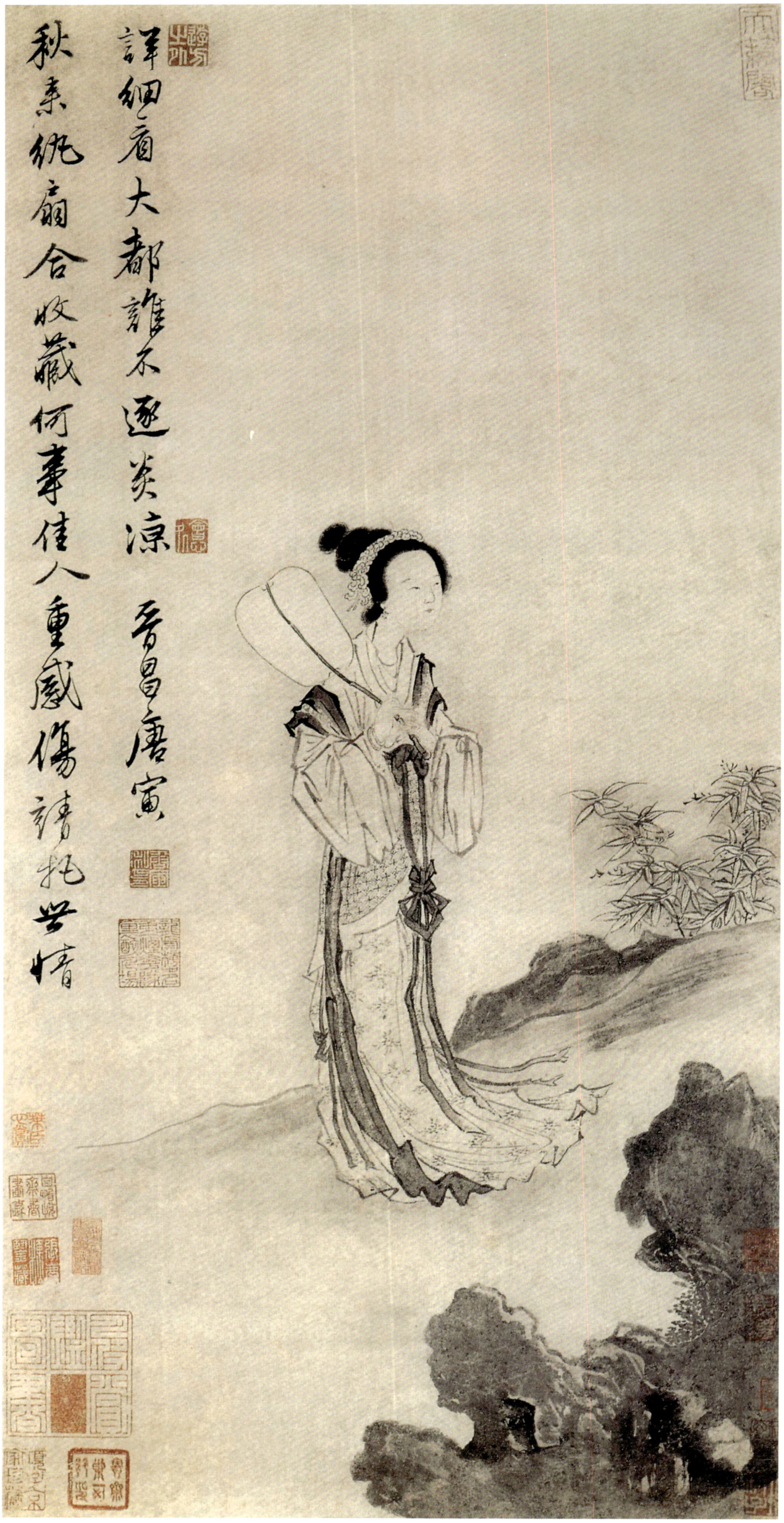


对页图

《陶穀赠词图》

唐寅作，纵 168.8 厘米，
横 102.1 厘米，绢本设色，
台北故宫博物院藏

《秋风纨扇图》

唐寅作，纸本水墨，
纵 77.1 厘米，横 39.3 厘米，
上海博物馆藏

一宵因緣逆旅中短詞聊以
識泥鴻當時我作陶承旨
何必尊前面發紅唐寅

《墨梅图》

唐寅作，纸本水墨，纵 96 厘米，横 36 厘米，

故宫博物院藏

对页图

《渡头帘影图》

唐寅作，绢本设色，纵 170.3 厘米，横 90.3 厘米，

上海博物馆藏

枯木斜陽古渡頭解包席地待漁舟
隔林遥見青帘影醵取青錢買酒甌
蘇臺唐寅

# 仇英

【约1505—约1552年】

字实父，号十洲

精丽艳逸，匠心巧工

『仇实父是赵伯驹后身』

在“吴门四家”之中，仇英（约1505—约1552年）年龄最小，文化水平最低，阅历也相对简单。历代画史均记载他年寿不永，五十岁左右即已辞世。他出身贫寒，早年做过漆工，为人雕梁画栋，还常在漆器上绘制一些山石、花草，展示出绘画天赋。为了学艺，仇英来到苏州，开始接触唐宋古画，偶然在裱画店中结识了文徵明。文徵明介绍仇英随周臣学画，并正式成为桃花坞的画工。

仇英虽然不擅诗文，在画上只能落名款不能题诗，但在艺术上深受吴中文人群体的熏陶。他与文徵明、王宠、文彭、文嘉、文伯仁、陈淳、陆治、陆师道、周天球、张凤翼等相识多年，来往密切。他们为仇英之作题诗作跋，使他的声名传播开来。仇英自知文化底蕴较浅，因而愈加刻苦用心，画艺持续精进，尤其是摹古功力深厚。通过自身不断的努力，仇英终于得到了社会的普遍认可与赞扬，跻身于“吴门四家”之列。

作为一名职业画师，仇英以卖画为生，他的顾客中有些是当时著名的收藏大家。例如，浙江嘉兴富商项元汴，不仅向他订购画作，还延请其至家中作画，并拿出家藏宋元名迹供其临摹研习达十余年。仇英也为项元汴作《临宋元六景图》（台北故宫博物院藏）、《松溪横笛图》（南京博物院藏）、《桐荫清话图》轴（台北故宫博物院藏）等。昆山富豪周六观也聘请仇英在家中六年，期间为母亲庆祝九十岁大寿作《子虚上林图》卷（台北故宫博物院藏）。晚年，仇英还为另一位赞助人陈官画过《桃源仙境图》（对页图）、《职贡图》（故宫博物院藏）等。

由于要靠画谋生，仇英不像那些家有恒产的文人画家一样只作消遣自娱，他作画的题材和手法都要考虑市场的需求，必须讲究规矩法度。为此，他从临摹古人入手，仿唐宋名家（如《人物故事册》，第396页图）。山水画方面，他师承周臣，学南宋院体刘松年一路及赵伯驹、赵伯骕，以工笔重彩为主，浓重艳丽，雍容华贵，如《玉洞仙源图》（第402页图）、《春夜宴桃李园图》（台北故宫博物院藏）。在与沈周、文徵明、文嘉等人交往之后，又吸取了文人画的笔致墨韵，也能作清劲潇洒、淡雅秀逸的水墨写意，如《柳下眠琴图》（上海博物院藏）。仇英的仕女画艺术水平也很高。他笔下的女子不像唐人丰满腴丽，也不类宋人苗条娟秀，而是削肩纤腰，细眉小口，多愁善感，柔弱娇羞，极富时代特色，如《汉宫春晓图》（第398—399页图）、《修竹仕女图》（上海博物馆藏）。

由于仇英商业化的巨大成功，明清以来，许多不知名画家常在精工艳丽的美人图、春宫画、风俗画上署上他的名号，以求得到最大的经济利益。苏州地区甚至出现了专门仿冒仇英的民间产业，伪造品称为“苏州片”（第404—405页图）。仇英虽是匠人出身，文化修养不高，却能在院体的精工描绘之中流露出清雅的士气。他凭借自己的不懈努力，以画工的身份而享有盛誉，与沈周、文徵明、唐寅并称画史，实在难能可贵。他的女儿仇珠、另一女儿的夫婿尤求继承了他的画艺。

《桃源仙境图》
仇英作，绢本设色，
纵 175 厘米，横 66.7 厘米，
天津博物馆藏

《人物故事册》（局部）

仇英作，绢本设色，每帧纵 41.2 厘米，横 33.7 厘米，

故宫博物院藏

《汉宫春晓图》

仇英作，绢本设色，纵 30.6 厘米，横 574.1 厘米，

台北故宫博物院藏

《汉宫春晓图》（局部）

《玉洞仙源图》

仇英作，绢本设色，纵 169 厘米，横 65.5 厘米，故宫博物院藏

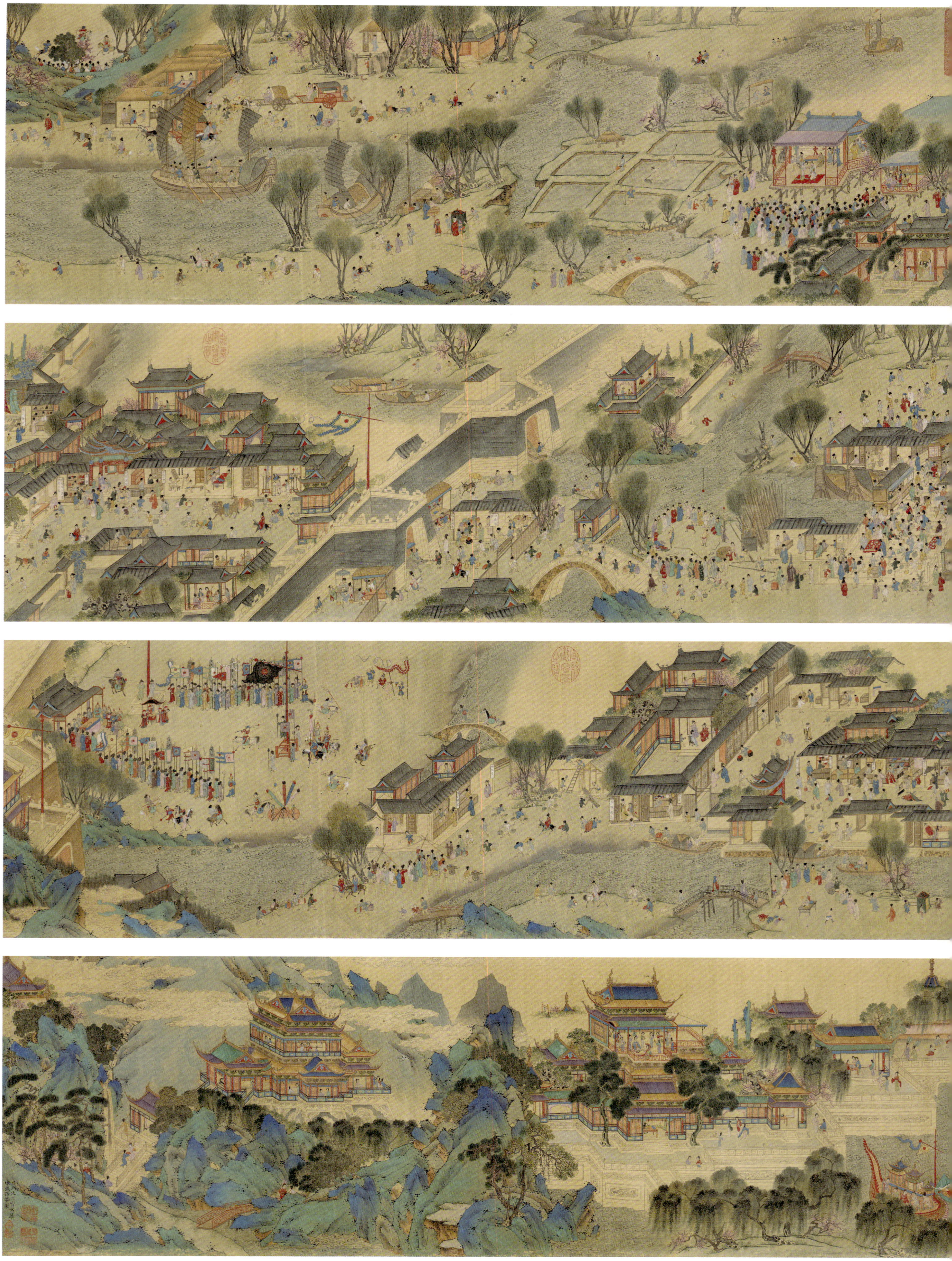

《仇英摹<清明上河图>》

（传）仇英作，绢本设色，

纵 34.8 厘米，横 804.2 厘米，

台北故宫博物院藏

《仇英摹 < 清明上河图 >》（局部）

# 徐渭

【1521—1593年】

初字文清，改字文长，号天池山人、青藤道人

落笔惊风雨，洒墨泣鬼神

『半生落魄已成翁，独立书斋啸晚风。笔底明珠无处卖，闲抛闲掷野藤中。』

徐渭（1521—1593年），浙江山阴（今浙江绍兴）人。徐渭是家中侍女所生，刚满百日，父亲就因年高离世，遂由继母苗氏和兄长抚养长大。他幼年十分聪慧，六岁过目成诵，八岁就能作八股文，又学琴习剑，胸怀大志。但是在二十岁考取秀才后，他连续考了八次竟一直未能中举。他十几岁时家中遭遇变故，长兄醉心炼丹修道，将家产赔尽，他的生母被遣散（直到十九年后，才又被徐渭接回家中奉养），继母也去世了。

年轻的徐渭已渐有名气，二十一岁时入赘潘家，生活美满幸福，但不久妻子就病逝。他非常悲痛，离开岳父家，开设学馆“一枝堂”，靠教书糊口。当时正值嘉靖年间，倭寇与海盗勾结，不断侵扰东南沿海，烧杀抢掠，徐渭对抗倭之事十分关注。朝廷任命兵部侍郎胡宗宪为浙闽军务总督，总揽东南七省军务，闻徐渭声名聘请其为幕僚，与名将戚继光、俞大猷等人一起共商抗倭大计。徐渭早年就学习剑术，又通兵法，在胡宗宪手下，才干得到充分施展。他时常着葛衣乌巾，纵谈天下大事，深得胡之赏识。正逢胡宗宪获得一只白鹿，作为祥瑞献给崇信道教的嘉靖皇帝，徐渭作《进白鹿表》，洋洋洒洒，文采斐然，令皇帝大喜，胡宗宪于是愈加重视信任他，“一切统计，皆出其手”。胡宗宪常给予他特殊待遇，在徐渭参加科考时嘱咐考官多加关照，为他出资建屋改善生活，还帮他介绍合适的续弦人选。

嘉靖四十一年（1562年），正当徐渭与胡宗宪沉浸在平倭胜利的喜悦之中，大学士徐阶授意南京给事中陆凤仪弹劾胡宗宪，罪名是“党严嵩及奸欺贪淫十大罪”。皇帝下旨将胡宗宪押解往京师，而胡宗宪下狱三年后写下“宝剑埋冤狱，忠魂绕白云”后自尽。徐渭虽反对严嵩，但认为胡宗宪既有抗倭之功，又对他有知遇之恩，胡宗宪之死给他带来极大刺激，以致脑风复发，精神失常。他将墙上铁钉撞入耳窍，血流不止，又以椎击肾囊，长期绝食，连续自杀多次，竟然都没死成。之后，徐渭又因疑心杀掉继室被捕入狱，经众位好友多方营救，七年后终于出狱。此后，徐渭四处游历，晚年更是贫病交加，在孤寂

上图

《墨葡萄图》（局部）

《墨葡萄图》

徐渭作，纸本水墨，

纵 165.4 厘米，横 64. 5 厘米，

故宫博物院藏

《杂花图》

徐渭作，纸本水墨，纵 37 厘米，横 1266.8 厘米，南京博物院藏

青藤真迹

《榴实图》

徐渭作，纸本水墨，

纵 91.4 厘米，横 26.6 厘米，

台北故宫博物院藏

中离世。

徐渭才华横溢，诗文音律无所不通。他的诗文“乱服粗头，不掩国色”，嬉笑怒骂，皆成文章；书法“强心铁骨”，有“磊落不平之气”；精通音律和戏曲，是研究南戏的专家，还著有杂剧《四声猿》《歌代啸》；此外，徐渭还编有《茶经》《酒史》、灯谜、酒牌谱。徐渭评价自己：“书第一，诗二，文三，画四。”当时人们最看重的也是他的诗文（包括戏曲），随着时间的推移才越来越重视他为绘画所做的贡献。

徐渭中年才开始学画，没有专门的师承，主要依靠自己的才华和探索，创作活动主要集中在晚年。他表现的题材多为花卉、竹石、蔬果、鱼蟹，内容奇异，含义丰富。他多用水墨，较少着色，有时甚至直接将水墨倾倒至纸上，再加以勾染，达到“墨汁淋漓，烟岚满纸，旷如无天，密如无地”的效果。徐渭在《题画梅》中谈道：

从来不见梅花谱，信手拈来自有神。
不信试看千万树，东风吹着便成春。

他的减笔写意画法行笔奔放，风驰电掣，满纸飞动；用墨技法多样，蘸墨、积墨、破墨、接墨并施。他首先大量使用吸水性良好的生纸作画，还在墨中加胶、纸上滴矾，变化丰富，视觉效果极佳，如《墨葡萄图》（第409页图）、《榴实图》（第412页图）、《黄甲图》（右图）、《杂花图》（第410—411页图）。徐渭一生坎坷，怀才不遇，胸中充塞着愤懑不平之气，他常借题写在画上的诗句抒发心中的块垒，如《墨葡萄图》题诗：

半生落魄已成翁，独立书斋啸晚风。
笔底明珠无处卖，闲抛闲掷野藤中。

还如《题墨牡丹》表达自己鄙弃富贵、傲视权势的志向：

五十八年贫贱身，何尝妄念洛阳春。
不然岂少胭脂在，富贵花将墨写神。

《题画蟹》讽刺横行的权贵：

稻熟江村蟹正肥，双螯如戟挺青泥。
若教纸上翻身看，应见团团董卓脐。

徐渭开创了一代大写意花鸟风格，以狂怪奇崛、纵横捭阖的姿态，对后世的八大山人、石涛、郑燮、李方膺、李鱓、齐白石、李苦禅等人产生了深远的影响。

《黄甲图》
徐渭作，纸本水墨，纵114.6厘米，横29.7厘米，
故宫博物院藏

# 曾鲸

【1564—1647年】

字波臣

写照如镜

『写照如镜取影，妙得精神。』

作为一名职业肖像画师，曾鲸（1564—1647年）的画家生涯无疑是十分成功的。曾鲸，祖籍福建莆田。在明代晚期，福建沿海长期受到倭寇骚扰，明军的抗倭斗争也使得此地沦为战场，加之当地经济相对落后，大批艺术家北上谋生。曾鲸成年后即离开家乡，北上杭州、桐乡、吴镇、宁波、余姚等地，后又寓居于南京鹫峰寺，以画谋生，收入比较可观。

曾鲸凭借自己出色的画技，赢得了许多文人士大夫的认可与尊重，而不因其工匠身份遭到鄙视。他曾为许多知名人士画像，如董其昌、陈继儒、王时敏、娄坚、项元汴、黄道周、张岱等江浙一带的文人逸士。他们还将画像出示给友人并请求题跋，将其作为一项风雅之事。胡宗信、项圣谟、沈士鲠、张翀、张风等人也与他合作补景。

曾鲸的肖像画“写照如镜取影，妙得神情”。他创“墨骨法”，以墨笔勾勒五官轮廓，然后傅彩，在面颊、鼻翼等处用淡墨或较重的色彩反复“烘染数十层，必匠心而后止”，以刻画面部的结构起伏，最后再罩上一层浅色。

由于曾鲸居住在南京期间正值意大利传教士利玛窦来华，利玛窦将从欧洲带来的一批圣像在教堂中展览，在当时引起巨大轰动。而曾鲸画中表现出凹凸的立体感，“如明镜涵影，踽踽欲动”，所以有学者（如陈师曾、大村西崖等）认为曾鲸吸收了西方绘画的技法。但是，也有学者研究认为这种肖像画技法本土古已有之，曾鲸早期就使用了民间画师的“江南画家之传法”“略用淡墨勾出五官之大意，而后全用粉彩渲染”。

曾鲸继承了元代王绎以来的传统技法，突出对人物面部的刻画，而将表现服饰置于次要位置，仅以寥寥数笔勾出，并能巧妙处理画面空白。他的《王时敏小像》（对页图）绘盘坐于蒲席上的王时敏，头戴乌巾，手执拂尘，身着宽袍。此画用淡墨细线勾画轮廓，以色彩渲染五官，生动表现出年轻的王时敏英俊的相貌和稳重的气质。《张卿子像》（浙江省博物馆藏）绘名医张卿子身着淡青长袍，头戴乌巾，悠然捻须，气质儒雅，神态安详。《葛震甫像》（下图）的背景大片留白，正中是身倚书籍的葛震甫。画家如此处理画面，正是为了突出葛震甫嗜书如命的特点。

曾鲸的画技“开辟门庭，前无古人”，在明末清初有了一批追随者，如谢彬、郭巩、沈韶、张琦、徐璋等人，称为“波臣派”。其中，谢彬得其真传，名闻海内，价重艺林，曾与项圣谟、蓝瑛、诸昇等人合作。谢彬的弟子顾铭北上京城为康熙写真，并在清代宫廷中产生影响。张琦曾为福建黄檗山万福寺住持费隐通容画像，此画后来被其弟子隐元隆琦带往日本。隐元隆琦在日本开创了禅宗黄檗宗，此后该派住持的画像都参照了张琦的画法，故而波臣派的影响也扩展到日本。

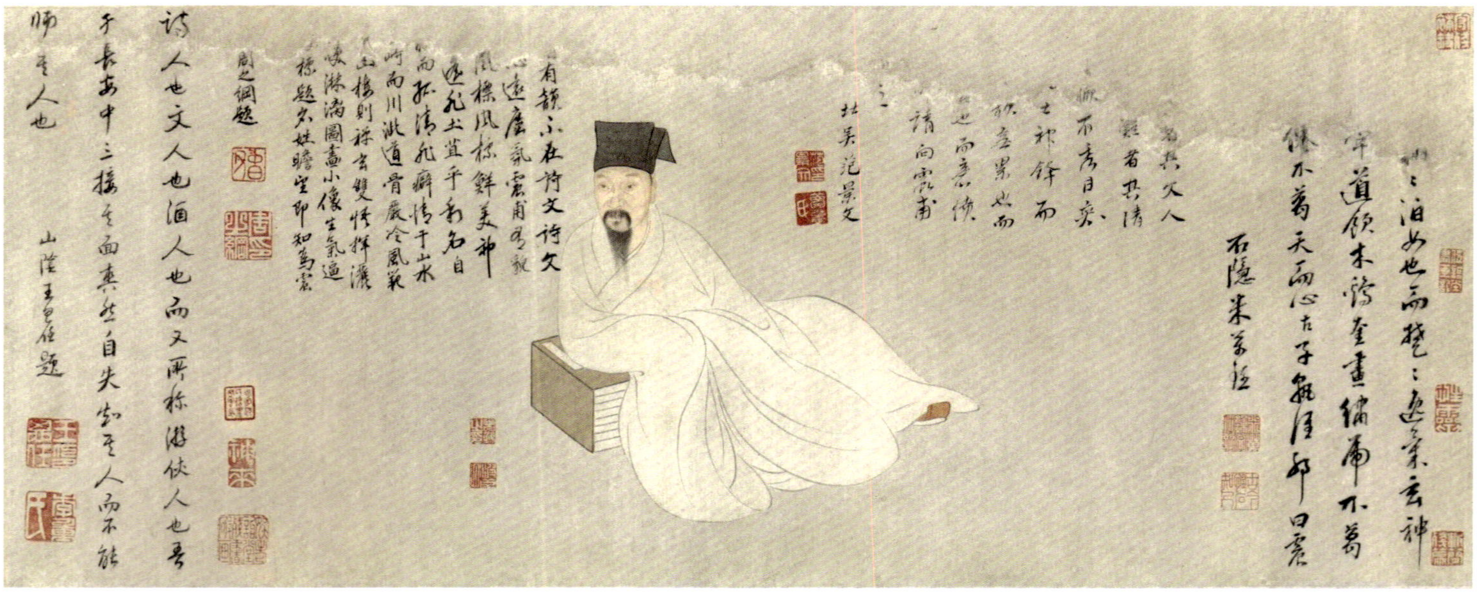

左页图

**《葛震甫像》**

曾鲸作，纸本设色，纵 32.5 厘米，横 77.5 厘米，
故宫博物院藏

上图

**《王时敏小像》**

曾鲸作，绢本设色，纵 64 厘米，横 42.3 厘米，
天津博物馆藏

# 陈洪绶

【1599—1652年】
字章侯，号老莲、悔迟

国破家亡身不死，
章侯迟悔艺不朽

『森森然如折铁纹。』

陈洪绶（1599—1652年）出生在一个官宦世家，曾祖、祖父都在明朝任官，父亲中举后仅数月便病逝，年仅三十五岁，陈洪绶当时才九岁。陈洪绶的父亲一方面醉心功名，奔忙劳碌，但功名不顺时又以宗教排解失落的心情，这种矛盾的心境和后来的陈洪绶很是相似。陈洪绶天才早慧，父亲去世后，由自幼定亲的萧山望族来氏出资供他读书。据说，他四岁时就在来家的墙壁上画了高十尺有余（三米多）的关羽像，观者见之无不惊呼下拜。陈洪绶先跟随岳父来斯行学习诗文，又到绍兴拜名儒刘宗周为师，成为他的入室弟子。刘宗周是东林党人，陈洪绶也在师门内外结交了黄道周、王毓蓍、祁彪佳等支持正义的爱国人士。这促使他树立了远大的政治抱负，渴望做出一番功业。这种渴望在考中秀才后热情更是高涨。他自诩“二十岁外，嗜酒，学诗，工书画”。随着他声名日隆，求画者络绎不绝。但陈洪绶不愿人们只看中他的才艺，有位督学知悉他的画名后向他索画，竟然遭到他的断然拒绝，由此也显示出他不畏权贵、狂放特立的个性。

二十六岁时，妻子来氏去世，陈洪绶悲痛之余，第一次进京谋求前途，却失望而返。归家后科举也屡试屡败，陈洪绶写下了自己在进取与归隐之间摇摆不定的矛盾心态：

> 人有进取不得意，辄思归隐。……
> 当其取畅林木，不无冷落之感，
> 是皆不能安于义命，借此林丘为埋忧寄愁之所也。

十几年后，陈洪绶第二次北上，入赀为国子监生，又被崇祯皇帝召入内廷供奉，临摹历代帝王画像。此时，陈洪绶已名满京城，公卿以与他相交为荣，以其片纸只字为珍，还使他赢得了“南陈北崔”之美誉。在京期间，目睹黄道周因直言谏上而被贬的遭遇，他非常钦佩敢于仗义执言的涂仲吉、祝渊等人，也因政坛昏暗而倍感失望，更因自己无能为力而悔恨。第二年清明前后，不甘于做一个宫廷画工的陈洪绶带着爱犬离开了北京，回乡后寄居在徐渭的故居“青藤书屋”。

1645年，清兵攻下浙江后，陈洪绶的师友至交王毓蓍、祁彪佳、刘宗周、倪元璐相继以身殉国，黄道周、祝渊也加入鲁王、唐王的政权，坚决抗清，为国捐躯。陈洪绶被清兵抓获，强行剃发，还险遭杀害。他侥幸逃出后避乱山中，又在云门寺落发为僧，改号悔迟、悔僧。“借僧活命”的陈洪绶怀着苟且偷生、无可奈何的心情写下诗句：

> 国破家亡身不死，此身不死不胜哀，
> 偷生始学无生法，畔教终非传教材。
> 柴屋不都随分去，莲宗小乘种因来，
> 定来金界和银界，永去歌台与舞台。

明亡后的陈洪绶十分矛盾：他一方面认为“偷生与死等”，赞美“不惜首身分”的忠臣义士；一方面又没有以死明志，在“吞声哭泣”“纵酒狂呼”中继续活了下来。造成这种纠结状态的原因是很复杂的：陈洪绶汲汲于仕途，却屡屡受挫，半生穷困，又屡屡目睹时局的黑暗；但是传统文人的品德又要求他保持对明王朝的忠诚、对抗清王朝的统治。作为一个传统的知识分子，他具有正直与软弱的双重性格。

陈洪绶在山中做了八九个月的和尚，这期间他作了大量感慨时局与抒发悔恨的感赋诗和“避乱诗”。“日长为年，无可消遣”，他辑录了自己的诗文集——《宝纶堂集》。之后，为了卖画方便，陈洪绶搬到绍兴城中，后又移居杭州。他晚年在杭州的生活比较安定，也是他艺术活动最活跃的时期。

陈洪绶的艺术修养精深渊博，他的绘画不仅题材广泛、技法丰富，而且风格奇特，旷古绝今。他的人物画上追阎立本、吴道子、周昉、李公麟等名家。陈洪绶十岁左右，曾到杭州府学拓李公麟的《七十二圣贤》石刻。他闭门临摹十日后将画作拿给朋友看，大家表示临得很像，陈洪绶很高兴；十日后他再次拿出一本，大家觉得临得不像，他却更加高兴，说明已经“数摹而变其法”。陈洪绶还曾勤奋学习周昉的画作，但他学古不仅追求形似，更注重其内在的意蕴。后来，他开始跟随本地画家孙杕、蓝瑛学画。孙杕的画风工整遒劲，而有“浙派殿军”之称的蓝瑛擅长南宋院体风格，他们对陈洪绶早期花鸟画有较大影响。此外，同时期的丁云鹏、吴彬、崔子忠等人的人物画都具有奇伟怪骇的效果，与陈洪绶一同形成了晚明“变形主义”的时代风尚，而在后世美术史家眼中这也是当时社会动荡、人心扭曲的反映。

陈洪绶还从版画、年画等民间艺术中汲取养分。他在随“一生狂放、淹博群书”的来斯行学习屈原的《离骚》时，绘制了《屈子行吟图》和《九歌》插图版画线稿，当时年仅十九岁的他已经呈现出了特殊的个人风格。他还曾为《西厢记》绘插图，设计《水浒叶子》《博古叶子》，晚明文学家张岱评价他的《水浒叶子》有“古貌古服、古兜鍪、古铠胄、古器械”。

陈洪绶笔下人物的最大特点，正如挚友周亮工的评语——“高古奇骇”：人物造型夸张，扭曲变形，往往头大身短，发高颈长，躯干壮硕，衣摆宽大，带有卓尔不群、奇崛高古的气质。他的表现技法也别具一格，早期的线条圆转，严谨工整；中年之后，方折有力，生气勃勃；晚年更加细劲，行云流水（第418—419页图）。他善用鲜亮的颜色，均匀平涂，艳而不俗，产生对比又和谐的效果，有很强的装饰意趣，画面张力十足。

陈洪绶的创作多以历史故实、佛道人物和文人雅事为题，如描绘明代才子杨慎的《升庵簪花图》（右图）。又如《归去来图》长卷（美国檀香山艺术学院藏）是为周亮工所作。清朝建立后，周亮工做了贰臣，画家特意选取陶渊明这位著名东晋隐士的文学名篇《归去来辞》为题，旨在劝诫老友不要出仕。而根据陶渊明诗意创作的作品又如《玩菊图》（第421页图）。《西园雅集图》（故宫博物院藏）是他的绝笔之作，画至一半就因疾病缠身而停笔，直到他去世七十三年后，才由扬州画派的华嵒补画了后半部分。

“四十年来谁不朽，北有崔青蚓，南有陈章侯。”陈洪绶的绘画构图大胆，构思新颖，古朴中见稚拙，妍媚中显刚正，装饰风味浓郁，艺术个性强烈。他的画风在当时就倾倒世人，好评如潮，对后世影响广泛。他的长女陈道蕴、子陈字、妾胡净鬘都直接师法他，清代以来的人物画大师，如华嵒、黄慎、金农、罗聘、海上“三任”等人无不得其神髓。这都归功于陈洪绶成功地在人物画中实现了文人画语言体系的变革。

《升庵簪花图》

陈洪绶作，绢本设色，纵143.5厘米，横61.5厘米，故宫博物院藏

黄流巨津
老遲洪綬

遠浦歸帆
仿趙大年筆意
老蓮洪綬

無法可說
洪綬法名僧悔

《杂画图》册（共八开）

陈洪绶作，绢本设色，每开纵30.2厘米，横25.1厘米，

故宫博物院藏

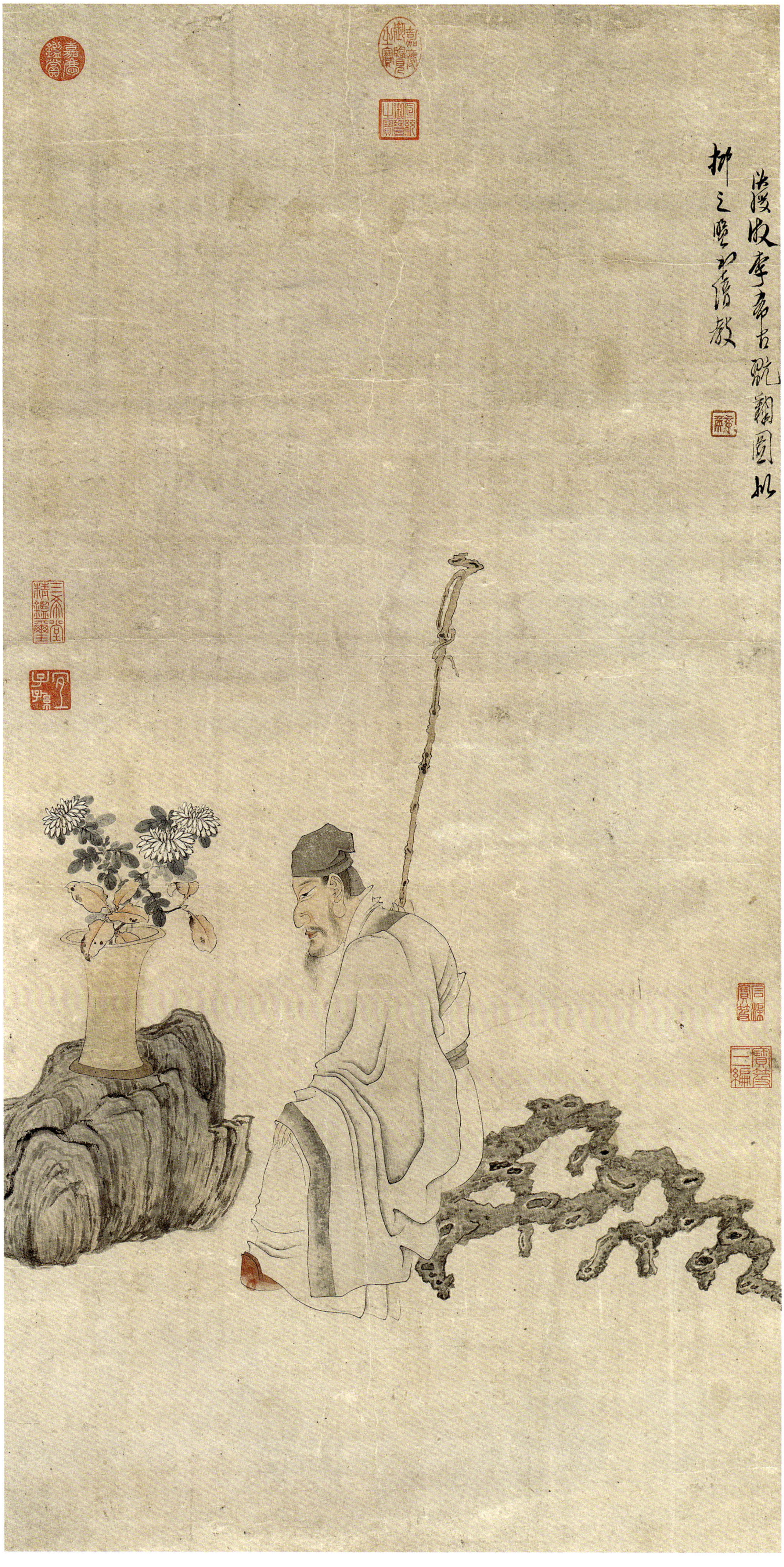

第 420 页图

《杂画图》册　夔龙补衮图

《玩菊图》

陈洪绶作，绢本设色，纵 118.6 厘米，横 55.1 厘米，

台北故宫博物院藏

# 董其昌

[1555—1636年]

字玄宰，号思白，又号香光居士

晚明画坛宗主

『读万卷书，行万里路。』

董其昌（1555—1636年）是明代艺术界最有影响力的重要人物。他祖上原先显赫，后来家境中落，以至于要典质祖传名迹。董其昌为了摆脱贫困的境遇，只能寄希望于科举取仕。但是他两次参加乡试皆落第，备受打击，又受到当时社会禅悦之风和心学盛行的影响，开始信奉禅宗，并与紫柏真可、憨山德清、陶望龄、李贽、公安袁氏兄弟等人交往，参禅论道。

因生活清苦，董其昌年轻时以教书课业为生，在市场出售自己的书法也无人问津。直到三十三岁时，他终于考中乡试；两年后又考中进士，高中传胪，被授予庶吉士，供职于翰林院，正式步入仕途。董其昌历经万历、泰昌、天启、崇祯四朝，直到八十二岁时，官至南京礼部尚书、掌詹事府，以太子太保致仕，去世后谥“文敏”。总的来说，尽管董其昌的仕途不是一帆风顺，经历过几次波折（中后期为躲避党祸，几次隐居），但官职还是一路升迁，家财也不断积累。

董其昌年轻时受到道释思想影响，不爱争强好胜，有一定软弱和妥协的性格。在晚明阉党与东林党斗争激烈的局势下，尽管身边有许多朋友都是东林党人，但是董其昌并未旗帜鲜明地支持某一方，而是选择了明哲保身，态度暧昧圆滑，努力避免纷争。他的家人却在乡里横行霸道、鱼肉乡民，其子董祖常更是“一丁不识，滥窃儒巾，万恶难书，谋充德行，倚借父势，玩藐官常”。董其昌六十一岁时，看上了陆兆英家的使女，董祖常就率领其爪牙闯入陆宅，大肆破坏，强抢民女。此事激发众怒，终于在万历四十年（1612年）三月十六日爆发了“民抄董宦”的事件。松江三县数万民众烧毁董家宅邸。“四宅焚如，家资若扫”，董其昌只得举家外逃，多年积攒的艺术珍宝也被洗劫一空。

董其昌少年时对艺术兴趣不大。直到参加松江府学会试时因为书法不佳被从第一名改为第二名，他才奋起用功，勤学苦练。他二十三岁拜陆树声为师，开始学画。利用宦游和闲居的机会，董其昌得以四处饱览山水风光，观赏韩世能、项氏天籁阁及一些友人的家藏书画，自己也搜集到了董源的《潇湘图》《龙宿郊民图》、江参的《千里江山图》、郭熙的《溪山秋霁图》、赵令穰的《江乡清夏图》、赵伯驹的《春山图》、赵孟頫的《鹊华秋色图》、黄公望的《富春山居图》等宋元珍品。

董其昌在观摩了董源、巨然、大小米、黄公望、倪瓒、吴镇等人的大量经典作品之后，临摹章法与树石画法，钻研笔墨与设色，同时主张“读万卷书，行万里路”，也要观察自然山水，以天地为师。董其昌继承了宋元以来的文人画传统，力图营造画面平淡自然的意境。他在绘画上最主要的贡献在于：拓展了笔墨的表现力，提高了笔墨的审美价值，使绘画形象摆脱了物象的固有特点，同时借鉴书法用笔，更加凝练概括，更具表现力。他反对过于雕琢、精工娴熟的技艺，主张以生破熟，以拙破能。

董其昌的山水画面貌丰富而多样，大致可分为水墨和设色两大类。其中，水墨山水数量更多，主要是临仿唐代王维，五代董巨、郭忠恕，宋代大小米，元四家等各家作品，如《葑泾访古图》（对页图）、《烟树茅堂图》（以上两件均藏于台北“故宫博物院”，后一件作品见第427页图）、《疏林远岫图》（第424页图）、《岚容川色图》（第426页图）、《仿倪山水图》扇页（故宫博物院藏）等。他的浅绛设色山水则主要师法黄公望、王蒙和赵孟頫，如《峰峦浑厚图》（辽宁省博物馆藏）、《秋兴八景图》册（上海博物馆藏）等。董其昌也有仿张僧繇、大小李、二赵、赵孟頫的青绿山水画，如《青山白云红树图》（广东省博物馆藏）、《昼锦堂图》（吉林省博物馆藏）等，以南宗画结

对页图

《葑泾访古图》

董其昌作，纸本水墨，纵80厘米，横29.8厘米，

台北故宫博物院藏

壬寅首春
董玄宰写

《疏林远岫图》

董其昌作，纸本水墨，纵98.7厘米，横38.6厘米，天津博物馆藏

对页图

《疏林远岫图》（局部）

合青绿山水，是他独具匠心的创造。

为了与职业画家相区分，董其昌格外强调画外的功夫与修养。他致力于打通诗、书、画、禅的关系，追求生秀淡雅、平淡天真的效果，还将自己的斋室命名为“画禅室”“墨禅轩”。取禅宗“无念为宗，无住为本”之意，董其昌力求依靠顿悟而非苦学来超越古人与自然，达到物我合一、物我两忘，完全自然自在的境界。

以画坛正统自居的董其昌，不仅想要越过吴门画派、与元代的赵孟頫并驾齐驱，还企图超越赵孟頫，直接传承王维、董源。与他传世的山水画相比，董其昌在前人基础上提出的“南北宗论”风靡海内外，影响更加深远。这个山水画理论以禅宗分南北二宗比喻唐代王维、李思训（李昭道）各自代表的画派。其中，南宗谱系由王维、董源、巨然、李成、范宽、李公麟、二米、元四家、沈周、文徵明等人组成，讲求“顿悟”式作画，以自娱为动机，风格为水墨渲淡，追求士气和逸品；而北宗是行家画，传派有大小李将军、赵伯驹、赵伯骕、南宋四家、戴进、仇英等人，是“渐悟”式作画，多工笔重彩，精工写实，为“娱人”而作。董其昌有意地将两个所谓的画派相对立，崇南而贬北。

“南北宗论”是中国绘画史上重要的艺术理论之一，将唐代王维、李思训以来的山水画发展历史进行了梳理与评判，涉及绘画历史研究、创作理论、评价标准等诸多方面。但是，这个理论由于毫无历史依据，逻辑不严密，存在着很大的局限性。它本质上是为适应文人画发展的需要而产生的，“以论代史”，观念先于史实。而作为鉴赏家的董其昌本人对古画的鉴定和画史的理解也有许多讹误。他本人虽然标榜“以画为寄，以画为乐”，但实际上，他出身寻常，政绩平平，也无靠山，书画就成为他与上层人物交游、博取名利的重要手段。

物以人贵，艺因人显。凭借自己显赫的身份地位，董其昌树立起了画坛的正统，后起的苏松派、云间派、华亭派等松江画家大多追随他的学说与画风。他的交游和影响力巨大，“海内翕然从之”，几乎涉及了17世纪每位重要的书画家，将明末清初命名为“董其昌的世纪”毫不夸张。进入清代之后，他的观点更是由于帝王的褒扬与提倡而风行于朝野内外。但是，由于董其昌的追随者们过分强调笔墨游戏，忽视了基本功的练习；又只知一味摹古，不求创新，给画坛也带来了不良的影响。

《岚容川色图》

董其昌作，纸本水墨，

纵 138.8 厘米，横 53.3 厘米，

故宫博物院藏

《烟树茅堂图》

董其昌作，纸本水墨，

纵 107.6 厘米，横 37.4 厘米，

台北故宫博物院藏

# 蓝瑛

【1584—1664年】

字田叔，号蜨叟、石头陀、西湖山民

法宋元大家，乃自成一格

关于蓝瑛（1584—1664年）的生平鲜少有完整的记载，只能从一些方志及著录的片段中大致勾勒出他早年的生活经历和绘画活动：他生于浙江钱塘的下层平民家庭，从小受到当地浓厚艺术氛围的影响，很早就接触绘画。蓝瑛最初也曾修习举业，并北上参加科举，但最终没有取得功名，而是“鬻画自给”，成为一名职业画家。

蓝瑛少时接受过南宋院体绘画训练，画风“法律矜严、笔墨简重”，而且精擅多种题材，人物、山水、花卉都得到时人的认可与称赞，人称颂其“皴染皆合古法”“得古人精蕴”“笔笔入古”。而后来蓝瑛在松江、扬州、苏州等地的游历，接触到了不同地域的画家与画学理念，尤其是松江画家董其昌、陈继儒、孙克弘、赵左等人，都对

上图

《白云红树图》（局部）

他产生深刻影响。在松江之行的同一年，蓝瑛收陈洪绶为徒。

蓝瑛早年从黄公望入手，遍临宋元诸家，受董其昌等人影响较大；中年之后南北兼融，开始出现个性，风格秀润清和，疏松简略；六十岁之后，在融会贯通前人技法的基础上，自立门户，形成自己的面貌，构图逐渐繁复，多绘崇山峻岭、大树参天的深山老林，画风刚柔相济，越到晚年越显露出浙派画风的狂硬。另外，蓝瑛还有一种青绿重彩没骨山水画，可能受董其昌影响而来，不用轮廓线，直接用石青或石绿平涂山石；或略用淡墨勾勒，敷色后用颜色覆盖墨线，用墨线勾出树干，然后用色直接画叶，显得古雅秀静。这一风格的存世代表作就是《白云红树图》(右图)，画面彩色浓艳热烈，却不失清雅，别具一格。

晚年的蓝瑛主要在杭州附近活动，他凭借高超的技艺和独特的画风，吸引了大批求学者，在此基础之上形成了晚明画坛一支重要的力量——武林画派。但是，尽管蓝瑛在当时影响颇大，由于受“吴浙之争”的牵连，他在画史被列为“浙派殿军”，并屡遭吴派鉴赏家的诋毁，以致清代以来身价大损，并未得到应有的关注。

《白云红树图》

蓝瑛作，绢本设色，纵 189.4 厘米，横 48 厘米，

故宫博物院藏

# 同时期其他艺术家

## 张路

浙派后学中的佼佼者——张路（1464—1538年），是一位出色的人物画家。他的性格、经历与戴进、吴伟有许多相似之处，他天资聪颖，少时为太学生，科举落第后开始以画谋生，且作品在南京很受欢迎。但他秉性倔强，不屈于权贵，曾受到官员欺压迫害。

张路受到吴道子启发，又学习戴进、吴伟的绘画风格，以水墨写意画法刻画人物，造型准确，形象简洁。他擅用折芦描和钉头鼠尾描画衣纹，背景树石则用粗笔勾皴，泼墨渲染，更好地衬托人物。他的山水画较人物画要逊色一些。

## 边景昭

边景昭（生卒年不详）是活动于永乐至宣德时期的宫廷画家。他主要继承了宋代院体花鸟画的传统，尤其是五代黄筌一路的重设色写生花鸟，如《三友百禽图》（对页图）。他的花鸟画融入了明初时代的新气象，气势恢宏，画作往往尺幅巨大，较小的也不下一米。

边景昭有“当代边鸾”的美誉，他的画风蔚然成风，追随者众多。就连爱好绘画的宣宗朱瞻基也多仿其意作画，并赐给臣下。

## 孙隆

孙隆（生卒年不详）在宣德年间入宫，他以设色没骨法画花鸟，技法源自五代的徐崇嗣与北宋的赵昌，又吸收了北宋的梁楷、法常、王渊、张中等人的写意笔法，形成了墨色兼能、没骨写意的新画风。他对明宣宗朱瞻基也有一定影响，代表作品如《芙蓉鹅图》（左图）。

左图

**《芙蓉鹅图》**

孙隆作，绢本设色，纵159.3厘米，横84.1厘米，故宫博物院藏

右页图

**《三友百禽图》**

边景昭作，绢本设色，纵152.2厘米，横78.1厘米，台北故宫博物院藏

吕纪

## 林良

林良（约1436—1487年）是成化、弘治年间的宫廷画家，早年画山水、人物，后专攻花鸟。

他的花鸟多为水墨写意，吸收了南宋院体，又受到浙派影响，还兼取草书笔法。他多取材于雄鹰、芦雁、寒鸦、喜鹊等勇猛野逸的禽鸟，粗笔重墨勾勒轮廓，形体结实；再搭配苍松古木、芦苇灌丛，点染粗简泼辣，气势雄健壮阔。

## 吕纪

吕纪是明代弘治时期著名的宫廷画家，也是明代"院体浙派"绘画的代表人物之一。他与另一位明代花鸟画大家林良时代接近，二人常常并举，都颇受明孝宗赏识。他在入宫之前主要学习边景昭的工笔重彩风格，入宫后又仿效风靡宫廷的林良的水墨写意画风，几能乱真。他"兼集众长"，工写兼有，翎毛、山水、人物俱妙，既有绘凤凰、仙鹤、孔雀、鸳鸯等充满吉祥寓意的珍禽，如《桂菊山禽图》（对页图）、《四喜图》（天津博物馆藏）；还含有讽喻的深意，如《柳荫三鹭图》（山东省博物馆藏）等巧妙规劝帝王的作品。

吕纪不仅以其杰出的花鸟画成就名震一时，还擅作诗，作画后"时缀小诗其上"。他具有深厚的文化修养，这也是他能够与多位地位显赫的朝廷重臣保持密切关系的重要原因。

## 杜堇

明初著名的人物画家杜堇（生卒年不详）自幼研习经史诸子，但在未中进士后绝意进取，终日与丹青为伴，成为一位颇有士气的职业画家，与沈周、文徵明、唐寅等人都有诗文往来。他在当时以画知名，却不肯轻易予人，因此传世画作极少。

杜堇取法于南宋李唐、刘松年，又吸收元人笔墨，形成精雅秀逸的个人特色。他目前存世的作品多为人物画，多描绘古代文人高士。他的白描人物成就最高，笔法细劲流畅，时称"白描第一高手"。可以说，继李公麟之后，杜堇又将白描技法大大向前推进。杜堇是一位多面手画家，白描人物、花果鸟兽、界画楼阁，各个画科无不臻妙。

## 夏昶

善绘墨竹的画家夏昶（1388—1470年）初师王绂，又融合元代吴镇、倪瓒的画竹之法。他画竹讲究法度，结构严谨，竹枝具有"趋然之韵，挺然之节，苍然之姿"。他画竹时起、收笔均以楷书笔法，墨色厚重，又不失清润潇洒。他善于将竹置于自然环境中，加上洲渚、风雨之景，烟姿雨色，使画面更具恢宏气势。

董其昌称夏昶是明代画竹的"开山手"。夏昶名驰域外，人们纷纷高价求购，有"夏卿一个竹，西凉十锭金"之说。据说，文徵明见过他画的竹后也不敢轻易下笔，还叮嘱其弟子"路过金陵，慎勿画竹，此中有人矣"。

## 陈淳

陈淳（1483—1544年）被称为文徵明的入室弟子，但他转承多师，自辟门径，画风与文氏意趣迥异。

陈淳早期的花鸟画还保留着较多文徵明的痕迹，作画一丝不苟，工细严谨，秀雅含蓄。中年丧父之后，他的性格产生了较大变化，开始放纵自我，饮酒狎妓，艺术风格也日益脱离文氏影响。他继承沈周的水墨写意，又兼取没骨法、勾花点叶法，再融合草书用笔，逐渐由小写意向大写意过渡。他将四时之花集于一画，多取折枝，更加突出花卉主体，花、叶、枝疏斜俯仰，形态多变，简洁灵动。他还将题诗与画面相配，使诗、书、画协调互补，相映生辉，有合璧之效。他的用笔得益于深厚的草书功力。由于他建立了文人水墨写意花卉的绘画体系，遂与徐渭并称"青藤白阳"。

左页图

《桂菊山禽图》

吕纪作，绢本设色，纵192厘米，横107厘米，故宫博物院藏

## 钱榖

作为文徵明的弟子，钱榖（1508—？）擅长山水兰竹，画风与老师近似，又略参以沈周的粗笔。他本人在画技上并未有太多创新，曾为文徵明代笔。钱榖的“纪游图”在取材、立意方面有所拓展：描绘苏州地区的名山胜景，画法较为写实；一般以所到先后排序，能够完整体现游览过程；变沈、文的独幅单景为多册集景。这种盛行于吴派后期的纪游图册在功能上也发生变化，已从文人抒情遣怀之作变为引导观众游览的“导游图”，这也表明画家身份已经介于文人画家与职业画家之间。

## 丁云鹏

丁云鹏（1547—1628年）生于雕版、制墨业发达的徽州，他工诗善画，擅长以白描作道释人物，尤其是罗汉，功力深厚，神采焕发（对页图）。晚明艺术理论家姜绍书形容观看丁云鹏之画时，仿佛与维摩诘同处一室，可与诸佛、菩萨对话。

丁云鹏的白描继承吴道子、李公麟之法，但是形象更加夸张变形，甚至奇形怪状。他的用笔受到木刻版画的影响，细劲流畅，平行整饬，具有装饰韵味。

## 吴彬

福建籍画家吴彬（生卒年不详，约活跃于明万历至崇祯期间）青年时流寓金陵，曾因画艺出众受到万历皇帝召见，并被授中书舍人，官至工部主事。天启年间，他因为私下批评奸宦魏忠贤，被魏党爪牙逮捕下狱并削去官职。他从此专心诵经礼佛，吟诗作画，过着安定恬淡的生活。

与其他职业画家不同的是，吴彬作为居士画家，将艺术创作与宗教信仰合而为一。他的作品不仅蕴含深刻佛理，形式更是别具一格。他笔下的神、佛、菩萨相貌奇特，迥异前人，如他所画《十六罗汉图》（第436—437页图）面目极度变形，高眉隆鼻，五官挤压，表情夸张，古怪又不失诙谐。吴彬的山水画更是造境奇奥，千岩万壑，险峻莫测，似乎是梦境中的奇幻世界。

## 马守真

马守真（1548—1604年）曾是南京秦淮河著名歌妓，“秦淮八艳”之一。她能诗善画，又好写传奇。她擅画水墨兰石，兰取法赵孟頫，竹学管道昇，笔墨劲爽，气韵潇洒。传说暹罗（今属泰国）使者曾以重金求购其画，并视若珍宝。马守真任侠多情，轻财重诺，与苏州文人王穉登相交甚笃，她曾想委身于王氏，王氏并未同意。王穉登七十大寿时，马守真率众歌妓乘船前往苏州为他祝寿，“宴饮累月，歌舞达旦”。她归来后却一病不起，以礼佛端坐而逝，年仅五十七岁。

## 杨文骢

杨文骢（1596—1646年）少负奇才，文武双全，能诗善画。他官至兵部郎中，在浙江抗清时不幸被俘，从容就义。孔尚任所著戏剧《桃花扇》中的一个重要道具——桃花扇，就是杨文骢以李香君之血点染而成的。杨文骢的画技杰出，他的山水画受董其昌影响较大，风格近似黄公望、倪瓒。董其昌称赞他“有宋人之骨力去其结，有元人之风雅去其佻”“出入巨然、惠崇之间”。杨文骢与董其昌、王时敏、王鉴等人并称“画中九友”。

## 崔子忠

与陈洪绶并称“南陈北崔”的崔子忠（？—1644年），数次科举不中，寓居顺天府（今北京）以画为生。董其昌在京期间，崔子忠还曾去拜访他，为他作《云林洗桐图》（台北故宫博物院藏）。崔子忠一生穷困潦倒，但为人孤高耿介，书画只愿赠予知己，不肯为重金厚礼作画。他曾经参加复社，李自成农民起义军攻破北京后，据说在土室中绝食而死。

崔子忠擅画人物、仕女、肖像，面目奇古，师法南唐周文矩，衣纹作铁线描，多曲屈转折，流畅细劲，笔墨清丽，格调超逸。他多以古代故实与神仙道释为创作题材。他的妻子、两个女儿亦能作画。

对页图

《三教图》

丁云鹏作，纸本设色，纵115.6厘米，横55.7厘米，故宫博物院藏

第436—437页图

《十六罗汉图》

吴彬作，纸本设色，纵32.1厘米，横415.4厘米，美国纽约大都会艺术博物馆藏

善男子丁雲鵬敬寫

太上皇帝之寶
乾清宮寶

恽寿平

与花传神

任颐

地怪天惊一画奴

髡残

入室山樵老黄鹤
同龛独许巨然僧

石涛

我之为我
自有我在

王鉴

作家士气咸备

八大山人

墨点无多泪点多

弘仁

家世全非肯作僧

第七章

# 清时期的艺术家

写真世宁擅

郎世宁

王时敏

开正统派，与古人通

郭忠恕后身

萧云从

# 弘仁

【1610—1663年】

俗姓江，名韬，字六奇，释名弘仁，号渐江学人，又号无智、梅花古衲

## 家世全非肯作僧

『画成未肯将人去，酒热茶温且自看。』

“四僧”之中年纪最长、生前影响也最大的是弘仁。他出身孤贫，父亲早逝，靠卖柴奉养母亲。但他未入空门之前志向远大，拜汪无涯为师，刻苦求学，研习书画，是位有名的秀才。他侍母至孝，母亲去世便绝意婚娶，无意仕宦。明亡之后，弘仁曾在福建的唐王朱聿键手下参与抗清斗争。南明唐王政权失败之后的次年，弘仁感到大势已去，复国希望破灭，遂遁入空门，这就是他为洁身守志所能做出的唯一选择了，恰如其诗云：“泣歌自禁宜称客，家世全非肯作僧。”弘仁在武夷山出家为僧，师从古航法师，法名弘仁，号渐江。在云游数年之后，弘仁返回家乡新安歙县太平兴国寺。弘仁的老家离黄山很近，他甚至感叹“家在黄山白岳之间”，于是他多次至黄山游览，或吟诗作画，或石上吹笛。不过，弘仁年仅五十四岁时，就卒于五明禅院。弘仁身平素爱梅花，晚年自号“梅花古衲”。友人遵照其遗嘱，在墓前遍植梅花以示纪念。

弘仁诗文书画兼能，绘画尤能作山水、松梅，偶画人物。他早年曾受到晚明遗民画家、姑孰派领袖萧云从的指点与影响，线条枯瘦方硬，强调勾画山石轮廓线；又上追元代黄公望、倪瓒，取其清逸枯淡之意。弘仁的山水画多取景黄山，黄山壁立千仞，奇松怪石，他的画风“入武夷而一变，归黄山而一奇”，将倪瓒表现太湖坡石的笔墨挪用到对黄山松石的描绘上。弘仁笔下的山石呈几何形状，层次分明，错落有致，线条简洁明朗，刚硬劲挺，干笔淡墨，惜墨如金，使画面营造出一派荒寒冷寂、孤傲峭拔的气象，代表作品如《黄海松石图》《雨余柳色图》（以上两件作品均为上海博物馆藏，后者见第443页图）、《松壑清泉图》（第442页图）、《晓江风便图》等。

弘仁是徽州（今安徽歙县）人。徽州的徽商资金雄厚且文风浓厚，“贾而好儒”，喜爱“元四家”，尤其是倪瓒的绘画作品，以有无藏倪画论雅俗。弘仁曾受董其昌影响，对倪瓒尤为倾慕，将倪瓒的画奉为至宝：

上图

**《晓江风便图》（局部）**

疏树寒山澹远姿，明知自不合时宜。

迂翁笔墨予家宝，岁岁焚香供作师。

明清以来，学倪瓒之人数不胜数，但都难学其神髓，只有弘仁得其真传，“遂臻极境”。但弘仁与倪瓒二人的画风又有所区别：倪瓒多取景太湖，平淡天真，弘仁则擅画黄山，峰峦奇险；倪瓒用笔轻松洒脱，“逸笔草草”，弘仁则刚健锋利，棱角分明；倪瓒胜在韵味幽远，弘仁则以风骨为上。这也与他们不同的身世、经历有关：倪瓒出身望族，寄情笔墨是为了远离尘嚣；而弘仁出身贫寒，身经国变，遁入空门，将孤傲倔强之心寄托于书画，画风更加沉静冷寂。

弘仁对徽州画家的影响很大，“江南人以有无（弘仁之画）定雅俗”，歙县、休宁一带从学者甚多，并形成了“新安画派”（徽州古称新安），重要画家还有查士标、孙逸、汪之瑞等人。这三位与弘仁合称“新安四家”。他们都宗法倪瓒、黄公望，多以黄山等实景入画，山形方折，焦墨枯毫，简洁朴素，意境荒寒。

**《晓江风便图》**

弘仁作，纸本水墨，纵 28.5 厘米，横 43 厘米，

安徽省博物院藏

右页图

**《雨余柳色图》**

弘仁作，纸本水墨，纵 84.4 厘米，横 45.3 厘米，上海博物馆藏

左图

**《松壑清泉图》**

弘仁作，纸本水墨，纵 134 厘米，横 59.5 厘米，广东省博物馆藏

鶴聲急能不於斯感暮春花
事既零喻莫傒松風還可歷宵晨爲
閒止社兄寫意於豐溪書舍丙申三月漸江仁

# 八大山人

【1624—1705年】

谱名统鏊，小名耷，

别号个山、驴屋驴、人屋等

墨点无多泪点多

『四方四隅，皆我为大，而无大于我也。』

八大山人（1624—约1705年，俗名朱耷）是朱元璋第十七子宁献王朱权的第九世孙，明皇室出身。他的祖父、父亲都精于诗文书画，而他自幼也饱读诗书，放弃荫袭，走科举入仕之路，十五岁就考中秀才。但是，明朝灭亡之后，这位弋阳王孙的命运一落千丈，“羸羸然若丧家之狗”，从显赫优裕的皇室子弟，沦落到改姓易氏、苟且偷生的境遇。满清政权要将明宗室成员斩尽杀绝，许多人被捕后全家遭处决。清军攻下南昌后，他携母亲、兄弟逃到奉新山中避难。当他发现南明小朝廷内互相倾轧、同室操戈时，悲愤地写下“岂知巢未暖，两

**《传綮写生册》（其中四开）**

八大山人作，纸本水墨，每开纵 24.5 厘米，横 31.5 厘米，共十五开，

台北故宫博物院藏

鸟竟相啄。巢覆卵亦倾，悲鸣向谁屋？”的诗句。目睹国破家亡，他的内心终于绝望，自此“栖隐奉新山，一切尘事冥”。

为躲避灾难，心如死灰的朱耷在二十三岁时剃发为僧，拜曹洞宗传人耕庵老人（宏敏）为师，法名传綮，此后成为介冈灯社的住持。能够暂避追杀，他的心态由惶恐转为平和，不仅禅学造诣精深，还吟诗作画。目前他存世最早的作品，就是顺治十六年（1659年）作于灯社的一套《传綮写生册》（上图），笔墨洒脱，构图新颖，画风疏朗俊逸。

康熙四年（1665年），清廷诏令天下，允许明宗室中隐栖者返回家园。朱耷也逐渐开始云游，与人恢复诗画往来。当年被迫遁入空门的他始终满怀悲愤，但又不得不强行压抑内心的痛苦。可是，宗教并没有彻底解脱他的痛苦，内心的矛盾和苦闷终于爆发。他在五十三岁那年的一次诗文雅集上，突发狂病，精神失常，时而伏地痛哭，时而仰天大笑，后来甚至将自己身穿的袈裟脱下烧毁。他病中字号“个山”“驴”“驴屋”等，还在门上贴一张“哑”字，与人断绝来往。他破衣烂衫，穿行于市，狂饮大醉，癫歌狂舞，步行回到南昌后，仍终日精神恍惚，癫态百出，后被他一个同族的侄儿认出并收留。后来经过治疗，病情缓解。他六十岁左右取“四方四隅，皆我为大，而无大于我也”之意，以“八大山人”为号。晚年正式还俗，以卖画为生。

八大山人的祖父山水学二米家法，写生更妙，父亲兼取吴门文沈周陆之长。但明代宗室子孙众多，且到了晚明时国库空虚，禄俸单薄，父亲靠作画贴补家用，竟劳累过度而患病早逝。八大山人天资聪慧，又秉承家学，八岁便能作诗，少年时“能悬腕作米家小楷”“工篆刻，尤精绘事”。八大山人的山水直接宗法董其昌，并上追黄公望、倪瓒；花鸟画继承沈周、陈淳、徐渭以来的写意花鸟风格，个性强烈。他的书法结字喜用异体字草书，“狂草颇怪伟”。他从五十七岁所作的《古梅图》开始，画作上只书天干，不写地支，表示有天无地。由于明朝的国土被异族所占，他也从来没有题写过清朝年号。另外，八大山人还会使用一些奇怪甚至晦涩的款识和印章，如“驴”“驴屋驴书”“刃庵”“个相如吃”“驴屋驴”“口如扁担”等。

“零碎山川颠倒树，不成图画更伤心。”八大山人坎坷的人生经历和心路历程，都反映在他的作品之上。他的山水笔法近似董其昌，意境却大不相同。他“因心造境”，构图险怪，奇崛险峻，气象荒寒冷寂，悲凉伤感，透露出画家孤傲耿介的内心世界。正如他在《题自画山水》中所写：

墨点无多泪点多，山河仍是旧山河。
横流乱世杈椰树，留得文林细揣摩。

八大山人的花鸟画成就最高，他将大写意花鸟艺术推向了抒发个性的极致。还俗之后至七十岁前后，是他创作大写意花鸟画的高峰，代表作品如《河上花图》卷（天津博物馆藏）。八大山人的花鸟画突破常规，构图大片留白，看似信守涂抹，实为空灵怪奇，给人以惊世骇俗之感。花鸟的形象使用了变形、象征的手法，赋予禽鸟、游鱼、

《荷石水鸟图》

八大山人作，纸本水墨，纵 27 厘米，横 40 厘米，

故宫博物院藏

对页图

《杨柳沐禽图》

八大山人作，纸本水墨，纵 58.4 厘米，横 119 厘米，

故宫博物院藏

《鱼鸭图》卷

八大山人作，纸本水墨，纵 23.2 厘米，横 569.55 厘米，
上海博物馆藏

下图
《鱼鸭图》卷（局部）

# 髡残

【1612—约1672年】

俗姓刘，法名髡残，字介丘，号石谿、白秃、石道人、残道者等

入室山樵老黄鹤，同龛独许巨然僧

『数声清磬是非外，一个闲人天地间。』

髡残（1612—1672年）在明亡之前就已出家为僧。他自幼夙根聪慧，喜读佛书。当时晚明政治腐败，士人禅悦隐逸成风，再加之受到精研佛理的龙人俨的引导，髡残在二十七岁时毅然自行剃度，落发为僧，法名髡残，号石溪。出家之后，髡残云游四方，清兵南下后又返回家乡武陵（今湖南常德）。在桃源深处避难，栖身于乱石丛滩之中，与豺狼虎蛇为伴，三个月餐风露宿的逃亡生活让髡残吃尽了苦头。顺治十一年（1654年），他受觉浪禅师（道盛）之邀来到南京大报恩寺校勘《大藏经》，后又拜在觉浪门下，改法名为大杲，成为曹洞宗上青系传人。此后便来到南京南郊的牛首山祖堂，主持幽栖寺。

明清以来，佛门内部派系斗争复杂，而髡残宠辱不惊，不爱俗誉，坚决拒绝继承觉浪法嗣，追求自证自悟，“如狮子独行，不求伴侣”。他后来辞去幽栖寺住持一职，到江南行脚，游览黄山胜景，师法造化，进而画技精进。他从黄山返回后，长住南京，在幽栖寺外修筑茅屋，名为“大歇堂”。朋友见其居所简陋，想集资为他营造新屋，被髡残谢绝。他幽居陋室，深居简出，除专心修禅外，就致力于书画创作。他生活态度积极，反对无所事事、懒散度日，明确表示：

> 大凡天地生人，宜清勤自持，不可懒惰。
> 若当得个“懒”字，便是懒汉，终无用处。

《层岩叠壑图》（局部）

对页图

《层岩叠壑图》

髡残作，纸本设色，纵169厘米，横41.5厘米，

故宫博物院藏

人若不勤奋，与草木无异。髡残本人十分勤勉，每日不是焚香诵经，就是登山揽胜，偶发灵感，马上提笔作画，总之不得一刻闲暇。只有这样，才能做出一番事业，立于天地间无愧于心。

髡残的山水画风格在“四僧”中是鲜明而独特的，“沉着痛快，以谨严胜”。他继承传统，受王蒙影响最深，又兼学巨然、黄公望、沈周等；同时跋山涉水，从武陵源、黄山、栖霞山、天台山、雁荡山等自然风景中汲取灵感。他的画作构图繁复，境界幽深，又擅用秃笔渴墨，浓点短线，粗服乱头，层层皴擦，苍老生辣，风格雄强磊落，朴茂粗豪。

髡残早期的存世作品极少，大多作于从黄山归来、定居南京后的晚年。“登山穷源，方能造境”，可以说，髡残一生行旅，黄山之行对他的艺术成就影响极大：

> 余住黄山时，每四序之交，朝夕晴雨之变，各得奇幻之妙，令人难以摹想。此作《山高水长图》，盖常见天都山里，处处峰插青天，泉挂虹霓，故有是作。至其曲折细微之奥，岂笔墨所能尽也哉？

尽管髡残尽心竭力学习传统，师法造化，他还常常感到自己的不足：

> 尝惭愧两脚不曾游历天下名山，又惭眼不能读万卷书，阅遍世间广大境界。两耳未亲智人教诲，纵有三寸舌，开口便秃。

髡残性格耿介，刚正不阿，他的正直人品与深厚学养深得时人敬佩。他对明王朝始终忠贞不贰，曾不顾病重体衰，前往北京、南京拜谒皇陵。当听说朋友至钟山孝陵竟然没有行礼时，髡残勃然大怒，连声叱骂，直逼得朋友认错才作罢。与髡残相交往来的既有熊开元、顾炎武、张怡、龚贤、方以智等著名遗民，也有钱谦益、程正揆、周亮工等虽改节事清但有所悔愧的贰臣。尤其与程正揆，更是志同道合的莫逆之交。

髡残在生前就享有盛誉，凭借其卓然独特的画风，为清初的金陵画坛注入了一股新风。

《禅机画趣图》

髡残作，纸本水墨，纵125.7厘米，横31.4厘米，

故宫博物院藏

对页图

《禅机画趣图》（局部）

# 石涛

【1642—约1718年】

俗姓朱，谱名若极，法名原济，字石涛，号清湘老人，苦瓜和尚

我之为我，自有我在

『古之须眉，不能生在我之面目；古之肺腑，不能安入我之腹肠。我自发我之肺腑，揭我之须眉。』

石涛（1642—约1718年）原名朱若极，是朱元璋从孙、靖江王朱赞仪的第十世孙。崇祯十七年（1644年），皇帝朱由检在景山自缢，明朝覆灭。南明政权在南方建立后，崇祯的堂兄朱由崧于该年五月在南京称监国，以次年为弘光元年。南京陷落之后，南明又出现浙江（鲁王）和福建（唐王）两股势力。石涛的父亲朱亨嘉也妄图称帝，隆武元年（1645年）于广西自称监国，短短数月之后，就又被广西巡抚瞿式耜活捉，被唐王废为庶人并幽禁而死。年仅四岁的石涛幸得王府内官（后改名为喝涛，与石涛互称师兄弟）救出，成为全家唯一的幸存者。不久，内官又带他一起在全州湘山寺出家，法名原济，字石涛。

明清易鼎之际的数十年中，广西始终被战火所笼罩，于是师兄喝涛带石涛辗转武昌、庐山、杭州等处，后至松江，拜旅庵本月为师。旅庵本月是天童寺木陈道忞之徒，曾随师上京为顺治皇帝说法，并入善果寺，还曾为去世的董鄂妃诵经祈福。石涛有一方“善果月之子、天童忞之孙原济之章”的印鉴，意在炫耀自己在禅宗临济宗内的师承关系。

康熙五年（1666年）左右，石涛来到安徽宣城，数次遨游黄山，饱览云海奇景，阅尽山川胜景，不但陶冶了性情，而且积累了丰富的素材，创作出大量描绘黄山风光的山水画，如《黄山图册》（故宫博物院藏）。除大量山水佳作之外，石涛也画了一批道释人物画，如白描《十六罗汉图》卷（美国纽约大都会艺术博物馆藏）。旅居宣城期间，他还与梅清、施润章、江注、吴晴岩等文人雅士来往切磋。康熙十九（1680年），石涛离开宣城又至南京，寄居长干寺，并结识了张怡、张总、汤燕生、戴本孝等遗民。石涛在此多写梅兰竹菊，尤其是梅花，还创作了《金陵怀古书画册》。几年之后，石涛赴扬州，为北上京城做准备。在扬州，他还结识了孔尚任、龚贤、查士标等人。

导致石涛家破人亡、被迫为僧的直接原因是南明朝廷内室操戈、自相残杀，因此他并不像其他明代遗民那样对清政府有着刻骨铭心的仇恨。相反，他的民族意识较其他人更为淡薄，功利之心更为强烈。清圣祖两次南巡时，石涛都以“臣僧”的身份在南京和扬州接驾，第二次还被圣祖康熙皇帝认出，当众呼出石涛的名字。这使他受宠若惊，感恩戴德，怀着“欲向皇家问赏心，好从宝绘论知遇”的目的，作《接驾诗》和《海晏河清图》（台北故宫博物院藏）。在终于来到北京后，石涛广交王公重臣，尤其希望攀上清宗室、辅国将军博尔都这棵大树。博尔都好与画家交往，又富收藏，石涛为他临摹了许多古画，还与正统派的领袖王原祁合作《竹石图》（第462页图）献给博尔都。石涛试图以自己的画作敲开机遇大门，但由于当时京城画坛被正统派把持，以摹古学古为正宗，这与石涛的美学思想格格不入。石涛逐渐醒悟，自己不过是一介“诸方乞食苦瓜僧”，失望地返回扬州定居，建“大涤堂”，以文会友，以画谋生。晚年的石涛脱佛入道，还俗成家，七十三岁时作诗总结自己的一生：

> 五十年来大梦春，野心一片白云因。
> 今生老秃原非我，前世衰阳却是身。
> 大涤草堂聊尔尔，苦瓜和尚泪津津。
> 犹嫌未遂逃名早，笔墨牵人说假真。

石涛的艺术比其他三僧更富含独创性与反叛精神。他不愿重复前人的脚步，其绘画艺术也充满了变革精神与自我意识。他早期深受

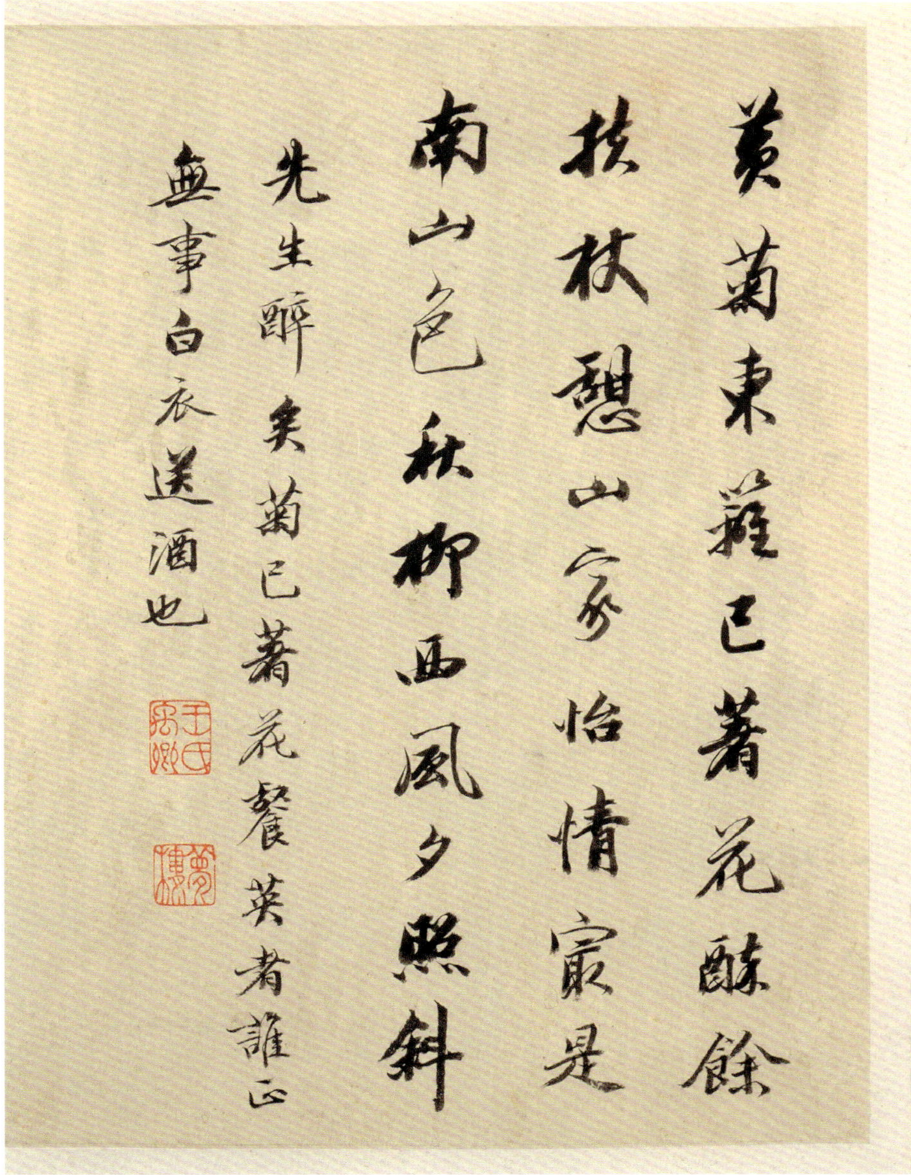

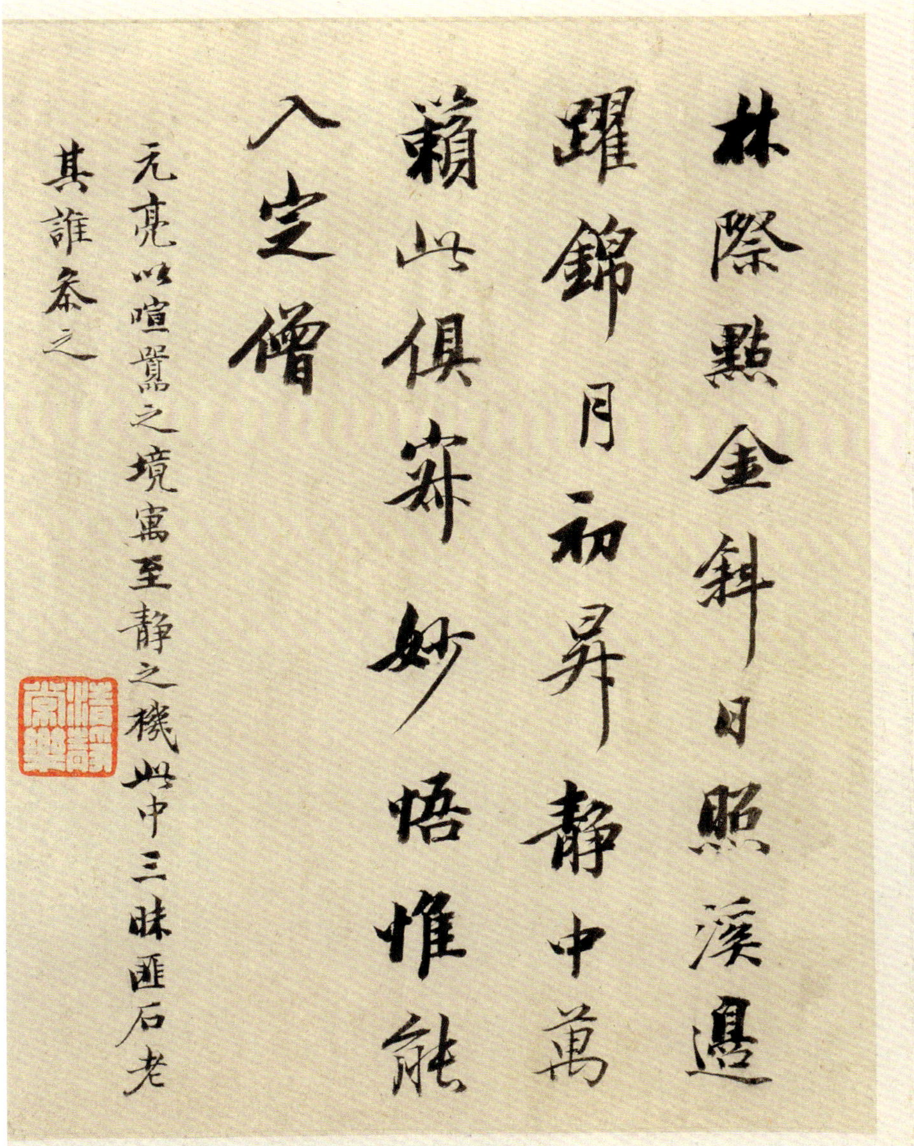

**《陶渊明诗意图册》（其一、四开）**

石涛作，纸本设色，每开纵 27 厘米，横 21.3 厘米，共十二开，

故宫博物院藏

《竹石图》

石涛、王原祁作，纸本水墨，纵 134.2 厘米，横 57.7 厘米，台北故宫博物院藏梅清的影响，但已有个性主张，如《陶渊明诗意图册》（第461页图）为早期作品的代表。画艺日趋成熟后，变古法为我法，以无法生有法，形成自己的鲜明风貌。石涛在山水、花鸟、人物等绘画门类都有较高成就。其山水面貌丰富多样，变化万千，笔墨技法也不拘一格，尤其擅于用点，如《搜尽奇峰图》（第464—465页图）；大写意花鸟既有白描，又有水墨，横涂纵抹，畅快淋漓，生动洒脱，灵气逼人，如《山水花卉册》（美国纽约大都会艺术博物馆藏，张大千旧藏）。

石涛的画学思想主要体现在《苦瓜和尚画语录》之中。此书堪称古代画论中最具体系性和逻辑性的著作，其中心思想是“一画论”。关于“一画”的含义，历来众说纷纭：有的认为是宇宙万物和艺术世界的的根本规律与法则；有的则认为指中国画、书法的基本构成要素——线条。《苦瓜和尚画语录》中还反映了石涛的革新思想，反对一味学古，“笔墨当随时代”，要“借古以开今”：

是我为某家役，非某家为我用也。纵逼似某家，亦食某家残羹耳，于我何有哉！

古之须眉，不能生在我之面目；古之肺腑，不能安入我之腹肠。我自发我之肺腑，揭我之须眉。

此外，画家需注意蒙养笔墨，从生活中汲取灵感：

墨非蒙养不灵，笔非生活不神。能受蒙养之灵而不解生活之神，是有墨无笔也；能受生活之神而不变蒙养之灵，是有笔无墨也。

石涛的言论振聋发聩，发人深省，对18至20世纪以来的中国画坛、美学理论产生了重大影响。

《竹石图》（局部）

《搜尽奇峰图》

石涛作，纸本水墨，纵 42.8 厘米，横 285.5 厘米，

故宫博物院藏

下图

《搜尽奇峰图》（局部）

# 龚贤

【1618—1689年】

又名岂贤，字半亩、半千，号野遗，又号柴丈人、钟山野老

浩瀚之气发为画

『似云行空，隐现变幻，渺乎其不可穷，盖以韵胜，不以力雄者也。』

龚贤（1618—1689年）祖籍昆山，长期生活在南京，一生以“江东布衣”自居。他出身于晚明落魄的官宦家庭，自幼就有济世之心，与东林党、复社成员来往密切，曾参与过抗权奸阮大铖的斗争。他还是明末清初诗坛的著名诗人，参加过“百二十人”的诗社，有《草香堂集》传世。明亡之后，他亲眼目睹清军的扬州十日、嘉定三屠，立志杀敌复明，写下壮怀激烈的诗句：

扁舟当晓发，沙岸杳然空。
人语蛮烟外，鸡鸣海色中。
短衣曾去国，白首尚飘蓬。
不读荆轲传，羞为一剑雄。

为了生计，也为了躲避清军追捕，龚贤应朋友之邀前往沿海一带私塾教书，并始终关注时局，五年之后又来到扬州。此时的扬州经过

战火焚燹，已经变成“城空秋鬼哭，壁破野狐穿”，龚贤特意拜祭了史可法、郑为虹之墓。晚年的龚贤回到南京隐居，在清凉山下虎踞关筑室“半亩园”，以卖画和课徒为生。

龚贤个性鲜明，政治立场坚决，对朱明王朝怀有炽热浓烈的感情，在遗民群体中具有很高的声望。屈大均、周亮工、施润章、孔尚任、黄周星、朱彝尊等文坛名流都对他十分推崇，尤其与孔尚任交情甚笃，孔尚任的《桃花扇》就是在与他的交往中完成的。龚贤本想为孔尚任作《石门山图》，但未完成却遭到“豪横求画者”逼迫，他只能写信向孔氏求助，未收到回复便去世了。龚贤身后家境萧条，还是孔尚任赶来为他料理后事。

龚贤不仅人品高尚，而且画艺精湛。他少年时和友人杨文骢随董其昌学画，精整严谨，笔墨浑厚，后来广泛涉猎各家，南北并收，雄秀兼顾，并在师造化的基础之上形成了自己的个人风格。龚贤以学习董源和黄公望为主，他的山水有“白龚”和“黑龚”两种面貌：“白龚”取法黄公望的绘画语言，用笔简洁凝练，干笔淡墨，披麻长皴，较为强调山石的外轮廓线，如《木叶丹黄图》(第470页图)；“黑龚”主要来自董源代表的江南山水画，层层积墨，沉郁厚重，多用豆瓣皴、雨点皴、小斧劈皴，如《松林书屋图》(第471页图)、《千岩万壑图》(下图)。

龚贤“天资高而功力深”，他推崇重规矩法度的正统派绘画，认为“笔法、墨气、丘壑、气韵全而始可称画”。他还是一位美术教育家，向学生传授画技时，既有图象示范（有《课徒稿》传世），又有文字讲解，还编成押韵的画诀，通俗易懂，朗朗上口，如：

沙滩石块，俱立水旁。石宜轮囷，沙宜委长。
高沙为阜，高阜为冈。高冈为岭，高岭苍苍。
山因云厚，水以滩长。岸薄水阔，苔少山荒。
山荒水阔，画之最良。我师造物，安知董黄。

又如：

千里万峰，中有主宰。
昂然者君，拱立臣采。
又若儿孙，高高矮矮。
罔不正直，各舒精采。
翠列眉端，已在天外。

后人将龚贤的艺术理念与山水步骤汇编成《画诀》《课徒画稿》等画稿（第468—469页图），供人学习临摹，具有一定的艺术普及教育意义。

《千岩万壑图》

龚贤作，纸本水墨，纵27.8厘米，横980厘米，

南京博物院藏

上图、右页图
《山水·画谱》
龚贤作，纸本水墨，
上海博物馆藏

第 470 页图

《木叶丹黄图》

龚贤作，纸本水墨，纵 99.5 厘米，横 64.8 厘米，
上海博物馆藏

第 471 页图

《松林书屋图》

龚贤作，纸本水墨，纵 271.2 厘米，横 128.3 厘米，
旅顺博物馆藏

木葉丹黃
乙丑霜寒日
半畝龔賢
石骨嶙嶒雨後山秋溪寒溜響潺潺竹松三徑繞多年愛此疏林屋兩間
康熙戊寅六月題半千畫
江邨高士奇

山中宰相陶貞白
甲子初秋
半畝龔賢畫并題

# 萧云从

【1596—1673年】

字尺木，号默思、无闷道人、钟山老人

郭忠恕后身

『细不烦琐，出笔利落。』

萧云从（1596—1673年）成长在安徽姑孰（今芜湖）一个爱好绘画的文人家庭。他的父亲也是一位画家，但成就平平。萧云从出生的那天夜里，父亲梦到郭忠恕来到他家，并说：“萧氏将昌，吾当为嗣。”萧云从此后也刻一方印“郭忠恕后身”。父亲对这个儿子抱有极大期望，为其取字“尺木”，意为龙角。

萧云从历经万历、泰昌、天启、崇祯、顺治、康熙数朝，至中年科举仍屡次不第，明末加入复社，入清后便过着隐居生活，寄兴于山水之间，“画青山而隐”。萧云从只与孙逸、汤燕生、弘仁等遗民志士往来，对慕名而来的清朝官吏则避而不见。

萧云从诗、书、画诸艺皆长。他常在画上以行草书题诗，结体瘦长，风神俊逸；诗歌创作颇丰，著有《梅花堂遗稿》（已佚），继承了杜甫反映现实、忧国忧民的传统，如《钟山梅下》感慨坎坷崎岖的复明之路，抒发对故乡的思念之情：

苍天白发总难期，野径梅花两不知。
海内有春藏北斗，雪中无路觅南枝。
玉龙战退盈城湿，瑶爵轻寒引杖迟。
尘土飘摇香未散，乾坤今见几人诗。

萧云从“源本古人，自出己意”，山水、花鸟、人物无一不精。他的人物画继承了李公麟白描人物和陈洪绶变形人物之风，造型准确，

又不失生动传神。他的《离骚图》作于清军入侵、避难高淳期间。经过长达一年的悉心研究、丰富想象，萧云从终于创作出这套“衣冠履杖，古朴典重，雅有六朝人画意”的版画精品。《离骚》的作者屈原是众所周知、伟大的爱国诗人，却“信而见疑，忠而被谤”，因国家沦陷而投江自尽。萧云从从自身经历中与屈原产生了共鸣，在画中寄寓了自己对故国的衷情和不为世人理解的哀怨。

萧云从的山水由吴门上溯宋元，“不专宗法，自成一家”，却“清快可喜”（下图）。他还受到万历以来徽派版画的影响，黑白对比强烈，线条方折整饬，笔墨枯瘦洗练，画树石时重勾勒少皴擦，带有较强的装饰趣味。他的山水风格清淡而不失力道，具有安徽画家幽辟清寒、寂静荒远的典型面貌（第475页图）。他的《太平山水图》（第474页图）表现芜湖、当涂、繁昌一带的山川胜景，全用细线勾斫，然后刻版印刷，出版后广为流行，甚至东传至日本，对日本南宗文人画有一定影响。他还启发邻居铁匠汤天池发明“铁画”，锻打铁片再焊接，作山水、花鸟、人物，畅销各地。

萧云从不仅开创了“姑孰画派”，萧氏子侄中从学者甚多，还对以弘仁为首的“新安画派”也产生了较大影响，与“新安四家”中的孙逸并称“孙萧”。

《烟鬟秋色图》

萧云从，纸本设色，纵28.3厘米，横584厘米，

天津博物馆藏

《太平山水图》

萧云从作，木版套印，纵 27 厘米，横 38.6 厘米，

故宫博物院藏

对页图

《雪岳读书图》

萧云从，纸本设色，纵 125.3 厘米，横 47.7 厘米，

故宫博物院藏

# 王时敏

【1592—1680年】

字逊之，号烟客，晚号西庐老人

开正统派，与古人通

『一树一石，皆有原本。』

“四王”之中年龄最长的王时敏（1592—1680年），出身太仓王氏，簪缨世家。祖父王锡爵曾任明万历首辅，父亲也官至翰林院编修，他年轻时凭祖荫官至太常寺奉常（掌宗庙礼仪），故人称“王奉常”。明亡之后，他继承了祖父明哲保身的政治态度，左右观望，全身而退。在清军南下攻至太仓时，他迫于形势，也为了城中百姓安危，主动开城迎降，归顺新朝。此后王时敏审时度势，再未出仕，而是购园筑所，营造“西田”“归村”，读书吟诗，作画会友，过上了“田圃樵牧”的隐居生活。他晚年“老病穷悴”，生活逐渐拮据，便鞭策子孙读书入仕，其子王撰、王掞，孙王原祁都考中进士，且官至高位，子孙的进取和功名使得王时敏终于度过了安逸的一生。

王时敏幼时备受祖父王锡爵宠爱，祖孙二人同室起居，一直到他十七岁成婚。王家富有收藏，耳濡目染，王时敏在七岁时便展现出对绘画的兴趣，祖父见此更是不惜重金购名画，又请来初涉仕途的董其昌亲自指点他学画。董其昌为王时敏整理出王维、董源、米芾、李

《仿黄子久山水图》（局部）

成、范宽等人的画法特点，还亲作树石画稿供其临习。而王时敏则认真研习，每得一画，必赏析琢磨，若有心得便欢呼雀跃，旁若无人。明末，王时敏便已擅名于时。在诗人吴伟业的《画中九友歌》中，他已与董其昌、杨文骢、程嘉燧、张学曾、卞文瑜、邵弥、李流芳、王鉴等江南文人画家并称为“画中九友”，与王鉴并称“江左二王”。

王时敏直接继承了董其昌这位文人画宗师领袖的画学思想和创作技法。他将仿古与创作合而为一，一心一意崇古、学古、拟古，“一树一石，皆有原本”。他坚持要与古人“血脉贯通”，以至于达到“与古人同鼻孔出气”的境界（第478—479页图）。如董其昌一样，王时敏奉南宗山水为正统，以元人为楷模，除了醉心于黄公望（右图），以“得子久脚汗气”为荣，也爱仿倪瓒。他心追手摹，长年累月，纯熟掌握了古人的笔墨格局与技巧，形成了所谓“笔墨清润，体格古淡”的个人面貌，做到了“运腕虚灵，布墨神逸，随意点刷，丘壑浑成”。

晚年的王时敏画技益臻。但是，尽管他的丘壑布置、行笔运墨都在追仿黄公望，但是气质神韵却远不能及。这是因为他们两人的人生境遇和艺术旨归都大相径庭：黄公望经历坎坷，深刻体察社会现实，又浪迹于真山真水之间，画中融入了他的人生感慨和对自然的真实感受；而王时敏一生总体顺遂，出身不失富贵，艺术创作也仅限于闭门造车，未能从造化汲取灵感。因此，尽管王时敏的画作严谨精道，还是缺失了那种动人心魄的力量，难脱甜俗之气。

王时敏不但在师法古人、追求笔情墨趣上达到了新的境界，而且谦和豁达，奖掖后进，堪称一代画苑领袖。他的孙子王原祁就直接受其指点，广学宋元诸家；王翚因画艺深受其赏识，甚至得以临摹家藏名迹；恽寿平、吴历等人也曾得到他的提携。

右图

《仿黄子久山水图》

王时敏作，纸本设色，纵177.8厘米，横57.1厘米，

大英博物馆藏

第478—479页

《仿古山水册》（第九、十开）

王时敏作，纸本设色，每帧纵25.7厘米，横18.7厘米，共十开

故宫博物院藏

倣黄子久

趙文敏團扇小
幀布景閎偉有
尋丈之勢因倣
其意爲作此畫

# 王鉴

【1609—1677年】

字玄照，后改字元照、圆照、元炤，号湘碧，自称染香庵主

作家士气咸备

『苍笔破墨，丰韵沉厚。』

在清初的“四王”画派中，存在着两种不同的风格类型。一种以王时敏、王原祁祖孙为代表，他们沿着董其昌倡导的南宗绘画方向，致力于纯化“文人画”的语言与境界，注重笔墨的抽象表现。第二种以王鉴、王翚师徒为代表，则是冲出了“南北宗论”的藩篱，追求“作家兼士气”，在隶家中融入行家的因素。

王鉴（1609—1677年）与王时敏年龄相近，出身也类似。王鉴的祖父（一说为曾祖）是明代著名文坛领袖、后七子之一王世贞（1526—1590年），王世贞与其弟王世懋都精通画理，喜好收藏，是吴门画派后期重要的赞助人。王鉴在这样的家族中成长，遂培养出浓厚的艺术兴趣。

王鉴入清后隐居不仕，专心投入书画创作。他曾拜访过董其昌，见到其收藏的董源、巨然画迹和赵孟頫的《鹊华秋色图》卷，并受到董其昌画学的影响，二人结为忘年之交。王鉴在游览北京、苏州、杭州、南京等地时，遍览各地收藏古迹，尤其是宋元名画，如董源《潇湘图》《溪山图》、范宽《峰峦叠秀图》、赵孟頫《水村图》《九夏松风图》、黄公望《浮岚暖翠图》《陡壑密林图》、王蒙《云壑松阴图》《南村草堂图》等。这些经历加深了他对宋元绘画的理解，也促使其画风在中年产生不同的变化。如王鉴出游武林（今杭州）时创作的《四家灵气图》（对页图），集元四家笔墨之大成，堪为其中年艺术之佳作。

王鉴比王时敏的师古更加宽泛，既临仿宋元诸家，也上追唐宋青绿，除了南宗的董巨与元四家，尚有南宗内的北方山水大家李成、范宽及其传派，也有介于南北宗之间的三赵，甚至北宗的李唐及其传派。他由早年的浑厚到晚年的秀雅，主要取法董源、巨然，并借鉴王蒙尖细繁密的笔法，但面貌更为丰富，如传世作品《梦境图》（第482页图）。他既重视笔墨趣味，也不忽视丘壑变化，布局平中有奇，物象和谐有序，笔力沉着又含蓄灵秀，墨色滋润又层次丰富，色彩清新明快，在“四王”中风格较为平实，对清代画坛也有较大影响，与王时敏一同“有开继之功”。

《四家灵气图》

王鉴作，纸本水墨，纵 130 厘米，横 53.5 厘米，

故宫博物院藏

《梦境图》

王鉴作，纸本水墨，纵 162.8 厘米，横 68 厘米，

故宫博物院藏

对页图

《梦境图》（局部）

# 王原祁

【1642—1715年】

字茂京，号麓台，又号石师道人、西庐后人

笔端如有『金刚杵』

『熟而不甜，生而不涩，淡而弥厚，实而弥清。』

"四王"中的第二代画家——王原祁（1642—1715年）出身娄东望族——太仓王氏，祖父是清初画苑领袖王时敏，父亲王揆也是"太仓十子"之一。王时敏对这个孙子十分疼爱，常伴其左右观摩作画。王原祁儿时就展现出过人的绘画天赋，据说他十岁时偶作一幅山水粘在书斋壁上，竟被祖父误认为是自己所画。得知真相后，王时敏断言"是子业必出我右"，遂更加悉心教导王原祁。

王原祁步入仕途后，恰逢康熙皇帝为巩固政权笼络江南士人、大力重用江南官员。王原祁为官清廉，体恤爱民，仕途顺畅，曾入值南书房。有一次，皇帝观王原祁作画，不觉日影西斜，便赐诗于他，王原祁将其中"画图留与人看"一句刻成印章，频繁使用以示皇恩。他既为皇帝作画，也鉴定内府藏品，还曾三次随康熙南巡，深受器重。晚年的王原祁不断加官晋职，主持编纂《佩文斋书画谱》，并领导绘制庆贺康熙六十大寿的《万寿盛典图》。

王原祁从弱冠开始，正式跟随王时敏学画，"方明董巨正宗法派，于子久为专师"，精心研习，并得到王鉴等人的大力赞誉。他深受祖父影响，遍摹南宗各家，一生崇拜黄公望，将毕生绘画实践都投身于对古代大师名作的研究，在"仿古中求脱古"。现存于故宫博物院的《富春山居图轴》是王原祁习黄公望的代表作（第488页图）。画中经营位置、山脉开合起伏以及笔墨运用方面都反映出王原祁对黄公望画风了如指掌。另一件《仿大痴山水》（第489页图）也是相同题材的作品。他作画讲求理、气、趣兼集，从古人作品中提炼各种树石屋舍的图式符号，再重新组合，以"龙脉"之法布局构图（第486页图）；又用干笔淡墨，层层皴染，焦墨提醒，用笔浑融厚重，笔端如有"金刚杵"，取得了"淡而厚，实而清"的效果（第485、487页图）。

王原祁不仅画艺出众，对于诗文也颇擅长，"襟怀高旷，工诗善文，兼精六法，寸缣尺素，流传禁中，时称艺林三绝。"他的绘画理论散见于《雨窗漫笔》《麓台题画稿》中，基本沿袭着董其昌的"南北宗论"体系，将南宗画与文人画合而为一，提出纯之又纯的"南宗正脉"。

王原祁是清初"南宗"绘画的集大成者，且地位显赫，故从学者遍布朝野。传派娄东派中有唐岱、董邦达、方士庶、张宗苍、小"四王"等人。当时所谓"海内绘事家，不为石谷（王翚）牢笼，即为麓台（王原祁）械纽"，即足见王原祁之影响力。

对页图

《桃源春昼图》

王原祁作，纸本设色，纵32.4厘米，横24.8厘米，美国纳尔逊—阿特金斯艺术博物馆藏

桃源春画
仿赵承旨
丙戌清和
御题

《山中早春图》

王原祁作，纸本设色，

纵 100.1 厘米，横 44.7 厘米，

辽宁省博物馆藏

右页图

《神完气足图》

王原祁作，纸本水墨，

纵 137.2 厘米，横 71.8 厘米，

故宫博物院藏

學者作畫必須神完氣足
於筆法不透則氣不昌渲
染未化則神不出非可為淺
學者語也 明吉問畫於
余特作此圖示之慘澹經營
屢有年所而終未愜心方知
入室之難 明吉勉旃
戊子臘月望日題
王原祁

《富春山居图轴》

王原祁作，纸本水墨，

纵 98.8 厘米，横 60.1 厘米，

故宫博物院藏

右页图

《仿大痴山水》

（康熙戊子）

王原祁作，纸本设色，

纵 91 厘米，横 49 厘米，

天津博物馆藏

南溪年世兄篤好風雅於余畫有
嗜痂之癖相訂有年今至仕將行
又蒞鄞臺名勝特作此圖以踐前
約并誌 賀私
康熙戊子小春倣大癡筆
婁東弟王原祁

# 王翚

【1632—1717年】

字石谷，号耕烟散人、剑门樵客、乌目山人、清晖老人

山水清晖，集古大成

『以元人笔墨，运宋人丘壑，而泽以唐人气韵。』

王翚（1632—1717年）的家乡位于江苏虞山（今常熟），与黄公望是同乡。传说他出生时“墨香满室，三日不散”，这些传说般的异象似乎预示着他将在艺术方面取得的成就。他出身于绘画世家，祖上四代都是著名职业画家：曾祖父王伯臣擅长花鸟，学崔白画风，受到沈周的称赞；祖父王载仕志趣高雅，山水、花鸟、人物皆能；伯父王鋆鳌、父亲王鋆龙都工山水花鸟。在家庭的熏陶下，王翚自幼显露出过人的天赋：六岁就拿着芦荻在墙壁上作枯木老树，初入书塾就能随意点染山水。王翚十六岁时，跟随本地画家张珂学画，初露头角。十九岁时凭借一幅扇面得到王鉴的赏识，遂被收为弟子。不久，王鉴又将他引荐至王时敏处，已年逾花甲的王时敏连呼“此烟客（王时敏号）师也”。王时敏极为爱惜王翚的才华，不仅拿出西田别业珍藏的历代名迹供其临仿，如《小中见大册》，还把他介绍给唐宇昭等知名藏家。王翚得到两位前辈的悉心栽培，又观摩大量名画，勤奋临习，画艺自然突飞猛进。王鉴评价他“年少才美，其画学已入宋元名家之室，形似神似”；王时敏更是骄傲地表示“五百年来从未之见，惟吾石谷一人而已”。

康熙即位之后，曾经六次南巡，考察黄河治理情况，了解江南风土人情。首次南巡之后，遂决定将此盛况绘图以纪。王翚的学生、同乡，时任兵部左侍郎的宋骏业奉命主持绘制《康熙南巡图》（第492—493页图），他向朝廷举荐了王翚担任主笔。王翚北上京城后，构思设计《南巡图》，其中大部分山水由他亲自执笔，其余人物、建筑等由助手完成。《南巡图》共计十二卷，卷帙浩繁，场面宏大，人物众多。这项浩大的工程完成之后，王翚得到皇帝召见。他不仅凭借精湛的画艺“深得上旨”，还得到皇太子胤礽赐题“山水清晖”四字，王翚遂自号“清晖主人”。他声名愈隆，如日中天，有“画圣”之誉。王翚在京时，与满汉权贵交结往来，还将人们的赞美之言编成《清晖赠言》一书。七年之后，带着在京城获得的巨大殊荣，王翚回到家乡，追随者众多，形成了“虞山派”。

由于职业画家的身份，王翚的作品比“四王”其余三家都更富于变化。他本就摹古功力深厚，广泛涉猎唐五代宋元诸家画迹，力求“以元人笔墨，运宋人丘壑，而泽以唐人气韵”，在师古中融汇贯通。王翚合南北宗为一手，将南宗的笔墨气韵与北宗的丘壑造景结合起来，有集大成之功。他三十至六十岁左右是艺术创作的高峰时期，数量多且质量高，如《溪山红树图》（对页图）、《岩栖高士图》（故宫博物院藏）等。晚年却少有佳作，因求画过多，不得不产出大量重复、草率的应酬之作，或由弟子代笔，难免有粗制滥造之嫌。

《溪山红树图》

王翚作，纸本设色，纵112.4厘米，横39.5厘米，台北故宫博物院藏

石谷此畫雖倣山樵而用筆措
思全以右丞為宗故風骨高奇迥
出山樵規格之外春曉過婁携以
見眎余初欲留之知其意頗自珍不
忍遽奪每爲悵悵然余時方苦嗽
得此飽玩累日霍然失病所在始
知昔人檄愈頭風良不虛也
庚戌穀雨後一日西廬老人王時敏題

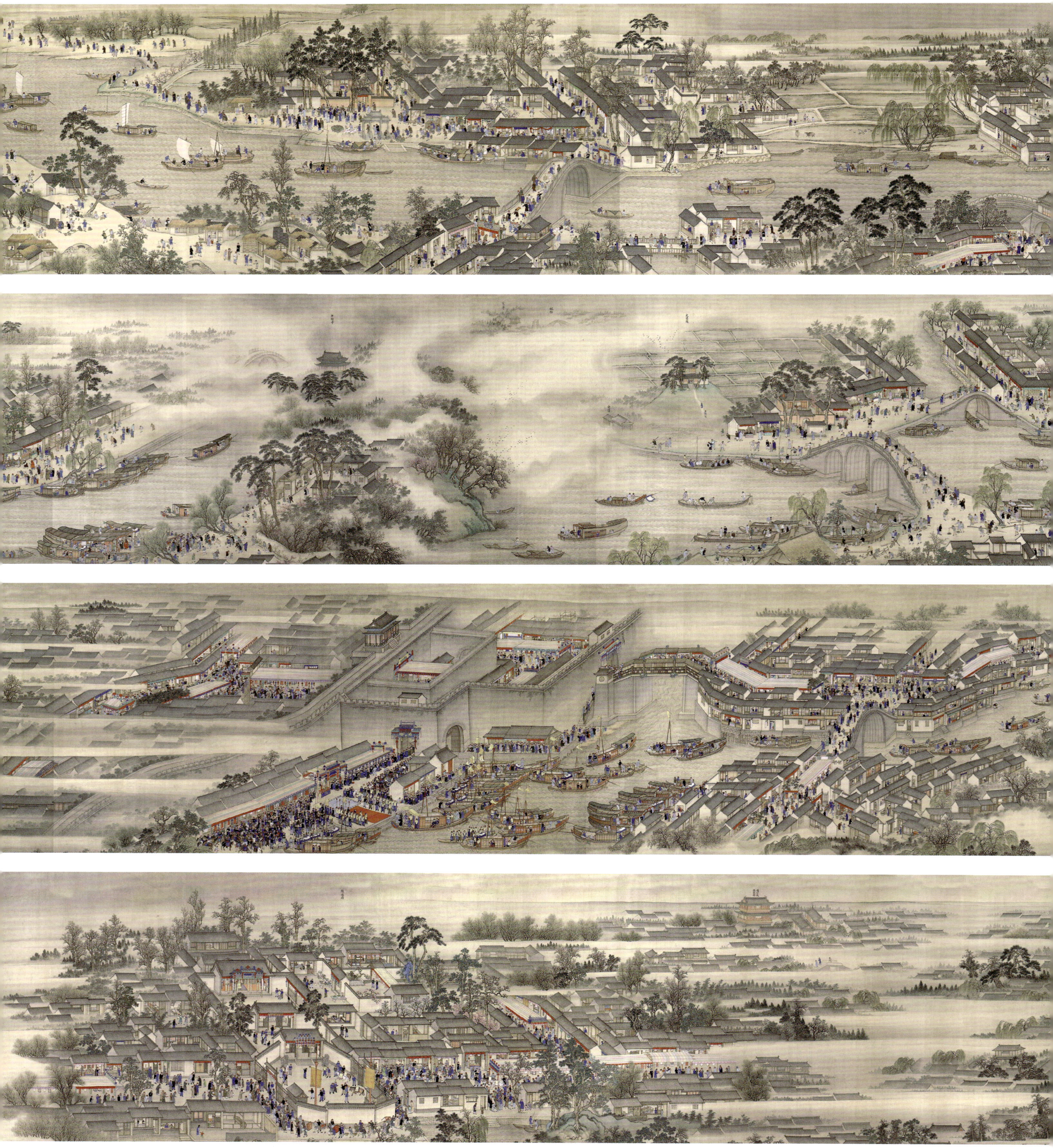

**《康熙南巡图》第七卷（无锡至苏州）**

王翚等作，绢本设色，纵 67.8 厘米，横 2195 厘米，

加拿大阿尔伯塔大学博物馆藏

第 494—497 页图

**《康熙南巡图》第七卷（局部）**

# 恽寿平

【1633—1690年】

又名格，字正叔，号南田、白云外史

没骨写生，与花传神

『笔墨本无情，不可使运笔墨者无情。作画在摄情，不可使鉴画者不生情。』

晚明遗民画家恽寿平（1633—1690年）的早年经历极富传奇色彩。他先祖皆在明朝为宦，父亲、堂伯、堂叔都是文人名士。父亲恽日初是复社成员，师从刘宗周，与晚明著名遗民黄宗羲同窗。恽寿平的父亲恽日初常心怀报国之志，在明末革除弊政的活动失败后返回故乡，明亡后又积极参与反清活动，并且一直将恽寿平带在身边。1645年，清军攻入江南地区，恽日初装扮成僧人，携恽寿平辗转于浙江、广州、福建等地避难。流落到福建建宁时，投奔义军领袖王祁。清廷派闽浙总督陈锦攻破建宁后，恽日初遁入空门，而年仅十几岁的恽寿平也差点被俘入狱。恰在此时，陈锦之妻见到恽寿平相貌清秀、聪明伶俐，又擅作画，心生喜爱，便将其收为养子。她笃信佛教，带恽寿平游览杭州灵隐寺时，偶然遇见了恽日初。恽日初灵机一动，借方丈之口说恽寿平“宜出家，不然且死”，将恽寿平留在寺中，父子团聚，不久共同返家。这一经历还被王时敏第五子王抃改编成了杂剧《鹫峰缘》。恽寿平回到家乡之后，不肯出仕，开始学画、卖画的生涯，继续与复社同仁往来，晚年筑室“瓯香馆”。他二十四岁时与王翚相识，二人一同出游、观画、切磋，互为知音，结下了终生的友谊。而恽寿平一生生活拮据，家境窘迫，以至于去世时都无力操办丧事，还是王翚帮忙办理的。

相传恽寿平是由于认为自己的山水画不能超过王翚又耻为第二，才改学花鸟，其实不然。恽寿平早年继承家学，跟随伯父恽本初学习山水，宗法宋元名家，特别是二米、倪瓒、王蒙等人；画风空灵清旷，苍郁秀逸，“一丘一壑，超逸高妙，不染纤尘”；且也能作青绿山水，比王翚更加简洁疏朗，秀逸清隽。因此，客观地说，恽寿平一生其实并没有停止山水画创作，只是他的没骨花卉更加出名，掩盖了山水画艺术的造诣。

恽寿平最杰出的贡献在于，远承并发展了北宋徐崇嗣的“没骨法”。他画花卉“以五色染就，不见笔迹”，花瓣枝叶几乎全用渲染，只用极细的线条勾筋脉，生动灵巧；用色多轻敷薄染，少厚涂，清爽雅致；构图布置更是讲究，花团锦簇，俯仰多姿，花瓣、叶片、枝茎变化丰富，鲜活俊逸（第499—503页图）。他摆脱了一般文人画家不太讲究形似的局限，坚持面对实物写生的手法，诚如他所言：“每画一花，必折是花插之瓶中，极力描摹，必得其生香活色而后已。”

恽寿平笔下的一花一木，色彩淡雅明丽，生机盎然，达到了“与花传神”的境界。他确立的“写生正派”重规矩法度，形神兼具，影响很大。当时“无论江南江北，莫不家家南田（恽寿平号），户户正叔（恽寿平字），遂有‘常州派’之目”。

恽寿平的《南田画跋》辑录了他的画跋及题画诗，体现出其绘画思想。“摄情”是他论画的核心。比如，他强调作画和赏画时都要投入真情实感：“笔墨本无情，不可使运笔墨者无情。作画在摄情，不可使鉴画者不生情。”自然万物也有情，故画家应当饱含感情进行创作：“春山如笑，夏山如怒，秋山如妆，冬山如睡。四山之意，山不能言，人能言之。”又如，画秋日景色，需要表现出“秋令人悲，又能令人思”的情致。

第 499—503 页图

《山水花卉神品册》

恽寿平作，纸本设色，每开纵 27.5 厘米，横 35.2 厘米，共十一开，

故宫博物院藏

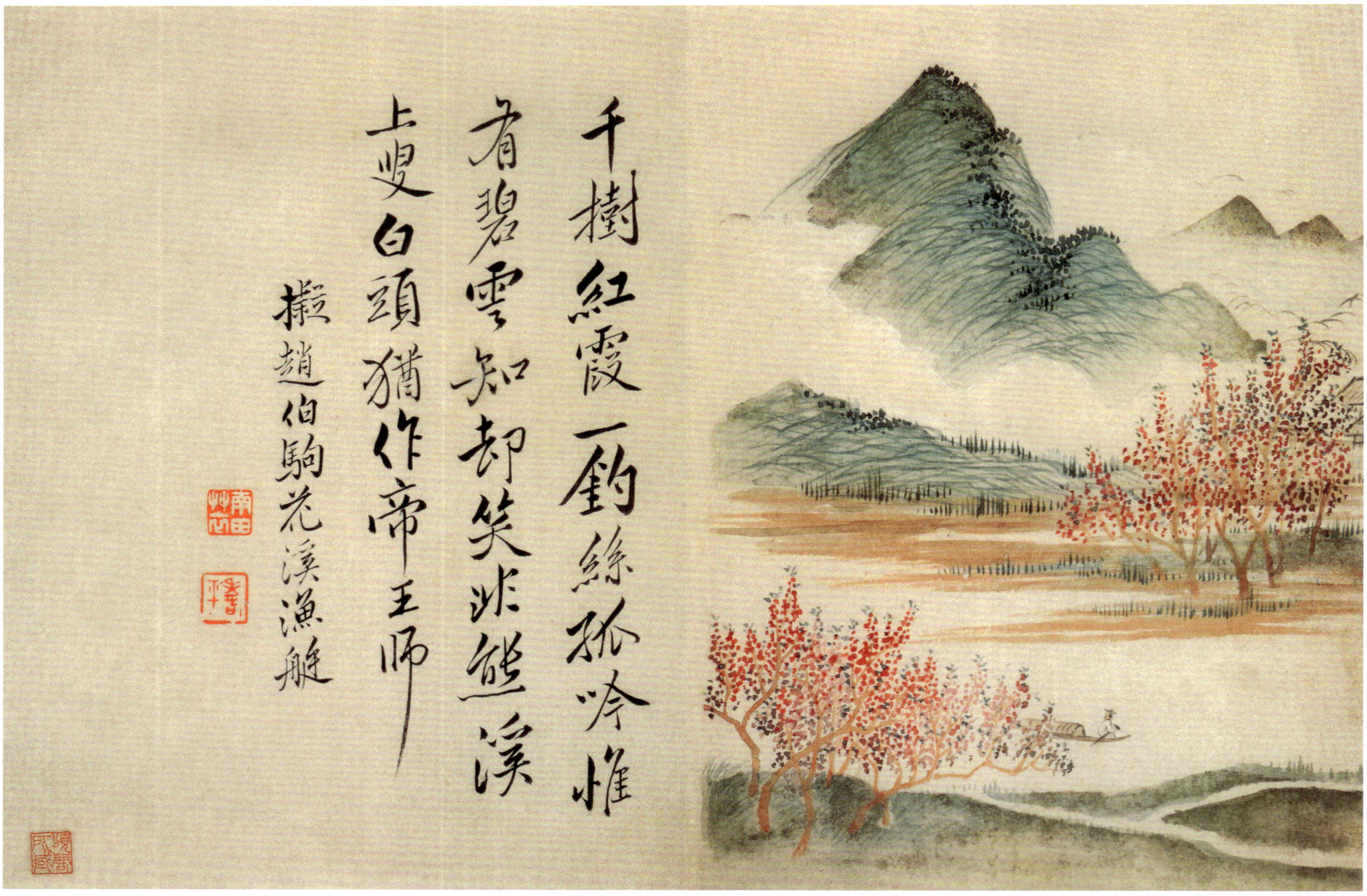
千樹紅霞一釣絲
孤吟惟有碧雲知
却笑兆熊溪上叟
白頭猶作帝王師
擬趙伯駒花溪漁艇

嬌春雙豔

乌鹊将棲处溪烟欲上时秋声何处起风在最高枝
梅曹云西风林晚鸦
翥平

琳池鱼藻
临刘家本

如在空山雨後聽風梢吹落半
簾青待作三尺梁園雪化作瑤
天白鳳翎
臨鷗波老人琅玕春色

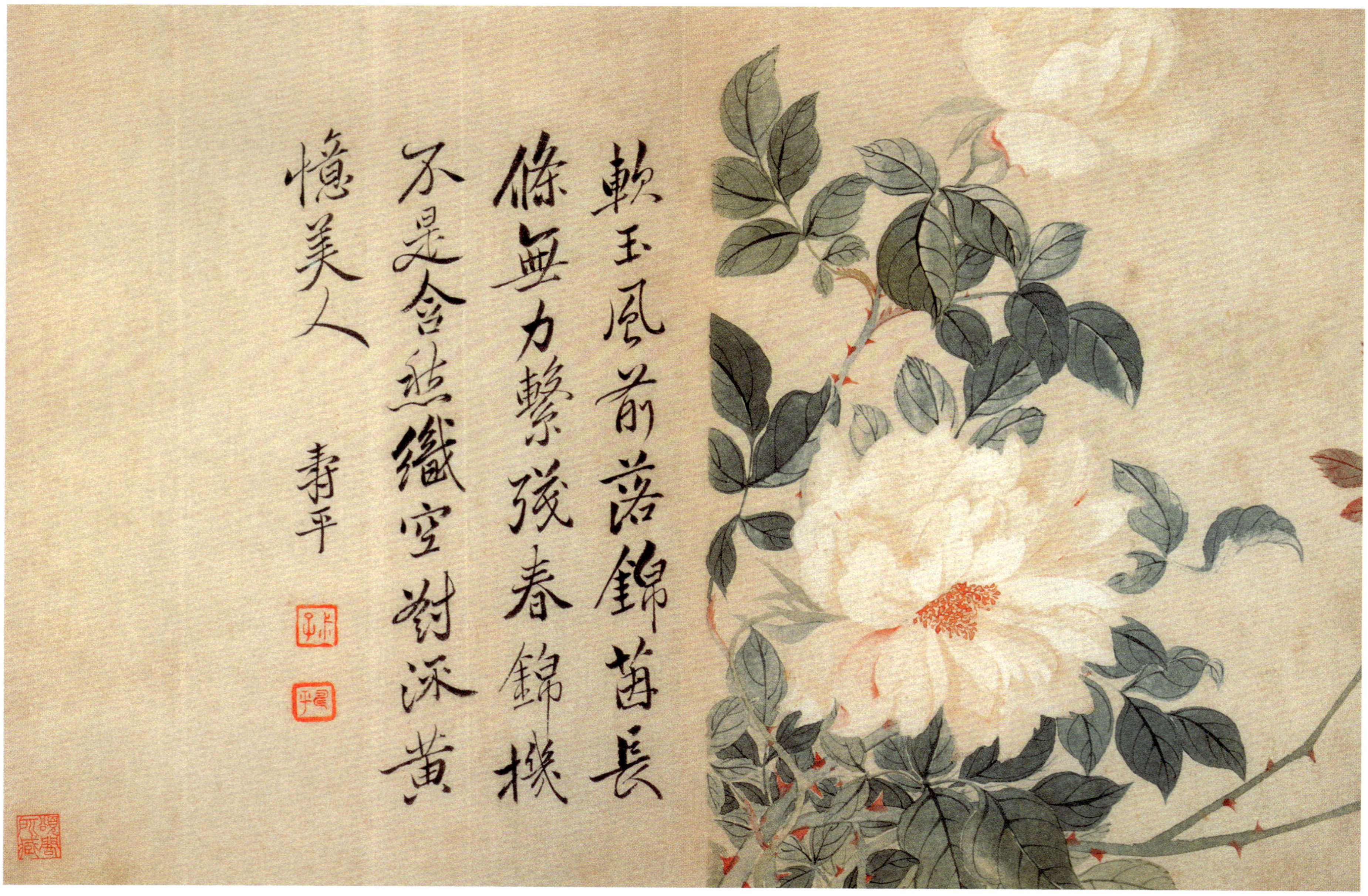
軟玉風前落錦茵長
條無力繫殘春錦機
不是含悲織空對深黃
憶美人
壽平

方壶用意飘洒
斓然天真脱去畦
畦超于象外画手
之能事者也
南田客

甲子春三月南田寿平
拟古十种

# 吴历

【1632—1718年】

字渔山，号墨井道人、桃溪居士

墨井道人志传道

『迩时画家，惟吴渔山而已，其余碌碌，不足数也。』

吴历（1632—1718年）是江苏常熟人。他住所旁相传是孔子弟子言子游的故居，院中有一口井，人称“言公井”。井水墨黑，吴历因此自号“墨井道人”。他的祖先做过监察御史，到其父时家道已经中落。吴历兄弟三人，父亲去世时，他尚在襁褓之中，寡母独自将他抚育长大，还为吴历选择著名学者陈瑚为师。吴历三十一岁时，母亲和妻子相继去世，对他造成巨大的打击。心情沉痛的吴历开始转向宗教寻求精神寄托，他先是信奉佛教，并与僧人默容往来密切；到四十多岁时默容去世，吴历便加入了天主教，教名西满，并随教士柏应理到澳门修道、传道。吴历在五十七岁时升为司铎（即神父），又来到上海，在嘉定一带传教长达三十余年，作画较少。

吴历少年时就与王翚相识，二人同岁，又是同乡、同学（都是王时敏和王鉴的学生），却走上了截然不同的人生道路。王翚热衷于功名，积极向新政权靠拢，广泛结交权贵；而吴历心中始终怀着亡明之痛，我们从他的诗句中可以看出他强烈的故国之思：

十年萍迹总无端，恸哭西台泪未干。
到处荒凉新第宅，几人惆怅旧衣冠。
江边春去诗情在，塞处鸿飞雪意寒。
今日战尘犹未息，共谁沉醉老渔竿？

随着清朝统治逐渐巩固，他的情绪转为绝望，完全断绝了出世之念：

隐居只在一舟间，与世无求独往还。
远放江湖读书去，还嫌耳目近青山。

吴历始终保持着坚定的气节，不近王公贵戚，甚至连正直的官吏都避而不见。他也反对用画艺赢得功名利禄，“善画不求知赏”“画不可以利动，不可以力得”。他的高逸品格博得了世人的敬重。

吴历曾在王时敏家见到很多古画，他学画也是从摹古入手。他早期的山水颇似王鉴的面貌，严谨工细，清润秀丽，曾为朱彝尊画《江南春图》卷；中年汲取元人吴镇、王蒙之长，可能也受到西画的影响，注意实景取材，构图有远近之感，代表作是四十五岁时所作《湖天春色图》（对页图）。此画是送给比利时传教士鲁士满的。全卷S形构图，结合了西画中近大远小的透视法，笔法仿宋人赵令穰，绿色基调，清润淡雅，一派江南水乡的美好春光。他晚年画风有所变化，用笔沉着，重墨积墨，沉郁浑重，如《静深秋晓图》（南京博物院藏）、《横山晴霭图》（第506—507页图）。

对页图
《湖天春色图》
吴历作，纸本设色，纵123.5厘米，横62.5厘米，
上海博物馆藏

聽鶯藉談春風 歸來三
逕獨高眠病渴新泉手自煎
藝菊未開霜未傲多君先寄賣壺錢
相訪而未遂於辰春淫遊遠西
魯先生得叅君子之堂詩酒累盞
北海風致不甚過矣旦起冒雨而歸
惠寄香茗酒錢於山中爭湯賦七言二絕
墨井道人吳歷

筆底寫山橫煙雲亂石生破窗蕉雨
過添研硯池干 十日畫成海天雨霽
紅日窗明展卷題之
康熙丙戌年秋仲 墨井道人

《横山晴霭图》

吴历作，纸本设色，纵 22.8 厘米，横 157.3 厘米，

故宫博物院藏

下图

《横山晴霭图》（局部）

写真世宁擅

# 郎世宁

［1688—1766年］

郎世宁，原名朱塞佩·迦斯底里奥内（Giuseppe Castiglione），出生在意大利米兰，大约十九岁时在热那亚加入天主教耶稣会。他早年师从耶稣会士、画家和建筑家安德烈·波佐（Andrea Pozzo）学画，掌握了文艺复兴以来的写实主义风格。康熙五十四年（1715年），他同外科大夫迦士泰一同被派往中国，抵达广州，开始了他在中国长达五十多年的艺术人生。

郎世宁到达北京之后，先居住在东城外的东堂（今圣约瑟教堂），由于擅画，又被安置在京西的宫廷绘画机构——如意馆。他为雍正皇帝献上《聚瑞图》（台北故宫博物院和上海博物院各收藏一幅，第512页图）、《嵩献英芝图》（第513页图）后，虽然得到了赞扬，但皇帝向所有西洋画家下令，建议他们采用中国的绘画工具，学习中国画的笔墨、造型和章法。1728年，郎世宁使用水彩颜料在绢上完成了《百骏图》（下图），这是他为了迎合皇帝品位、将中国画材料与西方技法相融合的开始。

清代的康熙、雍正和乾隆几位皇帝都十分重视绘画辅助统治的功能，他们不仅指定画家与题材，还亲自审定画稿，提出具体详细的意见。另一位法国传教士王致诚（Jean- Denis Attiret）也有着与郎世宁同样的烦恼，他在给友人的信中抱怨，自己被迫整日使用中国笔墨作

《百骏图》

郎世宁作，绢本设色，纵94.5厘米，横776.2厘米，台北故宫博物院藏

第510—511页图

《百骏图》（局部）

乾隆御覽之寶

左图

《聚瑞图》

郎世宁作，绢本设色，纵 173 厘米、横 86.1 厘米，台北故宫博物院藏

对页图

《嵩献英芝图》

郎世宁作，绢本设色，纵 173 厘米、横 86.1 厘米，台北故宫博物院藏

《平安春信图》

郎世宁作，纸本设色，纵 68.8 厘米，横 40.8 厘米，

故宫博物院藏

《乾隆皇帝大阅图》

郎世宁作，绢本设色，纵 173 厘米、横 86.1 厘米，

故宫博物院藏

令妃
嘉妃

循嫔
顺妃

画，而且任务繁重："我终日供职内廷，感到如囚禁其中。同时执笔之际，感到多端掣肘，不能随意发挥特技。"进入乾隆统治的时代，皇帝喜爱西画，但是不喜欢油画，勉强可以接受水彩画，因此郎世宁使用西洋画法的作品就越来越少，他的《十骏图》《海西知时草》(以上两件均藏于台北"故宫博物院")等开始受到中国画家的欣赏。1744年，郎世宁与唐岱合作了《春郊试马图》(日本京都有邻馆藏)，其中人物及鞍马是郎世宁所画。在郎世宁的笔下，乾隆的容貌生动写实，俨然一派满族贵公子的气度，皇帝对此大加赞赏。郎世宁也待遇日盛，不时收到赏赐的御宴菜肴、绫罗绸缎、刻有耶稣受难像的玉石印章等，显示出皇帝对他的信赖宠爱。实际上，郎世宁的人物、肖像、花卉、动物画都很精彩，讲究明暗关系、解剖结构，精细而逼真。尤其是肖像画，刻画细致，但融入中国传统，不使用明暗阴影，而做柔和的平光处理，衣纹亦用墨线勾勒，如《平安春信图》(第514页图)、《心写治平图》(第516—518页图)、《乾隆皇帝大阅图》(第515页图)、《乾隆皇帝射猎图》(第520—521页图)。

1747年，郎世宁奉命参与圆明园的设计和施工。圆明园原是康熙赐给雍正的别墅，乾隆即位后又作为皇家的离宫。圆明园东北角的长春园是一组西洋楼阁，由郎世宁参考欧洲建筑资料，亲自构思监造。他仿照洛可可式建筑，又将琉璃瓦、汉白玉和罗马石柱相结合，以中式园林的布局方式，创造出一座中西合璧的建筑。目前，我们只能从《圆明园四十景》和《御制圆明园题咏》等版画绘画资料中一览"方外观""远瀛观""海晏堂""储水楼""黄花阵""花园门""水法桥""线法山""线法墙"和"方河"等的风采了。

晚年的郎世宁作为内廷的领衔画家，还参与创作了大批重大历史事件题材的纪实性绘画，这些作品都具有重要的史料价值，如《万树园赐宴图》(第522—523页图)、《马术图》、《平定西域战图》(以上三幅均藏于故宫博物院)以及《阿玉锡持矛荡寇图》(台北"故宫博物院"藏)等。

郎世宁在七十八岁时去世，乾隆下旨追封他为侍郎，以示嘉奖。他的墓地位于京西阜成门的葡萄牙墓地。

郎世宁努力在皇家限制中自由发挥，既能适应皇帝审美趣味、符合中国传统美学观，又要尽可能保持自己的优势，从而形成了独特的风格。他将自己掌握的西方油画技巧加以调整，使用中国笔墨纸绢，创造出融合中西的新型画法。他用西画中的科学精神改造中国艺术，其作品是西方写实主义与中国宫廷绘画相结合的产物。郎世宁是18世纪以西法做中国画成就最大的一位画家。

右页图

《乾隆皇帝射猎图》

郎世宁等作，绢本设色，纵115厘米，横181.4厘米，

故宫博物院藏

臣郎世寧恭繪

綠原小試佶閑
騮俞騎鴻絅緦
五斿賸日尋芳
豈示度離龍何
用賦春蒐露潤
青衢草氣穠陽
和舉目化機合
季登漫翊中雙
兔一日雙還倍彼
三是日凡中八兔生風耳後
最豪情付廿年
前繡壤平不瘦
武還思諫獵箇
中吾自有權衡
南苑行圍即事三首
乙亥暮春御筆

《万树园赐宴图》

郎世宁等作，绢本设色，纵 221.2 厘米，横 419.6 厘米，

故宫博物院藏

# 焦秉贞与冷枚

【生卒年不详】

焦秉贞，字尔正

【约1670—1742年】

冷枚，字吉臣，别号金门画史

## 清宫西洋画风的先驱

**焦秉贞**

焦秉贞是康熙年间的宫廷画家，同时还是一位天文学家，德国天主教士汤若望（Johann Adam Schall von Bell，1592—1666年）的学生。他任钦天监五官正，负责测算天文气象。焦秉贞是清朝第一代接触西洋画风的画家，当时钦天监中有精通自然科学的西方传教士任职，焦秉贞可能是通过他们学习到西洋绘画技法，并将明暗、透视法渗透到他的工笔画创作中。

焦秉贞擅人物、山水、楼观，尤擅肖像，以画“御容”称旨，张庚《国朝画征录》称其“工人物，其位置之自近而远，由大及小，不爽毫毛，盖西洋法也”。《历代贤后故事图》(第527页图）是焦秉贞的代表作品，他还奉旨作有宣教功能的《耕织图》图稿并刻版刊行，画中带有近大远小的透视效果。

**冷枚**

冷枚是焦秉贞的弟子，又是同乡。他是清代前期一位重要的宫廷画家，历经康、雍、乾三代。他最初由焦秉贞推荐进入画院，在康熙年间参与了庆祝皇帝六十大寿的《万寿盛典图》和《康熙南巡图》的绘制。雍正继位后，他因曾与废太子胤礽往来而被皇帝弃用，但被弘历纳入宝亲王府内作画。等到乾隆即位，他又重新入宫供职，和郎世宁、唐岱、沈源、丁观鹏、张为邦等人成为同事。

冷枚善于利用明暗关系、焦点透视等西方绘画技巧，是吸收西方画法的代表性人物。他善作人物，“神佛、罗汉、仕女，各极其妙”，画风工细浓艳，风格缜密严谨，也能画花鸟、界画，有《耕织图》(第526页图)、《梧桐双兔图》(对页图)、《临仇英汉宫春晓图》、《十宫词意》、《养正图》等作品传世。

对页图

《梧桐双兔图》

冷枚作，绢本设色，纵176.2厘米，横95厘米，

故宫博物院藏

上图、下图

**《耕织图册》（拔秧）**

冷枚作，绢本设色，纵 22.8 厘米，横 24 厘米，

台北故宫博物院藏

**《历代贤后故事图》**

焦秉贞作，绢本设色，纵 30.8 厘米，横 37.4 厘米，共十二开，

故宫博物院藏

# 郑燮

【1693—1765年】

字克柔，号板桥

一枝一叶总关情

『咬定青山不放松，立根原在乱崖中。千磨万击还坚劲，任尔东西南北风。』

“天下三分明月夜，二分无赖是扬州。”扬州自古就是一座风景秀丽、文脉昌盛的城市。清代中期，正逢康乾盛世，扬州既是南北交通要冲，又有盐商大贾云集，经济兴隆，文化发达，各地名流会集于此。“海内文士，半在扬州”，扬州画派在这样的社会环境中崛起，给清代画坛带来了一股新风。

扬州画派以“离经叛道”“偏师异趣”见称，其中画家大都不是本地人，或仕途不顺，或终生未仕，都在扬州以卖画为生。他们多是社会中下层的知识分子，关心民生，重视艺术个性和风格出新，笔墨传情，诗书画印俱全，郑燮就是其中最具代表性的一位画家。

郑燮（1693—1765年），字克柔，号板桥，出身于破落的书香家庭，父亲是教书先生，母亲在他幼年时去世，幼年的郑燮便由乳母费氏抚养。乳母对他十分疼爱，正逢饥荒年月，乳母每天早上都背着他到市集上买饼吃，然后再忙别的事；若有了新鲜的鱼肉瓜果，也必须先给他尝，才轮到家中其他人。乳母的养育之恩和勤劳善良的品质让郑燮终生难忘：“平生所负恩，岂独一乳母。”“食禄千万钟，不如饼在手。”

郑燮稍长就开始潜心学业，拜陆震为师。陆震“少负才气，傲睨狂放”，为人正直坦荡，淡于名利，他的人品和学识对郑燮都有影响。郑燮立志入仕，却科途偃蹇，二十四岁考中秀才之后连续十多年未能中举，只能到私塾教书为生，间或卖点字画，以一技之长求温饱。到三十岁时，郑燮的父亲也去世了，生活更加困窘，他干脆前往扬州做了十年的职业画家，与金农、黄慎、李鱓等人结识，并游历江西，北上京城。

雍正十年（1732年），已届不惑之年的郑燮终于考中举人，乾隆元年（1736年）又高中进士，确实是“康熙秀才，雍正举人，乾隆进士”。他志得意满，写下诗句：

《竹石图》（局部）

《竹石图》

郑燮作，纸本水墨，

纵 189.6 厘米，横 49.5 厘米，

南京博物院藏

牡丹富贵号花王，芍药调和宰相祥。

我亦终葵称进士，相随丹桂状元郎。

郑燮信心十足，却足足等了六年，才仅被授予一个七品知县的官衔。等候补缺期间，他又重回扬州卖画，但此时已经身价倍增，今非昔比，求画者甚多，还结交了大盐商马曰琯、马曰璐兄弟以及徽籍商人程羽宸等人，得到他们的资助。五十岁时，郑燮赴山东范县任县令，五年后又调任潍县。

郑燮心怀“立功天地，字养生民”之志，决心做出一番事业。他关心百姓疾苦，常着布衣深入乡村田间视察，轻刑简政。尤其是潍县任上时，正逢灾害频发，瘟疫、大旱相继，饿殍遍野，民不聊生。郑燮心急如焚，果断地开仓赈灾，以工代赈，稳定市场，并用自己的养廉银补贴粮价。他在《风竹图》上的题诗充分反映出对民众的深厚关切之情：

衙斋卧听萧萧竹，疑是民间疾苦声。

些小吾曹州县吏，一枝一叶总关情。

但是，这些利于民生的措施却得罪了上司和一些商户，加上年老病衰，郑燮遂决定辞官，重新回扬州卖画。他晚年与李鱓比邻而居，于七十三岁辞世。

郑燮总结自己一生“三绝诗书画，一官归去来”。他的诗文清新平易；书法狂怪，自创“六分半书”（在楷书、隶书之间）；画以兰竹松石见长。尤其是兰、竹，风貌独特，自立门户。郑燮画竹，以书写撇捺之法画竹叶，以篆书圆润之意作竹杆，笔下的竹子千姿百态，笔墨灵活（第529、531页图）。他又自谓“郑竹”有清癯简俊之美，不仅瘦劲挺拔，且自有一股傲气凛然：

咬定青山不放松，立根原在乱崖中。

千磨万击还坚劲，任尔东西南北风。

郑燮不但深入研究历代画竹名家，也注重观察自然并巧妙构思，提出从“眼中之竹”到“胸中之竹”再到“手中之竹”的创作过程，意在笔先，趣在法外。他的画竹之法自成一派，时人多效其体。他的兰花追求“郑家香”，多画空谷幽兰，属秀劲一路，兰叶茂密成丛，兰花疏淡秀妍，有高逸清幽之姿。

郑燮书画的独特风格在当时就产生了较大影响，他勇于革新的精神更是吸引了近代“海派”诸家、齐白石、徐石桥等人宗学其法。在扬州画派之中，郑燮的地位是首屈一指的。

《竹石图》（华封三祝）（局部）

对页图

《竹石图》（华封三祝）

郑燮作，纸本水墨，纵170厘米，横90厘米，天津博物馆藏

昔人畫華封三祝一峰而已茲益
一峰是增其壽也 三竹而已茲益以二兩而為五
是增其福也 上天申錫有加無已蕃衍
顯顯令德德君子有以致此也 乾隆丙子冬寫似
章甫鄉祭酒年老長翁有是德即有是福豈不信然 板橋
鄭燮

# 金农

【1687—1763或1764年】

字寿门，号冬心，又号稽留山民、曲江外史、昔耶居士

冷香称清贫，寂寥抱冬心

『我竟长饥鹤缺粮，携鹤且抱梅花睡。』

金农（1687—1763或1764年）生于浙江仁和（今杭州），青少年时期拜师于吴门何焯，着力钻研经史诗文，在当地颇有文名。他酷爱金石、碑版，金石学方面有深厚学养，并与同乡、邻居丁敬交好。受身边朋友的影响，金农虽然无意科举，但希望凭借诗人、学者的身份受到赏识，得到推荐重用，一展才学。他三十岁开始云游四方，结交名士，游览齐鲁、燕赵、秦晋各地，在扬州认识了高翔、汪士慎、郑燮以及两淮盐运使陆见曾、盐商马曰琯、马曰璐等人。

五十岁时，金农终于被举荐至京应试博学鸿词科，但却名落孙山，受到沉重的打击。他发出了“世无伯乐”的感叹，坚定了以“布衣雄世”的人生态度，六十岁之后寓居扬州，鬻文卖画为生。因为生活窘困，金农还要写经、作佛像、画灯、刻砚出售，甚至买卖古董。他有时刚获千金，立即随手散去；有时手头拮据，要靠借贷度日，“饥来得钱亦复卖，饱则千金不肯易”。他性格孤傲清高，不愿“折腰向人俯仰”，人称之“迂狂”（对页图）。

金农在五十岁之后才开始绘画创作，修养广博，精诣诗书，“涉笔即古，脱尽画家之习”。他的诗歌受李商隐、陆龟蒙影响，得古乐府之意，题画诗意趣天成，拓展画境；他的书法得力于金石碑版，尤其是汉碑，自创“漆书”，楷隶合一，朴茂稚拙，晚年又创“渴笔八分”。金农的绘画题材广泛，梅、兰、竹古拙雅致，平淡天真（下图、第535页图）；山水多为小品，构图巧妙，笔墨质朴，设色纯净，描绘日常生活场景，既有世俗情趣，又具文人雅兴；人物画尤其是佛像，造型奇古，形象夸张，笔墨稚拙（第534页图）。金农的画在当时影响比较大，罗聘是他的学生，还曾经为他代笔作画，足见金农的作品深受当时艺术市场的欢迎。

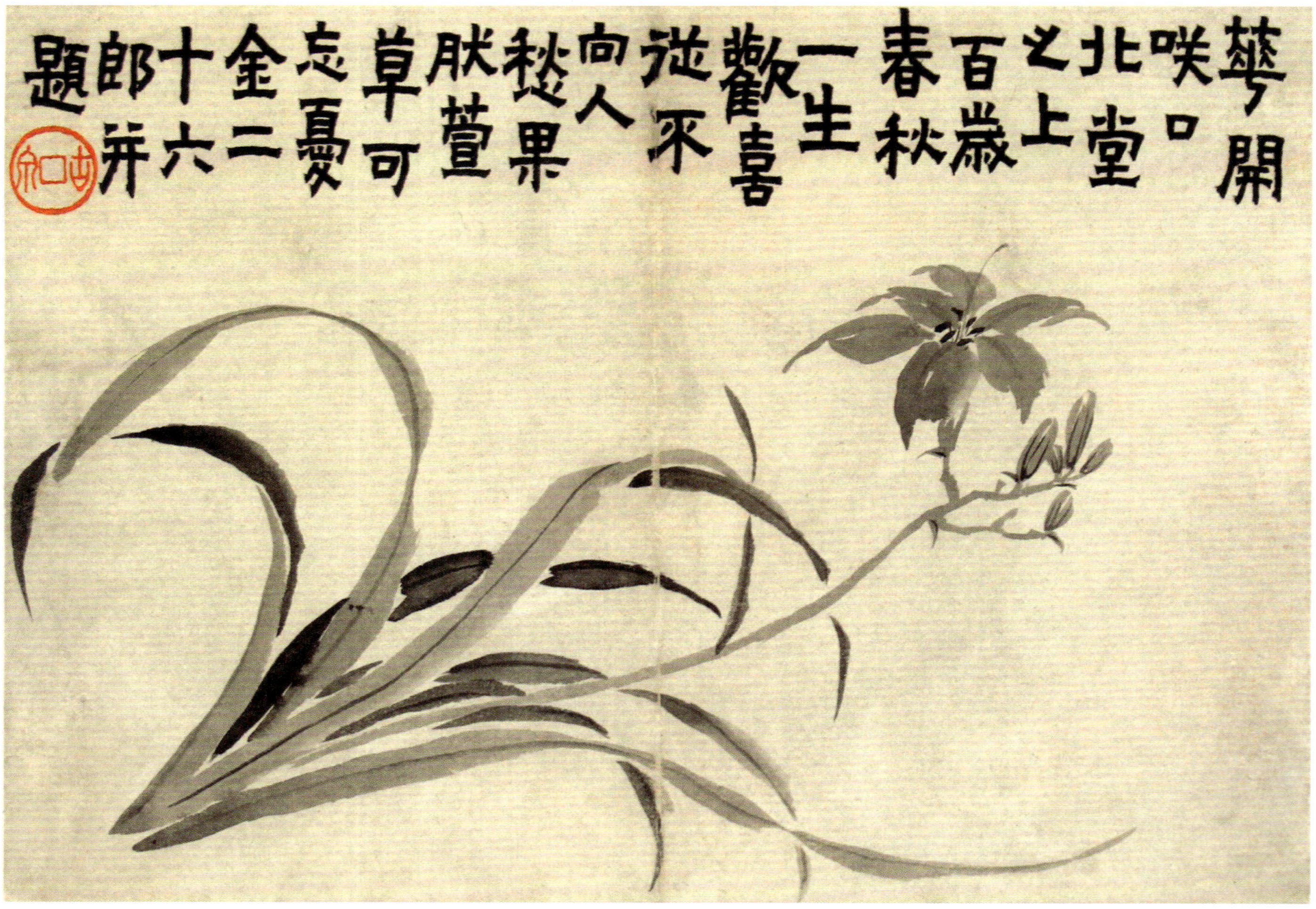

古來寫真在晉則有顧愷之為裴楷圖貌南齊謝赫為濮肅傳神唐王維為孟浩然畫像于刺史亭宋之望寫張九齡真
朱抱一寫張果先生真李放寫香山居士真宋林少蘊畫希夷先生華山道中像李士雲畫半山老人騎驢像何充寫東坡居士真
張大同寫山谷老人摩圍閣小影皆是傳寫家絕藝也未有自為寫真者惟雲笈七籤所載唐大中年間道士吳某引鏡濡毫自寫
其貌余因用水墨白描法自為寫三朝老民七十三歲像衣紋面相作一筆畫陸探微吾其師之圖成遠寄鄉之舊友丁鈍丁隱君隱
君不見余近五載矣能不思之乎他日歸江上與隱君杖履相接高吟攬勝驗吾衰容尚不失山林氣象也
乾隆二十四年閏六月立秋日金農記于廣陵僧舍之九節菖蒲憩館

第 532 页图

《花卉图册》（第三开）

金农作，纸本水墨，纵 23.8 厘米，横尺寸不详，

浙江省博物馆藏

第 533 页图

《自画像》

金农作，纸本水墨，纵 131.3 厘米，横 59.1 厘米，

故宫博物院藏

左图

《佛像》

金农作，纸本设色，纵 133 厘米，横 62.5 厘米，

天津博物馆藏

右页图

《梅花图》

金农作，纸本水墨，纵 138 厘米，横 92 厘米，

安徽省博物馆藏

# 任颐

【1840—1896年】

初名润，字小楼、伯年

地怪天惊一画奴

『笔无常法，别出新机，君艺称极也。』

任颐（1840—1896年），字伯年，出生在浙江绍兴。他的父亲是个读书人，却无意仕进；能作肖像，却耻于炫技，宁愿做个米商，希望儿子将来也继承家业。任伯年少时随父亲学习写真技法，造型能力较强。某次父亲外出时家中来客，任伯年想不起客人的名字，却能默写下客人的容貌呈给父亲。任伯年十六岁时，太平天国运动爆发，父亲死于战乱，他被迫成为太平军中一位旗手。后来为了生计，他跟随叔父任薰学画，又四处辗转在友人家中作画，二十九岁时定居上海。当时的上海，由于通商口岸的开放，逐步成为一个新兴商业巨埠和繁华都市。沪上的文化艺术也异常兴盛，云集了任熊、任薰、胡公寿、赵之谦、虚谷、蒲华、吴昌硕等来自五湖四海的画家，形成了有"海上画派"之称的艺术流派。

任伯年初到上海时，住在豫园旁一间小阁楼里。虽然"画法超妙"，但因为他毫无名气，只能在某个扇铺辅佐经纪，月薪仅数千文。条件艰苦，但他依然坚持用功作画，买不起画纸就在黄草纸上临摹写生，日日不辍。后来经胡公寿介绍，他在古香室笺扇店画扇面，又去拜见"人品高洁，为人所重"的画坛前辈张熊。张熊见到他的作品大为称奇，广为推介，任伯年才开始声名大噪，画名渐著。他的画不仅在中国买家中大受欢迎，还吸引了在沪的日本古董商。

任伯年居住的豫园是书画、古玩、工艺品店铺云集荟萃之地，他受到紫砂壶匠人的启发，也开始制作茶壶、酒瓯等各种紫砂器皿，并在其上刻书画诗词，还为父亲作一塑像。这更加锻炼了他的空间塑造能力，但他日日痴迷于此，荒废画业，致使家中无米下炊，妻子大怒之下竟将他的成品全部打碎。任伯年对西方艺术也很感兴趣，曾用铅笔练习素描，据说还画过人体写生。

任伯年在不惑之年事业达到巅峰，妻子成为他的经纪人，替他应酬来宾并接下大量订单，只让他在楼上不停地作画。为了生计，任伯年昼夜伏案，有时一晚上竟要画数十幅。

画家陈半丁也回忆道：

> 任伯年外表严肃，没有什么怪癖，对人像是冷淡些，但事实上行径很潇洒。有一次，他欠下某家铺子一点账，老板乘机求画。他一面要老板研墨，一面高谈阔论，墨研了又研，老板心急，不料墨研好后他端起砚台就往纸上泼，老板以为他故意取笑，正要开腔，而他不慌不忙地用水把墨晕开，勾了几笔，竟出现了一幅很好的墨荷。

由于嗜酒好烟，任伯年五十岁之后身体每况愈下，又得了肺病。为长久打算，他将自己多年积攒下来的几万元交给表姐夫，委托他在故乡绍兴购置田产，不料表姐夫竟将这些钱全部拿去赌博并输个精光，还伪造假田契欺骗他。事情败露之后，任伯年悲痛交加，卧病在床，五十六岁时病逝于上海。他的儿子任堇叔天性疏懒，穷困一生；女儿任雨华继承家学，靠卖画养母抚弟，常在画上署父亲之名，使艺术市场上真赝混杂。

任伯年是一位通才画家，人物、山水、花鸟无不精专，功底扎实，技法全面。身处上海这个新兴都市之中，他的创作难免要受到艺术市场中赞助人——以商人为主体的市民阶层的影响。他既有民间画家的生活积累，又具备文人画家的艺术追求，还吸收了西方绘画的技法观念。

《梅花仕女图》

任颐作，纸本设色，纵96厘米，横42.6厘米，辽宁省博物馆藏

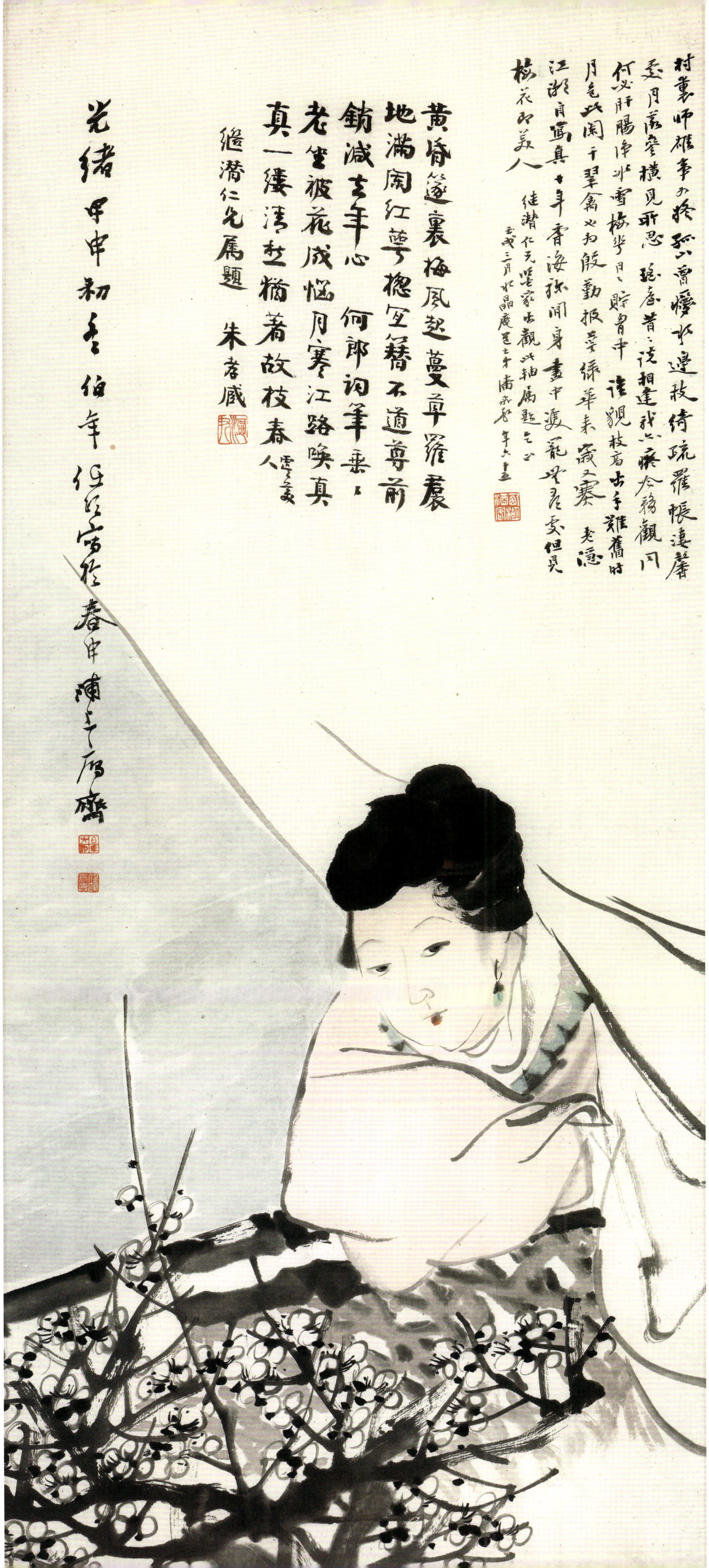
黄昏篷裏梅風起蔓草羅裙地滿閑紅萼總空簪不道尊前銷減去年心何郎詞筆垂垂老坐被花成惱月寒江路喚真真一縷清魂猶着故枝春
繼潛仁兄屬題 朱孝臧
光緒甲申初夏伯年任頤寫於春申浦上客齋

《三友图》

任颐作，纸本设色，纵 64.5 厘米，横 36.2 厘米，

故宫博物院藏

他的人物画继承家学，从写真术入手，目识心记；又师从任熊、任薰，上溯陈洪绶的造型与用笔手法；为了迎合江南士绅的审美，又学改琦、费丹旭（第537页图）。他曾为友人作肖像，先以墨线勾勒轮廓，面部结构以转折处淡墨或淡赭略加渲染，衣纹学陈洪绶的圆劲线条，“如镜取影，妙得神情”（第538、540页图）。任伯年来到上海发展之初并不受欢迎，他与胡公寿、虚谷、蒲华等人互相切磋，临习石涛、八大山人、扬州画派的作品，决定“变法”：他吸收写意画法，行笔迅捷，“落笔如飞”，笔法灵活多变，线条顿挫有力；又结合没骨技法，笔墨洒脱，形式新颖。他的人物绘画除了肖像、文人行乐等，还有历史名人、神话故事、民间传说等深受市场欢迎的通俗题材。时值国家面临内忧外患之际，“身居十里洋场”却“无异置身异域”的任伯年多次画“钟馗”“苏武牧羊”（第541页图）、“关河一望萧索”“风尘三侠”等题，寄托了自己对民族命运、百姓疾苦的关切之情。

任伯年的花鸟画受到宋人、陈洪绶、华喦的影响，将勾勒设色与没骨写意结合，造型生动，笔笔灵活（下图）。他善于捕捉动物瞬间的动态，栩栩如生，形神兼备。他用色大胆，明艳清新，洋红、赭黄、石青、汁绿、粉紫等对比鲜明又和谐；又常在颜色未干前就用或粉、墨或其他色勾点，使水色自然交融，甚至得到徐悲鸿的老师、法国画家帕斯卡·达仰-布弗莱（Pascal Dagnan-Bouveret，1852—1929年）的赞誉。

任伯年广览博收，变化创新，终于自成一家；既有传统文人的高雅气质，又能为一般民众所喜闻乐见，达到了雅俗共赏的效果。他成为“海派”前期的领袖，成就也被中外公认。徐悲鸿称他为“仇十洲之后，中国画家第一人”，英国艺术评论家芬利麦坚则认为任伯年“艺术造诣与西方的凡·高相若，是19世纪中为最具有创造性的宗师”。

《菠萝菊蟹页》

任颐作，纸本设色，纵36.3厘米，横46厘米，

故宫博物院藏

《酸寒尉像》

任颐作，纸本设色，

纵 164.2 厘米，横 77.6 厘米，

浙江省博物馆藏

《苏武牧羊图》

任颐作，纸本设色，

纵 149.5 厘米，横 81 厘米，

故宫博物院藏

# 吴昌硕

【1844—1927年】

原名俊，字昌硕，号苦铁、缶庐

长留太古春

『满纸金石气，笔笔金错刀。』

1844年，吴昌硕（1844—1927年）出生于浙江安吉一个文人之家。他的祖先自明朝起就有以文闻名之人，父亲中过举人却不愿做官，隐居乡里，以诗书篆刻为乐。吴昌硕十六岁时，太平军感王陈荣进军安吉，并在他的家乡鄣吴村一带与清兵激战，吴昌硕与父亲仓皇出逃后失散，他的母亲、弟、妹、未婚妻先后死于贫病。吴昌硕孤身一人流浪长达五年之久，无依无靠，只能靠给人打零工过活，其间尝尽人间冷暖，世态炎凉，也体验到底层民众的生活。

吴昌硕直到二十一岁才回到家乡，与老父相依为命。耕作之余，他酷爱读书，为了借书甚至往返步行数十里，还要把整部书都抄录下来。受父亲影响，早年的吴昌硕就对与书法篆刻相关的文字训诂学很感兴趣，中过秀才后就不再去科举，以游幕为生。二十九岁之后，吴昌硕离家到杭州、苏州、上海等地，师从经学大师俞樾。

中年的吴昌硕仅凭卖字鬻画难以维持全家生计，在朋友的帮助下，他在县衙捐了一个小官。有一次任伯年登门拜访，正逢吴昌硕从衙门交差回来，任伯年见他端立拱手，其状可笑，就为他留下了一幅著名的肖像——《酸寒尉像》（第540页图）。画中的吴昌硕一身官服，诚惶诚恐，俨然一个谨小慎微、尴尬窘迫的底层小吏。他五十三岁时，被端方举荐为江苏安东县令，但因不惯于逢迎长官，又不愿盘剥百姓，到任仅一个月就毅然辞去，他还为此事治印“一月安东县令”一方。

吴昌硕辞官之后轻松自在，彻底绝意仕途，专心于文学艺术。他结识了杨岘、任伯年、张熊、胡公寿、蒲华、陆恢、顾麟士、潘祖荫、吴云、吴大澂等书画家和鉴藏家，开拓视野，艺事精进。吴昌硕与吴大澂志趣相投，结下深厚情谊。吴昌硕观赏到吴大澂家藏的古代器物、书画，眼界大开，吴大澂也对吴昌硕的学识修养十分钦佩。1894年中日甲午战争爆发后，光绪帝启用吴大澂率兵御敌。吴大澂邀请吴昌硕参佐戎务，吴昌硕毅然北上，并作诗凭吊为国捐躯的烈士：

凭吊忠魂歌莫哀，传闻邓禹绘云台。
可怜旗鼓伸天讨，未见珊瑚入贡来。
谢傅围棋终破贼，班超投笔敢论才。
妖星看挽强弧射，独夜营门遣酒怀。

半年左右的军旅生活使吴昌硕感受到壮怀激烈、风云激荡的氛围，对他形成浑厚雄健的画风也大有助益。

吴昌硕是在结识任伯年之后，作画开始步入正轨的。他经高邕之介绍向任伯年请教，任伯年让他现场作画，还没学过画的吴昌硕随便画了几笔。任伯年便信誓旦旦地表示：“你将来一定会大有作为！”吴昌硕十分诧异，任伯年却表示，现在吴昌硕的笔墨成就已经超过自己了！二人相互切磋，亦师亦友。任伯年曾点拨他：“不妨以篆籀写花，草书作干，变化贯通，不难其奥诀也。”这给予吴昌硕很大的启发。从此，吴昌硕和任伯年开始了长达多年的友谊。任伯年还为他做过数幅肖像，如《芜青亭长像》（浙江省安吉县博物馆藏）、《酸寒尉像》《蕉荫纳凉图》《归田图》（以上三件均为浙江省博物馆藏）等。吴昌硕也多次为任伯年治印，有“伯年”“伯年长寿”“任公子”“山阴道士行者”“画奴”等。任伯年去世之后，吴昌硕专门从苏州来沪为他治丧，还作挽联一幅：

画笔千秋名，汉石随泥同不朽；
临风百回哭，水痕墨气失知音。

光绪三十年（1904年）夏，浙江籍印人丁仁、吴隐、叶为铭、王提四人聚于杭州孤山，探讨印学，决定成立一个研究金石篆刻的学术团体，邀请吴昌硕参与其中。1913年重阳节，以“保存金石，研究印学”为宗旨的西泠印社正式成立，公推他为首任社长。虽然已年逾花甲，吴昌硕仍积极参与社中事务。当时，《汉三老讳字忌日碑》出土之后被辗转倒卖，未免落入日本人之手，吴昌硕联合印社同仁，多方努力，终于筹得巨资，以八千元的高价将此碑赎回，并建造石室永久保存。

晚年的吴昌硕蜚声艺林，却始终保持着冲淡谦和、洒脱通达的心态，还很有幽默感。他曾经在王一亭为他所作画像上题词自嘲：“是酸寒尉，是乡阿姐？少壮及老，果何为者？……耳病已聋，词拙则哑。书画篆刻，在古人下。”还自谦说：“予素不知画。衰病，多睡虑伤脾，时以作篆之笔横涂直抹，丑态毕露。人谓似孟皋，似白阳（陈淳），似清湘僧（石涛）。予姑应之曰：‘特健药而已，奚画为？’”将绘画只

《岁朝清供》

吴昌硕作，纸本设色，

纵 151.6 厘米，横 80.7 厘米

故宫博物院藏

当作是治病健体的良药。吴昌硕对于人才也乐于提携，陈师曾、王个簃、沙孟海、诸乐三、齐白石、潘天寿等人都受过他的指点。

吴昌硕青年时主要致力于书法篆刻，由于家境贫寒不能购置太多的印石，他就将仅有的几块石料刻了磨，磨了再刻，直到只剩薄薄一片为止。如果没有印石，就拿砖头、瓦片、石块之类代替。吴昌硕在书法方面也一直用力甚勤，毕生注重临摹《石鼓文》，晚年甚至将砚池磨穿（第545页图）。他作诗也极为认真，常常字斟句酌，反复琢磨，通宵达旦，数易其稿，直至满意。他一生留下诗两千余首、文百余篇、画三千余幅、书幅数千、印两千枚，实际数量还要远远多于此。

吴昌硕自称"三十学诗，五十学画"，真正得名是在六十岁之后。他擅长阔笔大写意花鸟，偶作山水、人物。他的绘画得益于书法篆刻，以碑、印入画，用笔浑厚坚实，苍劲朴茂。他的花鸟构图饱满，疏密有致，笔力遒劲，用墨苍厚，设色明艳，喜用西洋红；造型上借鉴书法结体方式，"画气不画形"。他画梅以大篆或草书笔法，以扫笔写出；画竹"满纸金石气，笔笔金错刀"，苍劲有力，有凌云之势；画石造型奇特，风格古朴。尤其是他笔下的白菜、竹笋、桃子、西瓜、葡萄、茄子、枇杷、南瓜、玉米等，虽是日常生活中常见的蔬果，却形态饱满，笔墨酣畅，浓郁鲜艳，生机盎然（第543页图、左图）。

吴昌硕是清代最后一位绘画大师，也是步入现代的第一位巨匠。他的画风是对清末画坛柔靡之风的矫正，改变了一代画史，堪称里程碑式的画家。

左图

《苦瓜图轴》

吴昌硕作，纸本设色，纵176厘米，横47.7厘米，

故宫博物院藏

右页图

《篆书七言对联》

吴昌硕作，纸本水墨，纵136.5厘米，横33厘米，

台北故宫博物院藏

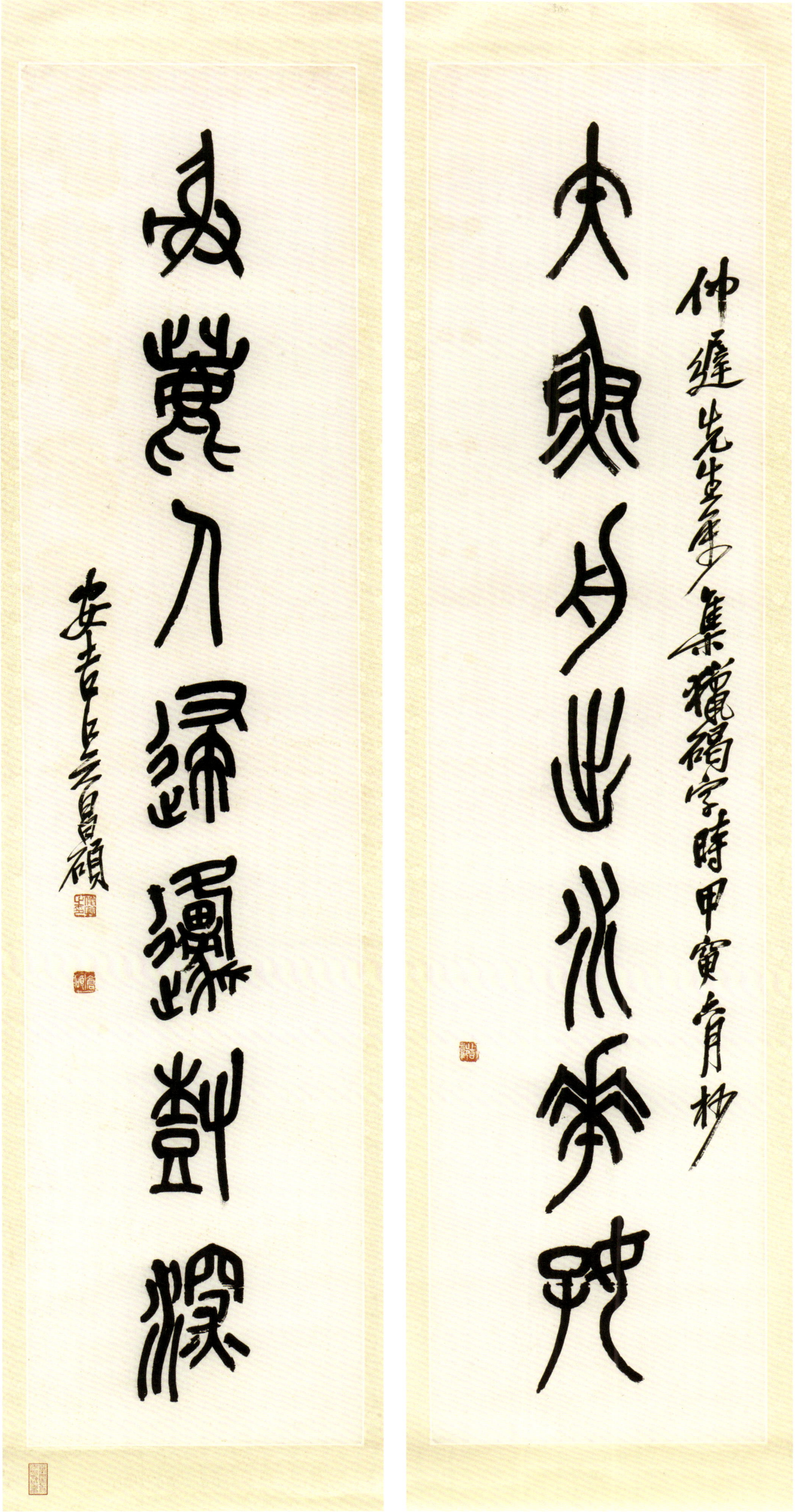

# 虚谷

【1824—1896年】

俗姓朱，名怀仁，僧名虚谷，号紫阳山民、倦鹤

十指参成香色味，一拳打破去来今

『意有感触，遂披缁入山，不礼佛号，惟以书画自娱。』

虚谷（1823—1896年）俗姓朱，原籍安徽歙县，客居扬州。他曾在清军中任参将，因不愿镇压太平军，便出家为僧，“披缁入山，不礼佛号，书画自娱”。但虚谷也不同于真正的出家人，“不茹素，不礼佛”，只是厌倦了世俗的纷争与杀戮。他来往于上海、苏州、扬州，行踪漂泊不定，以卖画为生，“闲中写出三千幅，行乞人间作饭钱”。他过似僧似艺、半释半俗的生活，一面为适应商业化的平民品位，画了很多通俗的题材；一面又性格孤峭，“笔墨颇自惜”“非相知深者，未易得其片楮”。虚谷保持着传统文人士大夫的清高，与当时寓居上海的任伯年、吴昌硕、胡公寿、高邕之、顾鹤逸、倪墨耕等人交好。七十三岁时，他坐化于上海城西关帝庙。

虚谷是个全能型的画家，他工山水、花鸟、动物，擅人物写真，精隶书，尤其是花鸟画，在海派中独树一帜。他笔下的松、竹、梅、菊、兰、荷、桃、紫藤、水仙、绣球等，都带有瘦削的特点（第547、548—549页图）。他善于描绘孤傲的仙鹤、鸣叫的八哥、翱翔的大雁、嬉戏的白鹅等禽类，各类动物形态简练夸张，特别是金鱼、仙鹤、松鼠等，造型奇特，活泼清新，富于动感，情趣动人。他画松鼠多用枯笔短线，纵横交错，淡墨干笔轻细笔触表现松鼠的茸毛，再错以焦墨皴点。他画中的金鱼体方尾短，乖巧有趣。

虚谷的山水画源自新安画派，描绘云海松山，秋阳落雁，山林清疏跌宕，茅舍洁净规整，简洁恬淡，格调高雅。画面充满了外静内动、外简内繁、外冷内热的意味，“得渐江、倪瓒的萧散之情趣”（丁羲元语）。他在界画方面也有很大的成就，曾为南海普陀山普济寺画十二开册页。

人物肖像画也是虚谷所长。据说，他在四十岁左右曾为湘军统帅曾国藩画过像。他为苏州报恩寺主持衡峰和尚所作肖像高古静穆，庄严慈祥，形象地表现了主人公“闲中频指月，笑里每拈花”，简练而传神。他也为胡公寿、高邕、杨月楼、张鸣珂等人画过肖像，可惜这些作品今已散佚不见。

虚谷用笔喜“落笔冷隽，蹊径别开”。他善用篆隶笔法，用笔是侧锋为主，中锋为辅，逆锋为补，纵横捭阖，往来奔突；又使干笔、破笔，线条坚硬颤动，“战笔”连连，时现“断笔”，笔断意连，顿中见力，苍劲清秀。他往往干笔起线，淡彩轻敷，墨色纯净，明快清新。虚谷用墨湿多枯少，常施以干涩、浓淡、色墨相生相破的方法，注意色调和风格的统一；用色雅致，大胆使用纯色提醒，对比强烈。构图讲究虚实疏密，风格孤峭，意境醇厚。

虚谷是前海派绘画的杰出代表，尤其是他的花鸟画不落俗套敢于创新，是中国传统文人画向现代转型的代表，具有承上启下的地位。

右页图

《瓶菊图轴》

虚谷作，纸本设色，纵126.2厘米，横57.7厘米，故宫博物院藏

壬午冬月寫於瑞蓮精舍

**《杂画册》（十开）**

虚谷作，纸本设色，每开纵 34.7 厘米，横 40.6 厘米，共十开，

上海博物馆藏

《杂画册》（十开，其九）

《杂画册》（十开，其十）

# 同时期其他艺术家

## 查士标

查士标（1615—1698年）是安徽休宁人，后流寓扬州。查氏家族富裕，世代为官，父兄都好收藏、能书画，查士标也精于鉴别，藏有大量鼎彝古器和宋元书画。董其昌在徽州一带游历时结识查家，这影响了查士标对艺术道路的选择。他还据董其昌的别号“乙卯生”为自己取号“后乙卯生”，以示尊重敬仰之意。

查士标原是明末秀才，国亡后弃业专事书画。他的山水初学倪瓒（他效仿倪瓒“懒瓒”，自称“懒标”），后参用吴镇、董其昌法；又云游四方，以自然为师，笔法疏简，惜墨如金（第553页图）。他与孙逸、汪之瑞、弘仁合称“新安四家”，当时人们以得查士标的“寸纸尺缣”为重。他的书法学米芾、董其昌，亦能作诗，有《种书堂遗稿》。

## 梅清

梅清（1623—1697年）是安徽宣城人，祖上累代为官，家中藏书甚巨。他在顺治年间中举，但会试屡次失利，心灰意冷，开始游历天下名山大川，如秦淮、九华、泰山、黄山等，尤其常以黄山入画，画风清秀淡润，萧疏苍凉（左下、右下图）。梅清曾应著名文人徐乾学之邀至昆山家中憺园做客，并为其作《憺园图》卷（天津博物院藏），笔墨近似倪瓒、弘仁、萧云从。梅清晚年除了继续保持“秀以远”的风格，还独创酣畅淋漓的豪放画风，并常画黄山炼丹台。梅清还擅长画黄山松，王士禛称他“松入神品”“画松为天下第一”。

梅清为“宣城画派”之首，兄弟子侄辈善画者甚多。他对石涛的绘画艺术影响巨大。

## 戴本孝

戴本孝（1621—1693年）的父亲戴重文武双全，是晚明复社成员，曾组织义军两千余人抗清，伤重方归，后绝食而死。戴本孝继承父亲遗愿，坚守气节，终生未仕。他来往于家乡和黄山、南京、

上图

**《黄山图册》（其二）**

梅清作，纸本设色，每开纵26厘米，横33厘米，共八开，

故宫博物院藏

右图

**《空山结屋图》**

查士标作，纸本设色，
纵 98.7 厘米，横 53.3 厘米，
故宫博物院藏

山东等处，与冒襄、王士禛、龚贤、傅山、王弘撰、弘仁、石涛等人交好。

戴本孝的山水风格突出，“以枯笔写元人法”，清深幽远，气韵高旷。他还主张学古而不拘泥于成法，要“以天地为真本”和“我用我法”。

## 程正揆

程正揆（1604—1676年）原籍湖北孝感，后寓南京。他是明代崇祯年间的进士，入清后作了贰臣，官至工部右侍郎。程正揆五十多岁时罢官，开始游览黄山、庐山，并与龚贤、查士标、张怡、程邃等往来。他号青溪道人，与髡残友善，二人并称“二溪”。

程正揆直接师承董其昌，又掺入黄公望、倪瓒、沈周的笔意。所作山水多用秃笔渴墨，境界深邃幽奥，曾绘《江山卧游图》（第554—555页上图）多达五百余卷。起初是为了弥补因公务不能遍览天下名胜之憾，后转为抒发对故国江山的怀念。

## 王概

王概（生卒年不详）是龚贤好友方文的女婿，工于山水，颇似龚贤，变润为苍，笔墨苍健。他最大的功绩是编著了一套《芥子园画谱》（根据李流芳画谱增补又参考龚贤《课徒画稿》而成，第555页图），这是一套流传甚广的绘画普及教材。

## 傅山

傅山（1607—1684年）是明末清初著名的思想家、诗人、书法家、画家和医学家，经史诸子和佛道之学无不博览精通，与顾炎武、黄宗羲、王夫之、李颙、颜元被梁启超称为“清初六大师”。傅山具有强烈的民族意识，安贫乐道，气节坚韧。他明亡后出家，号朱衣道人，表示对朱明王朝的怀念。康熙时被推荐参加博学鸿词科，他以老病为由推辞；后又被授予内阁中书之职，坚决不受，此后返回山西，以行医为生。

傅山工画山水、松柏、兰竹等，笔墨率意而为，不拘成法，气势雄强豪迈，清劲奔放（第556页图）。他书法诸体皆工，尤擅草书，洒脱跌宕，酣畅淋漓。傅山还主张：“宁拙毋巧，宁丑毋媚，宁支离毋轻滑，宁真率毋安排”。其子傅眉，画风近似父亲，山水刚劲清爽。

## 项圣谟

项圣谟（1597—1658年）出身浙江嘉兴世家大族。他的祖父项元汴精于鉴藏，是明代最著名的收藏家，家中天籁阁藏有大量法书名画、玉石鼎彝，极一时之盛。项圣谟自幼深受家庭熏陶，精研古代名作。明末清军攻入嘉兴时，家中藏品遭到抢掠，毁散殆尽，项圣谟携母亲、妻子仓皇南逃，立志隐居，晚年生活贫困，以卖画为生。

其祖父、父亲都擅诗文书画，项圣谟也各科均能。他的山水初学文徵明，又取法宋元，创作严谨，功力扎实。他的画中往往具有象征

上图

《江山卧游图》

程正揆作，纸本设色，纵 26 厘米，横 305 厘米，

故宫博物院藏

下图

《芥子园画谱》

王臬（王概的弟弟）作，尺寸不详

《大树风号图》

项圣谟作，纸本设色，纵 115.4 厘米，横 50.4 厘米，
故宫博物院藏

《傅山、傅眉山水合册》

傅山、傅眉作，绢本水墨，纵 25.7 厘米，横 25.2 厘米，
天津博物馆藏

寓意，如《大树风号图》（上图）、《且听寒响图》（天津博物馆藏）、《招隐图》（台北故宫博物院藏）等，都蕴含着画家对故国的怀念和沉痛悲壮的情怀。

## 禹之鼎

禹之鼎（1647—1716年）原是一户人家中的仆役，闲暇时得主人传授画艺，后凭此在鸿胪寺任职，还曾随使团出使琉球。他的身份介于画工与词臣画家之间。

他擅山水、人物、花鸟、走兽，尤工肖像，早年师法蓝瑛，后兼学宋元诸家。他以吴道子的兰叶描画白描人物，又在脸颊处用胭脂、赭石稍稍晕染，秀媚古雅。他为当时的许多名人，如吴伟业、朱彝尊、宋琬、王翚、王原祁、王士禛、纳兰容若、曹寅、徐乾学、陈廷敬、宋荦等人都画过肖像。

## 唐岱

唐岱（1673—1752年）是满洲正蓝旗（一说为正白旗）人，先祖为清朝建国立下汗马功劳，他也得以承恩荫任参领，后官至内务府总管。

唐岱文武双全，曾从军塞外，归来后多与汉族文人交往。他师从王原祁学画山水，以宋人为宗，不久便声名大振，名动京师。康熙非常欣赏他的作品，在他的《千山落照图》上题诗“我爱唐生画，屡索意未已”，时常召唐岱入宫中作画，并御赐“画状元”的称号。雍正年间，唐岱就与尚为皇子的弘历有交往，曾为其作《松荫抚琴图》（台北“故宫博物院”藏）。弘历登基后，唐岱继续受到重用，还与郎世宁、陈枚、丁观鹏等人合作，为年节、大典作画。

唐岱不仅画艺高超，还精通画理，他将自己作山水画的心得体会撰写成了《绘事发微》一书。

## 蒋廷锡

蒋廷锡（1669—1732年）出身常熟望族，祖父、父亲皆能诗善画。他中举后即为南书房行走，此后仕途一帆风顺，官至户部尚书、文华殿大学士、军机大臣。他不是普通的宫廷画家，而是一位才学出众、政绩卓著的高官，绘画只是他取悦皇帝、应酬友人的工具。

蒋廷锡受到父亲蒋伊的熏陶，又常与同邑花鸟画家马元驭、山水画家顾文渊等一起唱和切磋，画艺有很大提高。他擅长花卉，以逸笔写生，敷色晕墨，庄重闲逸，落笔超然绝俗，颇有恽寿平遗韵。

## 高其佩

高其佩（1660—1734年）也是一位满族画家，属于汉军镶白旗，生于官宦世家，父亲因“三藩之乱”牺牲，康熙御题“荩忱义烈”、封谥“忠烈”以示嘉奖。他因恩荫入仕，后累官至刑部右侍郎，因画名被雍正召入圆明园如意馆。

高其佩不仅在朝中历任要职，而且绘画水平较高。他继承沈周、陈淳、傅山、八大山人以来的写意传统，又开创了清代指画之风。所谓“指画”，即用指尖、指腹、手掌和手背作为绘画工具，蘸上水墨或颜色在纸绢上作画（右图）。据说，他“画从梦授，梦自心成”，梦中得到灵感发明指画，且勤于创作，达万件之巨，还传至朝鲜、日本。高其佩的指画题材丰富，山水、人物、花鸟、走兽无所不能。他的从学者人数众多，在清代形成了规模巨大的指画家群体。

## 罗聘

罗聘（1733—1799年）是“扬州八怪”中为数不多的扬州本地人。他祖籍安徽歙县，二十一世祖迁居扬州。顺治元年（1644年）清军攻破扬州城时，曾祖母携全家老小在家中自焚，只有曾祖幸存。罗聘很小父母双亡，成人后娶妻方畹仪。方氏“习诗书，明礼度，兼长于诗画”，二人居于草诗林，恩爱甚笃。罗聘婚后不久拜金农为师学诗习画。金农去世之后，他曾三上京师，结识了英廉、翁方纲、钱大昕、纪昀、桂馥等人，经常举行诗酒文会，晚年还曾至翰林院作画、参加乾隆千叟宴。

罗聘擅人物、佛像、花果、山水、梅兰各种题材：他为金农及丁敬写像，气息高古，生动传神；画《锁谏图》（第558—559页图）讽世喻世，广受赞誉。罗聘一门风雅，妻子与二子一女都善画。

## 华喦

华喦（1682—1756年）是福建人，出身贫苦，父亲务农又做造纸工。他自幼聪明，曾为土地庙、龙王庙、华氏宗祠画过壁画，因贫困很早辍学。父亲四十多岁病故之后，华喦为谋生来到杭州。在杭州，他“壮年苦读书”，还结交了一些文士，却遭遇妻、子相继去世。他

《庐山瀑布图》

高其佩作，绢本设色，纵98.4厘米，横49.9厘米，台北故宫博物院藏

还曾北上京城，但“自奇其画，游京师无问者”。华喦四十二岁时终于来到扬州，开始了频繁往返于扬州、杭州间的卖画生涯，还与盐商结为姻亲，同金农、郑燮、高翔等人交好。

华喦的花鸟画在工写之间，清新爽朗、灵致生动。中年之后个性日趋明显，用山石皴法的枯渴之笔画丝状鸟毛，或用积墨法层层渴笔。他笔下的鸟儿姿态多样，还用拟人手法赋予花卉禽鸟以情思，显得格外动人。

## 黄慎

黄慎（1687—1772年）与华喦一样，也是福建人。黄慎自幼家贫，十四岁时父亲客死异乡，生活陷入绝境。为了养家糊口，黄慎开始学画，同时亦不忘提高诗文修养。他十八岁寄居寺院，白天习画，夜晚苦读，稍有所成后便前往四处卖画，后定居扬州。

黄慎的个性十分突出，有“六怪”之称：“号怪”“酒怪”“个性怪”“趣怪”“语题怪”“画技怪”。但他更热爱生活，同情劳苦大众，许多人物画都取材于渔翁渔妇、贫民乞丐和残疾人，还画过《有钱能使鬼推磨》之类讽喻现实的作品。他以狂草笔法入画，纵横挥洒，形简神足，表现力极强。

## 李鱓

李鱓（1686—1762年）出身名门望族，在扬州画派中家世最显赫、资产最雄厚，仕途却非常坎坷。他中举之后凭献画入内，随蒋廷锡学习工笔花卉，但不久即被排挤出宫。他在社会上飘荡了二十多年后，决心重返仕途，拜高其佩为师，但高氏遭革职，李鱓只能再次返回江南。至五十二岁才被任命为知县，又因“忤大吏”被罢官，只好在扬州卖画为生。

李鱓是位诗书画三绝的画家，学艺过程相较于其他扬州画派画家最为规范、系统。他早期受宫廷正统影响，画风温润典雅；六十岁之后，以笔墨宣泄心中块垒，“纵横驰骋，不拘绳墨”，充满“霸悍之气”。

## 李方膺

李方膺（1695—1755年）与扬州画派的其他画家一样，也是一位宦途失意、转而卖画的艺术家。他历任县令、知州等低级官吏，勤政爱民却屡遭排挤诬陷，不幸入狱；平反之后又得罪上司，终被罢官。五十多岁时，李方膺怀着“风尘历遍余诗兴，书画携还当俸钱”的心情，开始了在扬州、南京等地卖画的生涯。

李方膺心中满积刚正之气、愤懑之情，常画“岁寒三友”“四君子”以自况，尤其是梅、竹，信笔挥洒，豪气横行（第559页图）。

## 高凤翰

高凤翰（1683—1749年）生于山东胶州书香世家，四十三岁时才任县丞，到任不久即被诬告，释放后新任上又因清廉自洁得罪盐商，被株连入狱。虽然最终被无罪释放，但右手致残，高凤翰只能改用左手作画，自号“丁卯残人”“后尚左生”。他晚年返回故乡，生活拮据，靠典当为生，连画纸也几乎买不起。

高凤翰诗书画均能，又精于篆刻，喜好藏砚，还著有《砚史》。他早年画风萧散秀劲，工致清雅，改用左手之后，意外地发现画作“殊大有味，其生拗涩拙，有万非右手所及”。郑燮也评价高凤翰自“用左臂，书画更奇”。他的风格转向奇崛拙厚，奔放老辣，取得了更高的艺术成就。他以书法金石意味入画，独特的左手书法、印章与枯树怪石相得益彰，别具野趣。

## 汪士慎

汪士慎（1686—1759年）布衣终生，生活清贫但洁身自好，无

意于功名利禄。他艺术天分较高，诗文、书法、绘画、篆刻都有较高的成就，还极为嗜茶，自称有“茶癖”。他爱梅、栽梅，五十四岁时左眼失明，自刻一印“尚留一目看花梢”；后来双目俱瞽，依旧积极乐观，好作狂草，署款“心观”。

汪士慎尤擅画梅，师法扬无咎的铮铮铁骨与王冕的瘦干繁花，笔墨疏冷，气清神腴，抒发清高孤傲的胸怀。

## 张崟

张崟（1761—1829年）是京江（江苏镇江）派的开派之人，活动于清嘉道年间。他的父亲张自坤经营张升大布店，但有较高文艺修养，喜好搜罗名家书画，还与胞弟张若筠策划“澄华室”文会。张若筠也是当地知名收藏家。张崟自幼饱览两家的藏品，又观摩雅会上的挥毫泼墨，功底深厚。王文治曾指导过张崟的书法绘画，潘恭寿与他也是亦师亦友。父亲去世之后，张崟与兄弟分家，生活拮据，隐居山林庙宇，以卖画为生。

针对当时正统派笼罩画坛之势，张崟认为“画必熟贯荆、关、董、巨，以逮唐、宋、元、明诸家，或能自成一家”，大胆提出“家自为法，未尝一宗娄东”。他近师文沈，远法宋元，严谨工雅，苍郁浑厚，尤擅画松，与善画柳的顾鹤庆有“张松顾柳”之称。

上图

《锁谏图》

罗聘，纸本水墨，纵32厘米，横208厘米，故宫博物院藏

右图

《竹石图》

李方膺作，纸本水墨，纵119.3厘米，横45厘米，南京博物院藏

## 黄易

黄易（1744—1802年）是清中期金石画派的先驱，他精于金石之学，随丁敬学习书法、篆刻，二人并称“丁黄”，风格古朴，是“西泠八家”之一。黄易一生致力于研究金石碑版。他利用自己做幕宾的机会四处访古寻碑，足迹遍布南北，发现了著名的嘉祥武氏祠画像石。他尤其喜好汉魏碑刻，对其进行系统的整理、鉴别和著录，著有《小蓬莱金石文字》等，还常与翁方纲、阮元、桂馥、钱大昕等人交流探讨。

黄易诗书画印皆通，每次寻访古碑，都以绘画的形式记录下来，创作了《嵩洛访碑图》（故宫博物院藏）、《岱麓访碑图册》（故宫博物院藏）、《紫云山访碑图》（天津博物馆藏）等。他以访碑的场景入画，用笔古拙沉浑，墨色简淡朴素，意境清幽静谧。

## 汤贻汾

汤贻汾（1778—1853年）博学多才，文武双全，不仅精通天文地理、诗文书画，还能抚琴吹箫、击剑弈棋。他的祖父、父亲都因效忠清室而牺牲，汤贻汾因此世袭云骑尉，曾任地方武官，后退居南京。太平天国军队进攻南京时，他曾聚众守城，极力抵抗；城破后，赋绝命诗，投水自尽。

汤贻汾擅山水，亦能写松石梅竹，兼工行草书和诗词。他的书画学董其昌，山水受董邦达影响，继承“娄东派”传统，多有摹古之作。后来画风转变，发展了淡墨干皴画法，枯中见润，自创一格，清新妍雅。他的妻子、儿女也都能诗擅画。

汤贻汾能够敏锐地意识到正统派所面临的危机，力矫时弊，画风有所突破，透出新的气象。他与戴熙并称“汤戴”。

## 改琦

改琦（1773—1828年）是回族人，祖先来自西域（新疆），仕清后赐“改”姓，做过清代的武官，从祖父起定居松江（今属上海）。改琦生来“柔弱善病”，没有继承先祖之业，对科举仕途也比较淡漠，始终过着闲适恬淡的文人生活，以应幕鬻画为生。

改琦以人物、肖像、佛像画闻名，尤其是仕女画，称妙一时。他取法宋、元、明诸家，笔下女子形象削肩细腰，纤弱俊秀，用笔轻柔流畅，墨色洁净清雅。他与另一位人物画家费丹旭并称“改费”。他的《元机诗意图》（左图）充分表现人物个性特征，流传甚广，深得好评。改琦也能作山水、兰竹，笔墨秀逸。

## 任熊

“海派”的先驱画家任熊（1823—1857年）是浙江萧山人，受父亲影响喜爱绘画，后来云游江南，在杭州、宁波、上海、苏州等地卖画，曾在杭州孤山临摹贯休的《十六罗汉图》石刻画。任熊应周闲邀请至其家临画，为他作《范湖草堂图》(上海博物院藏)，二人互相学习和影响。他还在宁波名士姚燮的“大梅山馆”饱览藏品，深得宋人笔法，为其精心制作了《姚大梅诗意图页》(故宫博物院藏)。

任熊是一位绘画全才，人物、山水、花卉、翎毛无所不精。他的山水画意境开阔，精致绚丽，如《十万图》册（下图）；花鸟画工写并蓄，又吸收了对比鲜明的民间美术色调艺术与外来的水彩画技法；人物受陈洪绶影响，笔法圆劲，造型夸张，极富个性，还表现出画家的抗争精神。

任熊是当时“海派”画家中的翘楚，也是“三熊”(张熊、任熊、朱熊)、“二任”(任熊、任薰)的核心人物。

## 赵之谦

赵之谦也是一位画家（1829—1884年），一位重要的书法家和篆刻家，初学颜真卿，后取法魏碑；治印出于浙、皖两派，为吴昌硕之前清代印学的集大成者。

赵之谦也是一位画家，善画花卉蔬果，他的画作构图饱满厚重；喜用红、绿、黑三色，繁复鲜艳，以书法、篆刻笔法入画，沉雄朴茂，酣畅醇厚（第562页图）。他引金石书法入画，立意雅致；又融合民间，雅俗共赏，为文人写意花鸟画开一代新风，奠定了“海派”绘画的基调，影响了吴昌硕、任伯年、蒲华、虚谷、程璋、黄宾虹等人。

对页图

**《元机诗意图》**

改琦作，绢本设色，纵99厘米，横32厘米，故宫博物院藏

左下、右下图

**《十万图》册（其二）**

任熊作，泥金笺设色，每开纵26.3厘米，横20.5厘米，共十开，故宫博物院藏

左图

《紫藤》

赵之谦作，纸本设色，纵 176.9 厘米，横 45.6 厘米，
故宫博物院藏

右图

《牡丹图》

赵之谦作，纸本设色，纵 126 厘米，横 63.5 厘米，
辽宁省博物馆藏

## 蒲华

蒲华（1839—1911年）是“海派”兴盛前期的重要画家。他幼时为庙祝，曾考中秀才，自学诗书画，喜爱收藏琴、砚，书斋名为“剑胆琴心室”“九琴十研斋”。三十岁左右时，感情深厚的妻子病故，他便离开家乡云游，六十二岁后定居上海，孑然一身，鬻画自给。蒲华性喜交游，在家乡时就与友人结鸳湖诗社，到上海后又结鸳湖画社，参与发起豫园书画善会和上海书画研究会。他与吴昌硕追求相近，交往密切，二人还常合作诗画。

蒲华工山水、花卉，尤善墨竹，人称“蒲竹”。他的大写意花鸟继承徐渭、李方膺、李鱓画风，以隶、草笔法入画，笔力雄健，气势纵横，湿笔宿墨，潇洒淋漓。山水师王蒙、吴镇，弃其文秀，增其野率，清逸奇崛（右图）。

## 吴友如

吴友如（？—1894年）自幼父母双亡，寄食伯父家中。他在苏州云蓝阁裱画店当学徒时受到艺术熏陶，开始动笔临摹，后经画家张志瀛指点。太平天国攻打苏州时，他逃到上海避难，开始学画卖画。太平天国运动失败后，他应曾国荃之邀，作镇压庆功的《克复金陵功臣战绩图》并石印出版，声名大振，上达朝廷。光绪十年（1884年）起，他担任《点石斋画报》主笔，后创办《飞影阁画报》（后改名《飞影阁画册》）。

吴友如最擅长的是时事新闻插图和市民生活风俗画。他具有敏锐的观察力，笔下人物丰富真实，情节生动且极富戏剧性，每幅画旁还有一段夹叙夹议的说明文字，图文并茂，交代清楚，很受广大群众喜爱。他作画线条简洁流畅，构图紧凑，又参用西方焦点透视法，对以后的年画、新型连环画、插图都有启发。

《牡丹图轴》

蒲华作，纸本设色，纵247.5厘米，横60.5厘米，上海博物馆藏

## 苏仁山

苏仁山（1814—1850年）是晚清广东的一位画坛怪杰，与苏六朋并称“二苏”。他年仅十二岁就以善画闻名乡里，但是科举两试不第，只好以卖画为业。他博闻饱学，对儒、释、道皆有造诣，恃才傲物，愤世嫉俗，还常有癫狂之态。由于他猛烈抨击儒学时政，言辞惊世骇俗，父亲怕他惹来祸端牵连家人，便以不孝的罪名将他送交官府治罪，年仅三十七岁便在狱中死去。

苏仁山擅人物、山水、花卉，他受到书籍插图的启发，作画纯用线条，较少皴擦。他个性反叛，作画也不拘一格：山水或水墨淋漓，或焦墨白描；人物纵笔勾形，线条富于变化，寥寥数笔即能传神，“白描有如石刻造像，苍劲古朴，气韵淳厚”。由于离经叛道，他生前不被重视，去世很久才逐渐受到推崇。

## 居廉

居廉（1828—1904年）少年时随堂兄居巢学画，二人同赴广西师从擅没骨花卉的宋光宝、孟觐乙，后又同在张敬修的可园作画，他们并称“二居”。居廉回到家乡后开馆授徒，培养了高剑父兄弟、陈树人等“岭南画派”的先驱。

居廉擅画花鸟草虫、山水人物，作画用“撞粉”“撞色”之法，在颜色未干时将粉或水注入色中，这样粉就浮在水色表面，或者水色渗透交融，表现出光线明暗变化，还有立体感，形象更显真实生动（下图）。

《草虫花卉湖石四屏》

居廉作，每幅纵113厘米，横26.5厘米，

台北故宫博物院藏

# 阅读书目


## （一）通史、断代史类著作

王伯敏著．中国绘画史[M]．上海：上海人民美术出版社，1982.12.

王逊编著．中国美术史[M]．北京：人民美术出版社，2018.12.

薛永年，罗世平主编，中央美术学院美术史系中国美术史教研室编著．中国美术简史[M]．北京：中国青年出版社，2002.05.

洪再新编著．中国美术史[M]．杭州：中国美术学院出版社，2000.12.

杨新、（美）班宗华著．中国绘画三千年[M]．外文出版社；耶鲁大学出版社，1997.

薛永年主编；邵彦编著．中国绘画的历史与审美鉴赏[M]．北京：中国人民大学出版社，2000.07.

华彬著．中国宫廷绘画史[M]．沈阳：辽宁美术出版社，2015.06.

单国强，赵晶著．明代宫廷绘画史[M]．故宫出版社，2015.11.

陈传席著．中国山水画史[M]．北京：人民美术出版社，2018.10.

李松著．中国美术史：先秦至两汉[M]．北京：中国人民大学出版社，2014.01.

金维诺著．中国美术史：魏晋至隋唐[M]．北京：中国人民大学出版社，2014.01.

薛永年，赵力，尚刚著．中国美术史：五代至宋元[M]．北京：中国人民大学出版社，2014.01.

单国强主编．中国美术史：明清至近代[M]．北京：中国人民大学出版社，2014.01.

李淞著．中国绘画断代史 远古至先秦绘画[M]．北京：人民美术出版社，2004.03.

顾森著．中国绘画断代史 秦汉绘画[M]．北京：人民美术出版社，2004.03.

陈绶祥著．中国绘画断代史 魏晋南北朝绘画[M]．北京：人民美术出版社，2004.03.

陈绶祥著．中国绘画断代史 隋唐绘画[M]．北京：人民美术出版社，2004.03.

徐书城著．中国绘画断代史 宋代绘画[M]．北京：人民美术出版社，2004.03.

杜哲森著．中国绘画断代史 元代绘画[M]．北京：人民美术出版社，2004.03.

单国强著．中国绘画断代史 明代绘画[M]．北京：人民美术出版社，2004.03.

薛永年，杜娟著．中国绘画断代史 清代绘画[M]．北京：人民美术出版社，2004.03.

## （二）专题研究

陈传席编．六朝画家史料[M]．北京：文物出版社，1990.12.

陈高华编．隋唐画家史料[M]．北京：文物出版社，1988.07.

陈高华著．中国历代画家史料丛书 隋唐五代画家史料 增补本[M]．北京：中国书店，2015.06.

陈高华编．宋辽金画家史料[M]．北京：文物出版社，1984.03.

陈高华编著．元代画家史料汇编[M]．杭州：杭州出版社，2004.03.

穆益勤编著．明代院体浙派史料[M]．上海：上海人民美术出版社，1985.08.

陈高华．元代画家史料 增补本[M]．北京：中国书店，2015.06.

（美）高居翰著；宋伟航等译．隔江山色：元代绘画[M]．生活.读书.新知三联书店，2009.08.

（美）高居翰著；夏春梅等译．江岸送别：明代初期与中期绘画[M]．生活.读书.新知三联书店，2009.08.

（美）高居翰著；王嘉骥译．山外山：晚明绘画[M]．生活.读书.新知三联书店，2009.08.

（美）高居翰著；李佩桦等译．气势撼人：十七世纪中国绘画中的自然与风格[M]．生活.读书.新知三联书店，2009.08.

（美）高居翰著．画家生涯 传统中国画家的生活与工作[M]．北京：生活·读书·新知三联书店，2012.01.

石守谦著．风格与世变 中国绘画十论[M]．北京：北京大学出版社，2008.03.

石守谦著．从风格到画意 反思中国美术史[M]．北京：生活·读书·新知三联书店，2015.08.

### ·魏晋

俞剑华等编著．顾恺之研究资料[M]．北京：人民美术出版社，1962.03.

温肇桐著．顾恺之新论[M]．成都：四川美术出版社，1985.06.

邹清泉主编．顾恺之研究文选[M]．上海：上海三联书店，2011.05.

尹吉男．明代后期鉴藏家关于六朝绘画知识的生成与作用——以“顾恺之”的概念为线索[J]．文物，2002(07): 86-92.

邹清泉．顾恺之研究述论[J]．美术学报，2011(02): 15-22+14.

杨惠东．张僧繇“没骨山水”试析[J]．南京艺术学院学报（美术与设计版），2005(03): 64-66.

毛翔宇．早期中国绘画史概念的合法性——以“张僧繇”为中心的检讨[J]．荣宝斋，2016(10): 112-121.

唐峰．萧梁时期著名画家张僧繇成就考证[J]．兰台世界，2014(15): 100-101.

### ·唐

何乐之编著．阎立德与阎立本[M]．上海：上海人民美术出版社，1960.

潘絜兹编写．阎立本和吴道子[M]．北京：中华书局，1964.04.

石宏夫．画师还是宰相——有关阎立本的多重叙述[J]．唐史论丛，2021(02):391-402.

王伯敏著．吴道子[M]．北京：人民美术出版社，1981.10.

袁有根著．吴道子研究[M]．北京：人民美术出版社，2002.10.

巫鸿．发掘吴道子——兼谈唐代绘画的“作者”[J]．文艺研究，2022(04):123-135+189.

赵农．中国美术史上的吴道子崇拜[J]．艺术百家，2016, 32(04): 126-132.

袁有根．吴道子的壁画创作[J]．新美术，2002(01): 49-58.

陈三弟．历代关于王维绘画的研究[J]．学术月刊，1984(04):45-50+61.

王宁．从叙事性到意象性——张萱、周昉仕女画的审美变迁[J]．美术大观，2019(08):82-83.

周珩帮．唐代画家周昉生平行迹补考[J]．美术学报，2022(02):85-91.

樊波．唐代画家周昉家世新证——以石刻文献为中心[J]．碑林集刊,2013(00):35-43.

叶璐．宰相与画家:韩滉双重身份对其作品的影响[J]．兰台世界,2015(03):65-66.

### ·五代

荆浩·关仝[M]．石家庄：河北教育出版社，2006.09.

薛永年．荆浩《笔法记》的理论成就[J]．美术研究,1979(02):65-71.

陈池瑜．荆浩《笔法记》中的绘画美学思想

[J]. 东南大学学报（哲学社会科学版），2013, 15(02):82-90+135-136.
徐威波，王立秋. 宋元人眼中的关仝[J]. 美术观察, 2010(08):116.
周积寅著. 董源、巨然[M]. 上海：上海人民美术出版社, 1985.03.
谢稚柳. 董源、巨然与江南画[J]. 上海博物馆集刊, 1982(00):146-150.
尹吉男. "董源"概念的历史生成[J]. 文艺研究, 2005(02):92-101+160.
吴湘. "江南传统"的形成与董源地位的奠立[J]. 南京艺术学院学报（美术与设计），2018(02):17-22+209.
张修军. 五代与北宋山水画风格传承研究——谈董源与巨然画风之关系[J]. 美术大观, 2010(10):70.
吴鸿昌. 北宋僧人巨然绘画考[J]. 兰台世界,2015(15):16-17.
范志民编. 贯休[M]. 上海：上海人民美术出版社, 1981.12.
顾盼盼. 贯休研究综述[J]. 美与时代(中), 2017(07):46-47.
黄远林著. 石恪[M]. 上海：上海人民美术出版社, 1985.06.

## · 北宋

关以洁著. 范宽[M]. 上海：上海人民美术出版社, 1982.06.
姜彦文. 范宽的师承与创新问题新考[J]. 艺术探索, 2009, 23(02):29-30.
张安治著. 郭熙[M]. 上海：上海人民美术出版社, 1979.02.
薄松年，陈少丰. 郭熙父子与《林泉高致》[J]. 美术研究,1982(04):62-69.
樊波. 北宋山水画南北分野与郭熙的审美取向——郭熙艺术地位再探[J]. 中国书画,2004(01):64-77.
小川裕充，漆红. 中国绘画的透视远近法——论郭熙山水画[J]. 新美术, 2005(02):61-65.
王水照，崔铭著. 苏轼传[M]. 天津：天津人民出版社, 2013.11.
李福顺编著. 苏轼与书画文献集[M]. 北京：荣宝斋出版社, 2008.06.
陈中浙著. 苏轼书画艺术与佛教[M]. 北京：商务印书馆, 2004.11.
王金山著. 文同、苏轼[M]. 石家庄：河北教育出版社, 2006.09.
罗琴. 文同与二苏的交游及交往诗文系年考[J]. 西南民族学院学报（哲学社会科学版），2001(10):70-75.
（德）雷德侯著. 米芾与中国书法的古典传统[M]. 杭州：中国美术学院出版社, 2008.08.
曾翔著. 艺术巨匠 · 米芾[M]. 石家庄: 河北教育出版社, 2013.12.
程源源. 米芾"颠行"论[J]. 中国书法, 2021(04):118-127.
杨春晓. 满船书画同明月[D].中央美术学院, 2004.
魏平柱. 米芾年谱简编[J]. 襄樊学院学报, 2004(01):85-96.
张安治著. 李公麟[M]. 北京：人民美术出版社, 1979.11.
周芜著. 李公麟[M]. 上海：上海人民美术出版社, 1982.01.
张泽国. 李公麟籍贯及其龙眠山庄考[J]. 中国书画, 2017(09):4-11.
史正浩. 北宋画家李公麟的金石收藏与著述[J]. 艺术探索, 2016, 30(02):29-32.
邓白著. 赵佶[M]. 上海：上海人民美术出版社, 1985.05.
徐邦达. 宋徽宗赵佶亲笔画与代笔画的考辨[J]. 故宫博物院院刊, 1979(01):62-67+50-103.
黄志坚. 宋徽宗赵佶书画艺术师承渊源考[J]. 中国书法, 2019(10):4-36.
肖伟. 翰林图画院画家与《宣和画谱》[J]. 美术学报, 2019(06):29-36.
徐建融. 绝世风雅 宋代的宗室绘画[M]. 上海：上海人民美术出版社, 2019.08.
杨理论，骆晓倩，姚瑶著. 诗与画 宋代宗室的艺术栖居[M]. 北京：人民出版社, 2018.06.

## · 南宋

邵洛羊著. 李唐[M]. 上海：上海人民美术出版社, 1980.02.
陈传席著. 李唐[M]. 石家庄：河北教育出版社, 2006.01.
周积寅,储庆立. 李唐的绘画成就及其影响[J]. 荣宝斋, 2011(01):6-21.
张隽. 文人身份表述下的画史人物形象——从李唐画史地位变迁谈起[J]. 荣宝斋, 2019(11):118-129.
冯鸣阳,华雯. 宋代画家李唐研究综述[J]. 贵州大学学报（艺术版），2015, 29(04):70-75.
张安治. 刘松年及其绘画作品[J]. 故宫博物院院刊,1980(02):82-85+102-103.
杜哲森. 任是余晖也灿然——南宋院画及李唐与马远、夏珪[A]. .大匠之门 21[C].:, 2018:13.
高居翰. 论马远夏圭的南宋院派山水[J]. 中国书画,2018(04):38-72.
牛国栋. 美术史知识生产中的"讹误"与"常识"——以马远字号为例[J]. 美术,2019(10):110-113+109.
褚庆立. 南宋夏圭山水画的成就及影响[J]. 荣宝斋,2009(02):5-21.
扬之水. 马和之诗经图[J]. 中国典籍与文化, 2012(01):115-121.
黎晟. 马和之活动年代及身份的相关考辨[J]. 南京艺术学院学报（美术与设计版），2013(05):46-51+211-212.
潘修范著. 梁楷[M]. 上海：上海人民美术出版社, 1988.06.
颜建国. 南宋画家梁楷家世探究[J]. 泰山学院学报, 2022,44(03):95-99.
高金玉. 佛缘禅思——从梁楷的减笔体到牧溪的道释人物画[J]. 南京艺术学院学报（美术与设计版），2004(02):116-118.
张蔷著. 萧照[M]. 上海：上海人民美术出版社, 1986.09.
刘兴珍著. 李嵩[M]. 上海：上海人民美术出版社, 1985.03.

## · 元

谈晟广，赵名釜著. 钱选 高克恭[M]. 石家庄：河北教育出版社, 2006.12.
万青力. 由"士夫画"到"文人画"——钱选"戾家画"说简论[J]. 美术研究, 2003(03):44-47.
李永强. 钱选在元初画坛的真实地位及其逐步消隐的原因[J]. 南京艺术学院学报（美术与设计），2016(04):23-27.
李铸晋著. 鹊华秋色 赵孟頫的生平与画艺[M]. 上海：上海人民美术出版社, 2019.01.
王连起著. 赵孟頫书画论稿[M]. 故宫出版社, 2017.10.
张露. 高克恭简论[J]. 美术研究, 1989(02):55-58.
马明达. 元代回回画家高克恭丛考[J]. 回族研究, 2005(02):131-145.
温肇桐编. 黄公望史料[M]. 上海：上海人民美术出版社, 1963.01.
谢成林著. 元代画坛魁首 黄公望的生平和艺术成就[M]. 北京：人民美术出版社, 1989.08.
寿勤泽著. 丹青圣手：黄公望、王蒙、吴镇传[M]. 杭州：浙江人民出版社, 2007.09.
杜哲森，宋晓霞著. 吴镇[M]. 上海：上海书画出版社, 1999.12.
徐小虎（JoanStanley-Baker）著；刘智远译. 被遗忘的真迹 吴镇书画重鉴[M]. 桂林：广西师范大学出版社, 2012.10.
盛东涛著. 吴镇[M]. 石家庄：河北教育出版社, 2006.12.
余辉. 吴镇世系与吴镇其人其画——也谈《义门吴氏谱》[J]. 故宫博物院院刊，1995(04):51-67+94-95.
颜晓军. 吴镇家族与赵孟頫家族世交考——兼论《义门吴氏谱》的问题[J]. 故宫博物院院刊, 2020(02):24-41+108-109.
朵云 第六十二集 倪瓒研究[M]. 上海：上海书画出版社, 2005.01.

盛东涛著．倪瓒[M]．石家庄：河北教育出版社，2006.09.

黄苗子，郝家林编著．倪瓒年谱[M]．北京：人民美术出版社，2009.08.

刘纲纪．倪瓒的美学思想[J]．文艺研究,1993(06):116-131.

王颋，李晓娟．倪瓒生卒时间及晚年行踪考辨[J]．东南文化，2003(09):72-77.

万新华．二十世纪以来倪瓒研究论衡[J]．中国书画，2004(06):50-69.

吕少卿．元代画家倪瓒书画交游考略[J]．内蒙古大学艺术学院学报，2009, 6(02): 25-35.

王克文著．王蒙[M]．石家庄：河北教育出版社，2002.05.

朵云 第六十五集 王蒙研究[M]．上海：上海书画出版社，2006.07.

文以诚，洪再辛．家庭财富：王蒙1366年《青卞隐居图》中的个人家境与文化类型[J]．新美术，1990(04):41-48+93-97.

何延喆．唐棣[M]．上海：上海人民美术出版社，1982.06.

孙丹妍．朱德润与曹知白 元代李郭传统山水画与文人画风[J]．紫禁城，2005(S1):96-99.

铃木敬，董双叶．明代浙派绘画的先行样式——元代李、郭派山水画风格研究[J]．新美术，2012，33(04): 4-10.

辛立娥．李郭派绘画在元代的发展及相关问题[J]．艺术百家，2007(01): 54-58.

宗典编．柯九思史料[M]．上海：上海人民美术出版社，1985.12.

朱秋丽．柯九思的鉴藏与交游考[J]．中国国家博物馆馆刊，2019(07):91-97.

## · 明

薛永年著．王履[M]．上海：上海人民美术出版社，1988.06.

李华，皮建霞．明初昆山王履绘画思想及其艺术实践的意义[J]．美与时代(中)，2020(02):13-14.

卜登科．读王履《华山图》记序札记[J]．美术观察，2013(12):103-107.

单国强著．戴进[M]．长春：吉林美术出版社，1996.12.

朵云 第六十一集 戴进与浙派研究[M]．上海：上海书画出版社，2004.09.

杨卫华著．戴进 吴伟[M]．石家庄：河北教育出版社，2006.09.

单国强．戴进生平事迹考[J]．故宫博物院院刊，1992(01):44-52+98-99.

张书彬．侧闻江夏生 气酣扫毫素——吴伟的生平交游及艺术成就[J]．荣宝斋，2010(07):6-23.

徐晓庚，王圆圆．明代画家吴伟研究述评[J]．设计艺术研究，2016,6(04):126-129.

铃木敬，任道斌．明代"浙派"绘画研究[J]．新美术，1989(04):44-53+43.

单国强．二十世纪对明代"浙派"的研究[J]．故宫博物院院刊，2001(03):30-37.

华彬．明代早期绘画思想的主要来源兼论宋濂、王履、王绂的重要作用[J]．苏州工艺美术职业技术学院学报，2017(04):33-38.

阮荣春著．沈周[M]．长春：吉林美术出版社，1996.05.

吴敢著．沈周[M]．石家庄：河北教育出版社，2003.07.

罗中峰．沈周的生活世界[D].中国美术学院，2011.

刘纲纪著．文征明[M]．长春：吉林美术出版社，1996.05.

石莉著．文徵明[M]．石家庄：河北教育出版社，2003.06.

（英）柯律格著，雅债：文征明的社交性艺术[M]．三联书店，2021.10.

王照宇．明代文徵明家族古书画鉴藏研究[J]．荣宝斋，2013(08):204-219.

周道振辑著．唐寅书画资料汇编[M]．上海：上海古籍出版社，2017.05.

谢建华著．唐寅[M]．长春：吉林美术出版社，1996.12.

陈传席，谈晟广著．唐寅[M]．石家庄：河北教育出版社，2004.02.

万章．唐寅画中的自我塑造[J]．读书，2020(04):86-92.

杨继辉．唐寅年谱新编[D].苏州大学，2007.

邓晓东．百年来唐寅研究的回顾与展望[J]．南京师范大学文学院学报，2008(02):32-37.

林家治著．仇英评传[M]．苏州：古吴轩出版社，2017.05.

何振纪．从漆工到文人画家:仇英的生平及其职业地位的变化[J]．苏州工艺美术职业技术学院学报，2012(03): 73-76.

任道斌．仇英与吴中文人[J]．中国书画，2015(08):4-9.

潘文协．仇英与收藏家关系考[J]．收藏家，2016(04):21-28.

李维琨著．明代吴门画派研究[M]．上海：东方出版中心，2008.06.

万新华．画派系列 吴门画派[M]．南京：江苏人民出版社，2019.12.

李维琨．吴门画派成因及其历史贡献[J]．新美术，1991(01):36-43.

封治国．项元汴嘉兴活动散考——兼论项氏与吴门画派的关系[J]．新美术，2009, 30(02):30-41.

李德仁著．徐渭[M]．长春：吉林美术出版社，1996.05.

刘玉龙，张文清．徐渭画史地位的历史构建[J]．美术，2020(12):93-99.

李永强．20世纪的中国美术史著作中"徐渭"画史地位的变迁[J]．美术研究，2020(02):62-67.

傅琼．徐渭研究百年述评[J]．艺术百家，2004(01):32-38.

萧平著．陈淳[M]．长春：吉林美术出版社，1996.05.

王璜生著．陈洪绶[M]．长春：吉林美术出版社，1996.12.

陈传席著．陈洪绶[M]．石家庄：河北教育出版社，2003.06.

翁万戈著．陈洪绶的艺术[M]．上海：上海书画出版社，2020.07.

陈伟．论陈洪绶的生平和艺术[J]．新美术，2004(03):90-92.

廖媛雨．身份、易代与陈洪绶艺术关系研究[D].中央美术学院,2012.

马季戈编著．曾鲸与"波臣派"[M]．济南：山东美术出版社，2004.07.

刘道广．曾鲸的肖像画技法分析[J]．美术研究，1984(02):56-59.

杨新．曾鲸和明代肖像画[J]．故宫博物院院刊，1993(04):5-10+2.

马季戈．曾鲸与"波臣派"的形成[J]．故宫博物院院刊，2003(04):13-22+96-97.

李晓庵．曾鲸肖像画技法演变初探[J]．美术观察，2005(07):89-92.

聂崇正．肖像画家曾鲸与"波臣派"[J]．荣宝斋，2009(02):206-213.

程敏．"曾鲸肖像画参酌西法"新考[J]．美术观察，2020(03):49-54.

樊波著．董其昌[M]．长春：吉林美术出版社，1996.12.

任道斌编著．风流蕴藉 董其昌系年[M]．杭州：浙江摄影出版社，2019.01.

陈辞著．董其昌[M]．石家庄：河北教育出版社，2003.05.

徐建融．画禅八观 董其昌的艺术世界[M]．杭州：浙江人民美术出版社，2019.08.

任道斌．董其昌及其艺术[J]．新美术，1990(01):47-57+46.

方闻，宋晓霞．董其昌和艺术的复兴[J]．美术研究，1993(01):21-28.

古原宏伸，金志林．论后世对董其昌的评价[J]．新美术，1994(02):60-64.

颜晓军．宇宙在乎手[D].中国美术学院，2013.

白坚著．杨文骢传论[M]．上海：上海人民美术出版社，1990.03.

刘亚璋．晚明文人画家杨文骢考略[J]．艺术探索，2005(01):31-34+4.

## · 清

吴雪杉．"四僧"名目考[J]．文艺研究，2008(08):

118-126.
吴灿. 清初“四僧”：一个美术史概念的生成[J]. 荣宝斋, 2021(11):6-63.
陈传席著. 弘仁[M]. 长春：吉林美术出版社, 1996.05.
陈林. 渐江出家时间、缘由辨析[J]. 美术研究, 2004(04):84-97.
潘深亮. 弘仁及山水画辨伪详析[J]. 收藏家, 2004(02):30-36.
吕少卿. 渐江书画交游考略[J]. 中国书画, 2007(07):58-65.
吕少卿. 渐江出家后的逸民心态考[J]. 江西社会科学, 2007(07):144-146.
汪世清. 渐江画与新安画派[J]. 中国书画, 2011(05): 8-9.
陈传席. 逸民派的代表——弘仁[J]. 中国书法, 2018(15):74-81.
胡光华著. 八大山人[M]. 长春：吉林美术出版社, 1996.05.
朱良志著. 八大山人研究[M]. 合肥：安徽教育出版社, 2010.09.
王方宇. 八大山人的画押[J]. 文物, 1981(06):78-81.
胡迎建. 五十年来八大山人研究综述[J]. 江西科技师范学院学报, 2010(01):59-66.
朱良志. 关于“八大山人”名号的相关问题——八大山人事迹征略之一[J]. 荣宝斋, 2009(01): 278-289.
朱良志. 有关八大山人家世相关问题再讨论——八大山人事迹征略之二[J]. 荣宝斋, 2009(03):258-273.
朱良志. 八大山人“病癫”问题再讨论——八大山人事迹征略之四[J]. 荣宝斋, 2009(05):262-273.
薛锋, 薛翔著. 髡残[M]. 长春：吉林美术出版社, 1996.05.
吕晓著. 髡残绘画研究[M]. 南昌：江西美术出版社, 2010.08.
潘深亮. 髡残书画及其辨伪[J]. 收藏界, 2004(03): 32-35.
邵彦. 髡残的性取向与艺术创作[J]. 中国书画, 2020(02):51-82+2-4+1+138.
李万才著. 石涛[M]. 长春：吉林美术出版社, 1996.05.
陈国平著. 石涛[M]. 南宁：广西美术出版社, 2014.08.
朵云 第五十六集 石涛研究[M]. 上海：上海书画出版社, 2002.10.
（美）乔迅著；邱士华, 刘宇珍译. 石涛 清初中国的绘画与现代性[M]. 北京：生活·读书·新知三联书店, 2016.09.
（美）白谦慎著. 傅山的世界[M]. 北京：生活·读书·新知三联书店, 2015.09.
商勇著. 清代四王 传统笔墨的终极展示[M]. 沈阳：辽宁美术出版社, 2002.12.
田艺珉. 清初“四王”绘画摹古内涵辨析[J]. 故宫博物院院刊, 2013(03):145-157+161.
陈辞, 陈传席编著. 王时敏[M]. 石家庄：河北教育出版社, 2009.04.
肖燕翼. 王时敏及其绘画[J]. 美术大观, 2016(02): 30-40.
颜晓军. 为文敏传衣钵 谈王时敏与董其昌的交游[J]. 紫禁城, 2018(08):40-53.
蔡星仪. 王鉴艺术论[J]. 中国书画, 2014(09):5-11.
万新华. 王原祁之画学思想[J]. 中国书画, 2012(03): 56-61.
陈履生著. 王石谷[M]. 长春：吉林美术出版社, 1996.05.
任大庆. 王翚绘画思想梳理[J]. 南京艺术学院学报（美术与设计）, 2017(04):85-89.
耿晶. 暮云春树渺愁予——关于王翚、恽寿平交谊的读解与想象[J]. 中国美术, 2018(03):54-65.
杨臣彬著. 恽寿平[M]. 长春：吉林美术出版社, 1996.05.
蔡星仪著. 恽寿平研究[M]. 天津：天津人民美术出版社, 2000.05.
朱万章. 恽寿平画学成就述略[J]. 中国书画, 2019(08):31-43+2+1.
邵洛羊著. 吴历[M]. 北京：人民美术出版社, 1980.07.
杨新. 江边春去诗情在——吴历的生平与艺术[J]. 荣宝斋, 2007(03):5-25.
李杰荣. 吴历与王翚绝交公案之辩诬述论[J]. 南京艺术学院学报（美术与设计版）, 2013(05):87-93.
萧平, 刘宇甲著. 龚贤[M]. 长春：吉林美术出版社, 1996.05.
朵云 第六十三集 龚贤研究[M]. 上海：上海书画出版社, 2005.06.
邓乔彬. 论龚贤的绘画思想[J]. 东南大学学报(哲学社会科学版), 2001(02):66-72.
刘墨. 龚贤年表[J]. 中国书画, 2004(06):82-83.
王凤珠. 龚贤现存画目[J]. 东南文化, 1990(05):69-79.
吕晓. 秣陵烟月——明末清初金陵画坛研究[A]. .大匠之门 2[C].:, 2014:16.
吕晓. 试论“金陵八家”说的形成与演变[J]. 美苑, 2009(05):46-51.
周积寅. 再论“金陵八家”与画派[J]. 中国美术, 2012(06):102-107.
陈传席. 关于“金陵八家”诸问题[J]. 美术大观, 2015(03):33-36.
顾平著. 萧云从[M]. 石家庄：河北教育出版社, 2006.12.
沙鸥著. 萧云从与姑孰画派[M]. 合肥：黄山书社, 2014.10.
沙鸥著. 萧云从年谱[M]. 合肥：黄山书社, 2021.05.
萧平. 萧云从与新安画派[J]. 书画艺术, 2012(05): 60-62+81.
司徒元杰. 明末清初画派与画家关系之探讨——以芜湖画家萧云从为典型[J]. 故宫博物院院刊, 2021(01): 97-108+111.
王世华, 李锦胜. 明清徽商与新安画派[J]. 学术月刊, 2005(01): 63-69.
曹多军, 孙国良. “新安画派”概念的历史生成与演变[J]. 美术大观, 2020(05):78-79.
任军伟. 查士标[M]. 天津：天津人民美术出版社, 2018.03.
聂崇正著. 郎世宁[M]. 石家庄：河北教育出版社, 2006.12.
聂崇正著. 郎世宁的绘画艺术[M]. 北京：人民美术出版社, 2017.04.
杨伯达. 郎世宁在清内廷的创作活动及其艺术成就[J]. 故宫博物院院刊, 1988(02):3-26+90-98+1.
清宫廷画家郎世宁年谱——兼在华耶稣会士史事稽年[J]. 故宫博物院院刊, 1988(02):29-71.
曹天成. 郎世宁与他的中国合作者[J]. 故宫博物院院刊, 2012(03):89-99+161-162.
聂崇正. 清代宫廷绘画机构、制度及画家[J]. 美术研究, 1984(03):51-54.
顾丞峰主编；王菡薇著. 扬州画派 生存与创造[M]. 沈阳：辽宁美术出版社, 2003.02.
贾明哲. 扬州八怪[M]. 南京：江苏人民出版社, 2019.12.
薛永年. 商品经济与扬州八怪[J]. 美术, 1989(03): 24-27.
薛锋, 杨杏芝. 清代扬州徽商与扬州八怪[J]. 扬州大学学报（人文社会科学版）, 1997(05):42-46.
陈传席. 清代盐商和扬州画派的兴起[J]. 中国书画, 2018(12):35-43.
周积寅著. 郑板桥[M]. 长春：吉林美术出版社, 1996.05.
马季戈著. 郑燮[M]. 长沙：湖南美术出版社, 2009.03.
单国强. 郑燮绘画真伪鉴识[J]. 美术观察, 2002(06): 66-69.
单国强. 郑燮生平与艺术[J]. 荣宝斋, 2005(02):5-29.
周积寅. 郑板桥的美学思想[J]. 艺术百家, 2010, 26(05):107-123.
武佩圣. 金农及几位扬州画家之生平与绘画活动[J]. 东南大学学报（哲学社会科学版）, 2003(03): 85-91.
阎安. 金农的绘画及其题材选择[J]. 中国书画, 2014(06):5-25.
丘幼宣著. 一代画圣黄慎研究[M]. 福州：福建教育出版社, 2002.09.
孙良睿. 黄慎人物画风格浅议[J]. 美术观察, 2010(05):112.
薛永年. 李鱓的家世与早期作品[J]. 美术研究, 1986(02):80-85+46.

崔莉萍. 李方膺研究[D].南京艺术学院, 2002.
谭频璇. 二十世纪以来罗聘研究综述[J]. 艺术工作, 2020(01):71-77.
刘豪特. "以书入画" 的大写意精神 —— 高翔其人其艺[J]. 美术观察, 2020(03): 120-121.
刘祥辉. 扬州画派画家边寿民生平再考订 —— 兼论画家声名的自我 "营建" [J]. 中华文化论坛, 2015(09):121-126.
薛永年. 华嵒的艺术[J]. 美术研究, 1981(02):78-83.
高凤翰研究[M]. 青岛: 青岛出版社, 2002.05.
尹文. 汪士慎生平旧事考[J]. 东南大学学报 (哲学社会科学版), 2003(03):79-84.
罗青著. 高其佩[M]. 石家庄: 河北教育出版社, 2006.12.
聂崇正著. 袁江 袁耀[M]. 石家庄: 河北教育出版社, 2003.05.
陈振濂主编. 西泠印社 黄易研究专辑[M]. 北京: 荣宝斋出版社, 2010.09.
赵力著. 京江画派研究[M]. 长沙: 湖南美术出版社, 1994.
何延喆. 清代仕女画家改琦生平考[J]. 故宫博物院院刊, 1986(01):63-70+99-100.
郑威. 费丹旭年谱[J]. 上海博物馆集刊, 1996(00): 217-232.
江梅著. 海上画派 现代中国画的序幕[M]. 沈阳: 辽宁美术出版社, 2002.11.
李万才著. 海上画派[M]. 长春: 吉林美术出版社, 2003.01.
卢辅圣著. 海派绘画史[M]. 上海: 上海书画出版社, 2018.12.
祝帅, 阴澍雨. 中国画研究丛书 书画同源 赵之谦[M]. 北京: 荣宝斋出版社, 2018.12.
丁羲元著. 虚谷研究[M]. 天津: 天津人民美术出版社, 1987.02.
王及著. 蒲华研究[M]. 杭州: 中国美术学院出版社, 2002.
周金冠著. 任熊评传[M]. 上海: 华东师范大学出版社, 2010.12.
石莉著. 任颐[M]. 石家庄: 河北教育出版社, 2006.12.
丁羲元著. 任伯年年谱[M]. 天津: 天津人民美术出版社, 2018.01.
朵云 第五十五集 任伯年研究[M]. 上海: 上海书画出版社, 2002.06.
黄鸿仪著. 岭南画派[M]. 长春: 吉林美术出版社, 2003.01.
陈传席等编著. 岭南画派[M]. 石家庄: 河北教育出版社, 2003.10.
韦承红著. 中国绘画流派与大师系列丛书 岭南画派 中国现代绘画的变革者[M]. 沈阳: 辽宁美术出版社, 2003.10.
卢辅圣主编. 岭南画派研究[M]. 上海: 上海书画出版社, 2003.12.
黄苗子. 叛逆者苏仁山[J]. 收藏家,2000(05):52-59.
海珠博物馆 · 十香园编. 居巢居廉研究[M]. 广州: 岭南美术出版社, 2007.10.
朱万章编著. 居巢 居廉[M]. 广州: 广东人民出版社, 2010.11.
龚产兴. 吴友如简论[J]. 美术研究, 1990(03):30-32+37-38.
邬国义. 近代海派新闻画家吴友如史事考[J]. 安徽大学学报(哲学社会科学版), 2013, 37(01):96-104.
陶紫正, 洪亮主编; 浙江省安吉县政协文史委员会编. 吴昌硕[M]. 杭州: 西泠印社出版社, 1993.03.
陈传席, 顾平著. 吴昌硕[M]. 苏州: 古吴轩出版社, 2000.07.
吴晶著. 百年一缶翁 —— 吴昌硕传[M]. 杭州: 浙江人民出版社, 2005.07.
浙江省博物馆编. 吴昌硕与他的 "朋友圈" [M]. 杭州: 浙江摄影出版社, 2018.10.

图书在版编目(CIP)数据

伟大的中国艺术家：典藏版 / 刘泊君编著. -- 武汉：华中科技大学出版社, 2023.6
ISBN 978-7-5680-9390-3
Ⅰ. ①伟… Ⅱ. ①刘… Ⅲ. ①艺术家－列传－中国 Ⅳ. ①K825.7

中国国家版本馆CIP数据核字(2023)第065231号

伟大的中国艺术家（典藏版）
Weida de Zhongguo Yishujia

刘泊君 编著

出版发行：华中科技大学出版社（中国·武汉）　　电话：（027）81321913
　　　　　华中科技大学出版社有限责任公司艺术分公司　　（010）67326910-6023
出 版 人：阮海洪

责任编辑：莽　昱　张丹妮　　书籍设计：唐　棣
责任监印：赵　月　郑红红

制　　作：邱宏
印　　刷：深圳市精典印务有限公司
开　　本：889mm × 1194mm　1/8
印　　张：71.25
字　　数：200千字
版　　次：2023年6月第1版第1次印刷
定　　价：1298.00元

华中出版

本书若有印装质量问题，请向出版社营销中心调换
全国免费服务热线：400-6679-118 竭诚为您服务